本书由贵州交通职业技术学院高层次人才科研启动金资助出版

基于实物期权理论的高速公路 PPP 项目政府担保研究

吴贞瑶 ◎ 著

西南交通大学出版社
·成都·

图书在版编目（CIP）数据

基于实物期权理论的高速公路 PPP 项目政府担保研究 / 吴贞瑶著. —成都：西南交通大学出版社，2023.3
ISBN 978-7-5643-9211-6

Ⅰ.①基… Ⅱ.①吴… Ⅲ.①政府投资 – 合作 – 社会资本 – 应用 – 高速公路 – 道路建设 – 研究 – 中国 Ⅳ.①U412.36

中国国家版本馆 CIP 数据核字（2023）第 047887 号

Jiyu Shiwu Qiquan Lilun de Gaosu Gonglu PPP Xiangmu Zhengfu Danbao Yanjiu
基于实物期权理论的高速公路 PPP 项目政府担保研究
吴贞瑶　著

责任编辑	罗爱林
封面设计	原谋书装
出版发行	西南交通大学出版社 （四川省成都市金牛区二环路北一段 111 号 西南交通大学创新大厦 21 楼）
发行部电话	028-87600564　028-87600533
邮政编码	610031
网　　址	http://www.xnjdcbs.com
印　　刷	成都蜀雅印务有限公司
成品尺寸	170 mm × 240 mm
印　　张	14.25
字　　数	225 千
版　　次	2023 年 3 月第 1 版
印　　次	2023 年 3 月第 1 次
书　　号	ISBN 978-7-5643-9211-6
定　　价	58.00 元

图书如有印装质量问题　本社负责退换
版权所有　盗版必究　举报电话：028-87600562

前　言

随着我国"一带一路"倡议和"交通强国"战略进程的不断加快，交通运输类基础设施的建设需求急剧增加。由于PPP（Public-Private Partnership，政府与社会资本合作）模式能够缓解政府财政压力，提高项目运营效率，近年来被广泛应用于基础设施建设领域，如高速公路的建设。高速公路PPP项目的特许期较长，其间存在的风险因素众多，对项目造成的影响较大，甚至会导致项目失败。为了吸引投资并保障项目顺利运行，政府通过提供担保来分担项目风险。政府如何提供担保、担保程度如何设定等问题是目前理论研究和实践关注的重点。本书以交通需求风险、利率风险和通货膨胀风险为研究侧重点，分析了在这3种风险下政府应如何提供担保才能均衡分担项目风险的问题。

第一，从现有理论研究、PPP项目相关政策和高速公路PPP项目实践中的问题3个角度，阐明了交通需求风险、利率风险和通货膨胀风险是高速公路PPP项目中发生概率较高、对项目影响较大，且需要政府部门和社会资本方共同承担的风险，但目前已出台的相关政策并未明确担保的具体方法和触发条件，可操作性较差，这是本书选取这3种风险作为研究重点的原因和意义所在。然后结合实物期权的优点及高速公路PPP项目的特征，说明了实物期权用于高速公路PPP项目的政府担保问题的适用性。

第二，通过改进的二叉树法与蒙特卡洛相结合，把交通量作为标的物，担保方式作为期权衍生物，分析了能够缓解交通需求风险的5种担保方式的特征，并从担保方式产生的财务影响和对抗交通需求风险的效率两个方面建立了比选框架。研究表明，有上限（如收入上限或交通量上限）的担保明显优于没有上限的，相比之下，最小交通量担保和交通量上限的结合相对较优，能满足政府部门和社会资本的财务预期，且对抗交通需求风险的效率较高，因而适用范围更广，适用于大多数高速公路项目，尤其是交通量波动大的项目。

基于前文的研究提出了考虑交通需求和建设成本不确定性、政府部门和社会资本方利益及其风险承受能力的最小交通量担保上下限阈值决策模型。该模型主要由3部分组成：建设成本和交通需求量不确定性的描述，最小交通量担保和交通量上限收益共享的期权定价，以及考虑风险分配的阈值决策。在模型中，将建设成本和初始交通量看作是建设期的不确定因素，而年运营交通量是运营期的不确定因素。这些因素分别在二项式倒金字塔网络和二叉树网络的基础上，通过蒙特卡洛仿真描述其不确定性，并用风险中性定价方法衡量最小交通量担保和交通量上限收益共享的期权值，最终通过考虑政府部门和社会资本的风险承受能力来分配风险重要度，以决策出使项目总风险最小的上下限阈值组合。

第三，通过考虑利率风险对项目债务成本和收益的影响，提出了满足社会资本、政府部门和贷款方三方利益的政府利率担保方式，并以减小风险发生概率，均衡分配风险为目标来确定利率担保的阈值，即期望利率，通过对模型进行案例仿真分析，确认了该方式的可行性和合理性。研究发现，该方式能够有效降低项目相关各方风险发生概率和风险分配的不均衡性，使风险发生概率在相关部门的承受范围内，各方均有参与该项目的动力，从而保障项目的顺利运行。

第四，分析了通货膨胀对项目运营成本、交通量、现金流以及净现值的影响，梳理了现有用于对冲通货膨胀风险的调价方法，并指出单靠项目调价缓解通货膨胀风险的弊端。基于此，提出了政府分担通货膨胀风险的方法——收入调节法，且在考虑社会资本、道路使用者和政府部门三方利益的情况下，构建了基于VaR-TOPSIS多目标决策模型的收入调节比例——调价阈值的方案决策方法。研究发现，通货膨胀下，当其他条件不变时，若不进行调价，项目净现值明显低于无通货膨胀的情况，且特许期越长，通货膨胀对项目净现值的影响越大。政府通过收入调节能够分担部分通货膨胀风险，使项目净现值明显增加，社会资本的亏损状况得到有效缓解。VaR-TOPSIS多目标决策模型能够决策出收入调节比例与调价阈值的联动组合方案，该模型可行。

第五，对于财务评价不可行项目的政府担保方式进行分析。考虑了项目的社会经济效益，建立社会资本方和政府部门双方投资项目的基准条件、区分确定性参数和不确定性参数，构建了蒙特卡洛仿真模型，据此计算分析了财务评价不可行的高速公路项目的补偿数量，验证了模型的可行性和合理性。所计算得到的最优补偿数量达到了社会资本方的投资基准条件，他们有投资动力，同时该项目的社会效益远大于提供的补偿数量，政府部门有较大的投资热情。

本书的研究不仅有助于政府部门衡量其提供担保的风险及价值，以制定合理的担保政策，而且有利于社会资本方和投资者评估项目风险并做出合理的投资决策。

本书由贵州交通职业技术学院高层次人才科研启动金资助出版。

吴贞瑶

2022 年 10 月

目 录

- 001 第1章 绪 论
- 001　1.1 研究背景和研究意义
- 004　1.2 国内外研究现状
- 014　1.3 研究范围、研究方法与研究内容
- 019　1.4 技术路线
- 020 第2章 高速公路PPP模式的理论与实践
- 020　2.1 PPP模式概述及相关实践
- 032　2.2 PPP项目的风险识别与分配
- 044　2.3 PPP相关政策及其在担保问题上的不足
- 047　2.4 高速公路PPP项目的概念特征与亟待解决的问题
- 055　2.5 实物期权法及其适用性
- 059　2.6 本章小结
- 061 第3章 交通需求风险下政府担保方式的评估与比选
- 061　3.1 二叉树期权定价法的推导与改进
- 069　3.2 交通需求风险下的政府担保方式
- 074　3.3 政府担保方式的评估与比选
- 081　3.4 案例分析
- 093　3.5 本章小结
- 094 第4章 最小交通量担保与交通量上限的阈值决策研究
- 094　4.1 模型变量与参与方风险的确定
- 096　4.2 阈值决策模型的构建
- 106　4.3 考虑风险承受能力的风险重要度分配的博弈
- 116　4.4 模型的应用
- 122　4.5 本章小结

第 5 章　利率风险下高速公路 PPP 项目的利率担保方法　124
5.1　利率与债务成本概述　124
5.2　利率风险对债务成本及收益的影响　127
5.3　利率担保的原理及其期权价值　128
5.4　利率担保的影响及期望利率的决策　130
5.5　案例分析　136
5.6　本章小结　143

第 6 章　通货膨胀风险下高速公路 PPP 项目的收入调节　145
6.1　通货膨胀概述　145
6.2　通货膨胀对高速公路项目的影响　147
6.3　通货膨胀下的项目调价　152
6.4　政府分担通货膨胀风险的方法：收入调节　155
6.5　收入调节比例与调价幅度的方案决策　158
6.6　案例分析与方法应用　168
6.7　本章小结　179

第 7 章　财务评价不可行项目的政府担保　181
7.1　补偿模型原理分析　182
7.2　模型构建　184
7.3　算例分析　187
7.4　本章小结　191

第 8 章　结　论　192
8.1　主要研究结论　192
8.2　主要创新点　196
8.3　研究展望　196

附　录　198

参考文献　202

第1章
绪　论

1.1　研究背景和研究意义

1.1.1　研究背景

"交通强国"战略的实施,使交通基础设施成为投资建设的重要领域。《交通强国建设纲要》《长江三角洲区域一体化发展规划纲要》和《西部陆海新通道总体规划》中均提出应加大交通基础设施的投资建设力度,完善城市群间快速公路网络,提升省际公路可达性等建设指导意见[1]。交通运输部公布2020年公路水路投资将达1.8万亿元。为了缓解投资建设中的资金短缺问题,提高社会市场活力和项目建设运营效率,近年来PPP项目作为吸引社会资本投资基础设施的重要途径而被广泛应用。2020年前三季度,采用PPP模式的交通运输项目数已达1 781个,项目总金额达61 822.14亿元[2]。可见,PPP模式在交通基础设施项目建设中占有较大的市场比例。

我国早在1984年就开始在引入外资方面探索PPP模式的应用,但由于试点效果不理想,该模式的推进缓慢,甚至搁置。直到2014年,我国为了缓解政府在项目建设中的财政压力,提高项目建设运营效率,颁布了《关于推广运用政府和社会资本合作模式有关问题的通知》(财金〔2014〕76号),放宽了社会资本的准入机制,并鼓励社会资本参与基础设施建设[3]。此后,财政部相继推出了三批PPP示范项目,投资规模分别为714亿元、4 861亿元和11 933亿元,截至2016年年末,入库项目总计11 260个,投资总金额为13.5万亿元,PPP项目迎来了迅猛发展阶段。然后,由于相应的法律法规和监管体制不完善,PPP项目在实施时常被异化为新的融资平台,"假 PPP""伪 PPP"泛滥,明股实债等问题严重,反倒增加了政府的隐性债务。2017年国家发改委、财政部先后出台了制止PPP项目举债融资的文件[4]，力求规范PPP项目的发展。相关部门下发的文件初步确立了"风险共担，收益共享"的风险分配原则。

高速公路项目由于其较为完善的使用者付费体系和运作流程而成为以PPP模式修建的典型项目之一。高速公路PPP项目的数量在2016年就已达到248个，占整个交通运输类PPP项目的19%，落地率达67%。由于该类项目的特许期长，投资金额高，若项目风险管理不到位，极易导致项目失败。交通需求风险被认为是高速公路PPP项目中的主要风险之一，其发生概率高达93.3%[5]，如马来西亚南北高速公路PPP项目、泰国二期高速公路PPP项目、美国加州全自动收费公路PPP项目、我国阳电高速公路等均发生过不同程度的交通需求风险。据相关研究调查显示，美国公路桥等交通基础设施的预测交通量平均高于实际交通量的23%[6]；在另外14个国家的共计210个收费公路项目中，有50%的项目严重高估了项目需求量[7]。除此之外，利率风险、通货膨胀风险同样影响高速公路PPP项目的运营，像马来西亚南北高速公路PPP项目、匈牙利M1-M5高速公路PPP项目、英法海底隧道PPP项目、中国香港西海底隧道PPP项目等都曾受到过通货膨胀风险或利率风险的严重影响，其中，通货膨胀使英法海底隧道PPP项目的投资成本超支80%，从而导致项目失败[8]。因此，合理分担项目风险是保障PPP项目成功运行的关键。

由于风险的不确定性，政府部门通常不会一开始就对社会资本方进行补贴，而是通过担保的方式，分担那些需要政府和社会资本方共同承担的风险[9]，如交通需求风险、利率风险和通货膨胀风险等。政府针对交通需求风险的担保方式有最小收入担保、最小交通量担保、特许期调整等，其中最小收入和交通量担保还可分别搭配收入上限和交通量上限收益共享来共同执行，如韩国仁川机场到首尔的高速公路PPP项目、巴拉亚斯机场通道项目、北京地铁4号线。实践中，由于缺乏系统地选择担保方式和设置合理担保水平的方法，政府在提供担保时存在盲目性，从而出现过度担保或担保不足的情况。如：105国道连平段、广东南海区路网项目就因为政府的过度担保，使政府承担了过量风险，造成了大量不必要的财政支出；而内蒙古大成西黄河大桥、国道325线阳江段又因为政府担保不足而导致项目严重亏损。[10]对于利率风险和通货膨胀风险而言，尽管大多数决策者和研究者都认为这两种风险需要政府和社会资本方共同承担，但由于缺乏行之有效的政府担保方法，即使风险发生，也难以提供合理的政府担保来分担风险，从而造成了项目损失。因此，政府应该如何提供担保，选择什么方式进行担保，如何设置担保水平才能达到风险的均衡分配等问题成为规范 PPP 项目制度、实现可持续发展的关键。

1.1.2 研究意义

针对高速公路 PPP 项目政府担保中现有研究存在的不足，结合实践中存在的问题，将研究范围圈定在交通需求风险、利率风险和通货膨胀风险 3 个发生概率高，且需要政府和社会资本方共同承担的风险内。根据这些风险的特性，研究能够均衡风险的政府担保方式及担保程度，以期为政府担保政策的制定提供理论参考。其研究意义主要体现在如下方面：

1. 理论意义

（1）进一步完善了交通需求风险下政府担保方式的比选和阈值决策优化的研究，弥补了现有研究在担保方式比选的定量方法上的不足，通过考虑利益相关方风险承受能力，拓展了阈值决策优化研究的理论体系。

（2）为利率风险下的政府担保研究提供了新思路。在理论研究方面，传统研究主要集中在收入风险的政府担保研究上，对于利率风险的研究较少，且鲜有考虑受利率风险影响的贷款方利益。本书提出的针对利率风险的政府担保模型和方法纳入了贷款方的视角，是对现阶段 PPP 项目风险管理领域研究的进一步拓展。

（3）丰富了通货膨胀风险下政府担保的研究思路和方法。本书论证并量化了通货膨胀风险造成的影响，并通过提出考虑政府部门、社会资本方和道路使用者三方利益的政府担保方法，为通货膨胀风险的评估和担保提供了理论依据。

2. 实践意义

（1）为政府部门制定相关担保政策提供了可操作性的指导。分析交通需求风险、利率风险和通货膨胀风险的影响，设计了各风险下的政府担保方法。该方法能够应用于实际案例中，对政府制定相关担保政策具有一定程度的理论和指导性意义。

（2）为社会资本方评估项目风险、投资价值提供了计算和评估方法。社会资本方可以利用本书提出的模型、方法分析和评估项目风险所造成的影响，及其政府提供担保后项目的投资价值，帮助社会资本方的投资决策分析。

（3）从社会资本方、政府部门、道路使用者、贷款方等PPP项目利益相关方的自身利益和承担风险的角度出发，分析和构建的政府担保方法有助于实现项目风险的合理均衡分担，促进多方共赢。

1.2 国内外研究现状

由于风险是一种在发生与否、发生时间和发生结果上都存在不确定性的事件，政府部门很少会选择在一开始就提供实质性的补贴来分担这些风险，而是通过政府担保的形式，在风险发生时予以支持[9]。当交通（市场）需求风险、通货膨胀风险、利率风险等需要政府部门和社会资本方双方共同承担的风险发生时，政府部门通过事先商定的担保方式进行风险分担，从而保证了社会资本方的利益。交通需求风险是交通类PPP项目的主要风险之一，因而针对该风险的政府担保研究较多，主要包括政府担保价值评估与担保方式的阈值优化，而针对利率风险和通货膨胀风险的政府担保研究就相对较为匮乏。

1.2.1 针对交通需求风险的政府担保研究

交通需求风险是指由于交通需求量的高度不确定性所导致的项目收入损失。目前针对交通需求风险的政府担保研究主要分为政府担保评估与比选，以及担保阈值的选取两部分。

1.2.1.1 政府担保方式的价值评估与比选

1. 分担交通需求风险的担保方式

交通需求风险作为交通类项目中最大的不确定性风险而广受关注，目前应对市场需求风险的政府担保方式有收入担保、交通量担保、收益担保、特许期调整、限制竞争担保、直接补偿以及价格补偿担保7类政府担保方式。现有研究主要是对这些担保方式的价值进行评估。

（1）最小收入担保。

最小收入担保通过担保项目收入不低于预期的最小收入，来缓解项目运营过程中的市场需求风险和通行费价格风险所造成的收入损失。如何准确评估收入担保的价值是研究的重点，早期的研究只考虑了当实际运营收入低于预期最小收入时的情况[11,12]。随着研究的深入，研究者发现当收入过高时，社会资本方会获得超额收益损害公共利益。因此，为了保证项目合理收入的同时不获得超额收入，在最小收入担保中加入了超额收入共享机制（也称收入上限），即当实际收入超过约定收入的最大值时，社会资本方应与政府部门共享一部分超额收入[13,14]。研究中，实物期权理论被广泛应用于评估最小收入担保的价值，其中常用的方法为蒙特卡洛法、二叉树定价法和 Black-Scholes 定价法。Jun（2010）[15]，Chiara 和 Kokkaew（2013）[16]等，以项目净收入作为标的物，将最小收入担保和超额收入共享分别看作看跌期权和看涨期权，用蒙特卡洛仿真的方法评估了实施最小收入担保和超额收入共享时的期权价值；高峰等（2008）[17]、马红光等（2018）[18]则利用了 Black-Scholes 定价法构建了最小收入担保和超额收入共享的价格模型。Ashuri 等（2012）采用二叉树定价法分析了最小收入担保和收入上限的作用[19]。此外，范小军等（2009）[20]和 Shi 等（2016）[21]还考虑了外部因素和信息不对称对收入担保价值的影响。

（2）最小交通量担保。

最小交通量担保的关注点在于实际的交通需求量是否与预期最小值相符，当实际交通量低于预期，政府补偿交通量减少所损失的金额。同收入担保一样，为了避免交通量明显高于预期，使项目收入过高，会设置交通量上限收益共享机制（也称交通量上限），即当实际交通量高于约定交通量最大值时，社会资本方与政府部门共享这部分交通量带来的收益。在描述交通需求量的不确定性时，几何布朗运动方程和二叉树法是常用的方法。Brandao 和 Saraiva（2008）[22]、Galera 和 Soliño（2010）[23]认为交通需求的不确定性符合几何布朗运动的特征，用该方程构建了交通需求的表达式来评估最小交通量担保价值。Iyer 和 Sagheer（2011）以交通量为标的物，通过二叉树定价法评估了最小交通量担保的期权价值[24]；吴贞瑶（2018）利用二叉树定价法和蒙特卡洛仿真分析了最小交通量担保、交通量上限和价格调整对项目投资价值的影响[25]。秦敏（2018）利用 Black-Scholes 定价法、讨价还价博弈模型量化了高速公路 PPP 项目的最小交通量担保价值和项目投资价值[26]。

（3）收益担保。

收益担保与收入担保类似，当项目收益低于预期时，政府补足差额部分。由于收益担保将项目的成本风险也纳入考虑中，保障了社会资本方收益的稳定。郭健（2013）[27]和闵锐（2015）[28]在交通需求不确定的情况下，通过实物期权构建政府收益担保模型，当社会资本方的收益低于收益下限时提供补偿，高于收益上限时上交超额收益，并以实际案例计算分析得到最小收益担保对项目价值的影响；王颖林（2015）利用讨价还价博弈模型，评估政府在 PPP 项目中提供最低收益担保的期权价值[9]；Man 等（2016）分析了目前浮动投资回报率担保存在的问题，提出了一种嵌入激励行为的担保方法[29]。

（4）特许期调整（弹性特许期）。

特许期调整是指政府根据项目的收益情况适当延长或缩短特许期，该方式能够一定程度上缓解外界因素变化所引起的项目收益变动[30]。目前研究特许期调整的方法较多，如多目标规划法[31]、博弈论[32]、净现值法[33]等。宋金波对特许期调整的研究较为深入和系统，首先利用蒙特卡洛仿真分析了污水处理 BOT 项目的污水处理量动态变化时，特许期的调整方法[34]，然后将传统的 NPV 法和蒙特卡洛模拟相结合，分析了当交通量变化时通过特许期调节使项目收益达到预期水平的问题[35]，随后采用经济学的供需原理建立了以交通量、价格为变量的供需方程，并综合考虑特许期调整的影响，建立了在交通需求变化的情况下，价格和特许期联动调整的方法[36]。

（5）限制竞争。

限制竞争担保的作用主要在于担保因竞争而减少的交通需求风险。Wang 和 Ke（2008）[37]，Yin（2011）[38]明确了限制竞争担保的作用，但没有量化该类担保的价值；Liu 等（2014）以实物期权的方法，建立模型讨论了政府限制竞争担保对社会资本方和政府部门的影响，研究发现限制竞争对双方都有利[39]。

（6）直接补偿。

直接补偿（Direct Cash Subsidy）是指由于项目的财务不可行或市场需

求下降等问题,政府部门直接通过提供现金的方式补贴社会资本方。其研究核心是确定提供补偿金额的多少[40]。起初,直接补偿的研究主要针对财务评价不可行项目[41,42],研究方法多为净现值法[43-45];后来,直接补偿也被用于分担交通需求下降风险、收益风险或建设运营风险等。如:吴孝灵等(2013)[46]、吴汉美(2016)[47]考虑了项目建设和运营中可能存在的风险,分析了使投资者收益和社会效益最大化的政府补偿机制;高颖等(2015)分析了当交通需求量下降时,社会资本方收益和消费者剩余达到帕累托最优的政府补偿策略[48];吴孝灵等(2016)根据投资者不同的风险偏好,通过博弈模型和情景建模来分析不同情况下政府的最优补偿策略[49]。

(7)价格补偿担保。

价格补偿担保是指当实际交通量低于约定值时,社会资本方可提高通行费价格以增加项目收入,或通过申请政府价格补偿的方法。刘婷(2017)对这种方式下的政府财政负担情况和项目债权融资能力进行了评估,研究表明该方式能够改善项目的债权融资能力,从而降低资金成本[10]。但价格补偿担保在研究和实际应用中都较为罕见,一是因为当实际交通量低于约定值时提高通行费价格并不一定能增加项目收入,这主要受到该项目使用者的需求价格弹性影响;二是若采取政府价格补偿的方法弥补交通量减少的损失,其价格补偿数额难以界定。

2. 政府担保方式的比选研究

目前国内外针对交通需求风险的政府担保方式的价值评估研究成果较为丰富,但这些研究的对象多为其中一种担保方式,由于缺少对多种担保方式的优劣和适用性的比选研究,在实际操作中难以抉择最合适的政府担保方式。为了解决政府担保方式的选择问题,Fishe 和 Babbar(1996)[50]、Irwin(2003)[51]从担保方式的准确性、成本、融资能力的提高程度等方面说明了不同政府担保方式的优劣;Siemiatycki 和 Friedman(2012)从财务影响、激励作用和政府控制力的角度定性分析了特许期调整、可用性付费和独立融资 3 种政府担保方式的影响[52]。但这些研究只停留在定性分析层面,无法量化比选结果。Wibowo(2004)尝试通过或有债务分析,量化最小收入担保、债务担保、收费率担保、最小交通量担保对项目现金流的影响,为政府担保方式的比选研究提供了量化思路,但研究中忽略了交通量的不确定性[53]。刘婷（2017）通过量化特许期调整、最低收入担保和可用性付费3种担保方式的影响，构建了考虑净现值和政府现金流两个指标的比选框架[10]。

表 1-1 梳理比较了现有政府担保方式比选研究在考虑的指标、研究方法等方面的情况。

表 1-1 政府担保方式比选的现有研究

文献	针对的风险	比较的担保方式	考虑的指标	研究方法
Fishe 和 Babbar（1996）	收费公路项目中笼统的项目风险	延长特许期、汇率担保、补贴、最低收入担保等	政府的财政风险、融资能力的提高程度	定性研究
Irwin（2003）	基础设施建设项目中笼统的项目风险	未明确	准确性、透明度、成本	定性研究
Wibowo（2004）	基础设施建设项目中笼统的项目风险	债务担保、利率担保、收费率担保、收入担保等	财务影响	定量研究：或有债务分析
Siemiatycki（2012）	城市快速交通项目中交通量风险	特许期调整、可用性付费和独立融资	财务影响、激励作用和政府控制力	定性研究
刘婷（2017）	基础设施建设项目中的收入风险	可用性付费、价格补偿担保、弹性特许期	财务影响	定量研究：参数估计

1.2.1.2 政府担保阈值的选取

政府担保不足可能无法吸引投资，而过度担保会使社会资本方获得过多收益，从而损害社会效益，因此，政府担保应设置在什么水平才能平衡交通需求风险在政府部门和社会资本方之间的分配成为近年来的讨论热点。

政府担保水平体现为政府担保的下限阈值和上限阈值的取值情况。下限阈值和上限阈值分别是最小交通量（收入）担保和交通量（收入）上限收益共享的触发条件。当交通量或收入低于政府担保的下限阈值时，政府补偿其差额部分；当交通量或收入高于政府担保的上限阈值时，社会资本方共享部分超额收益。通过调整优化政府担保的上下限阈值的取值，实现交通需求风险在政府部门和社会资本方之间的合理分配是该问题研究的宗旨。目前的研究考虑的主要变量是交通需求量，已有成果可归纳为以下几种状态：

1. 通过考虑社会资本方的利益或风险，提出了政府担保上下限阈值的选取方法

Vassallo 和 Soliño（2006）用实例研究的方法描述分析了智利实施最小收入担保的结果，认为政府担保的最低收入水平应确保覆盖项目运维成本，而政府担保的上限水平以期望收入为基准，通过最低担保水平的镜像得到[54]；Kokkaew 和 Chiara（2013）用多重最小二乘蒙特卡罗法调整了收入担保的上下限，验证了调整后的收入担保比传统方法更经济[55]；Sun 和 Zhang（2014）利用 NPV 法构建了政府担保下的项目的财务评估模型，政府担保水平的选取目标是让担保后的项目净现值趋近于期望净现值[56]；刘婷（2017）利用 NPV 法和蒙特卡洛仿真提出了政府收入担保上下限阈值的选取方法，担保的下限水平要保证项目收益能够覆盖项目运维成本和债务成本，上限水平应保证项目净现值均值大于 0[57]。这 4 种方法能够求解决策出符合目标函数要求的政府担保上下限阈值，但他们只考虑了社会资本方的利益，忽视了政府部门，并没能实现项目风险的均衡分配。

2. 通过考虑政府部门和社会资本方的利益，讨论了政府担保阈值的选取问题

Shan 等（2010）提出一种管理运输项目收益风险的双限期权，并通过调整政府担保下限阈值的百分比来探讨担保水平对政府和社会资本方的影响[58]；Buyukyoran 和 Gundes（2018）综合考虑了政府部门和社会资本方的利益，认为政府部门的担保水平下限应保证项目净现值不小于 0，担保水平上限应保证政府支出不超财政预算，由此得到了政府担保上下限阈值的取值区间，但没有给出政府担保水平上下限的合理组合[59]。他们的研究在考虑政府和社会资本方的利益的情况下，探讨了政府担保阈值的选取问题，为选取和优化政府担保阈值奠定了基础，但所提出的模型不能有效确定政府担保上下限阈值。

3. 通过考虑政府部门和社会资本方的利益或风险，提出了单一阈值（下限或上限）的选取方法

Carbonara 等（2014）[60]、Carbonara 和 Pellegrino（2018）[61]在平衡社会资本方跟政府部门风险问题上做了进一步尝试，他们优化政府担保的下限阈值时考虑了社会资本方的期望最低投资回报，认为只有项目净现值不低于最低投资回报时，社会资本方才会选择投资，而政府部门的利益同样考虑支出不超过财政预算；靳璐璐（2019）[8]将消费者剩余作为项目超额收益分担指标，用 Black-Scholes 定价法分别构建了收益担保上限和下限阈值的决策模型。该研究只分别针对政府担保的上下限阈值进行建模，没有实现上下限阈值的同时调整优化。

表 1-2 从研究变量、考虑的利益相关方、是否考虑利益相关方风险承受能力，以及模型能够选取的阈值等 4 个方面，进一步整理了现有关于政府担保阈值选取研究的情况。

表 1-2 现有政府担保阈值研究情况

	变量		利益相关方		相关方风险承受能力	选取的阈值			
	交通量	建设成本	社会资本方	政府部门		下限	上限	上下限联动	无确定阈值
Vassallo 和 Soliño（2006）			√					√	
Shan 等（2010）	√		√	√					√
Kokkaew 和 Chiara（2013）	√		√					√	
Sun 和 Zhang（2014）	√		√					√	
Carbonara 等（2014）	√		√	√	√				
刘婷（2017）	√	√	√					√	
Buyukyoran 和 Gundes（2018）	√		√	√					√
Carbonara Pellegrino（2018）	√		√	√	√	√			
靳璐璐（2019）	√		√	√		√	√		

1.2.2 针对利率风险的政府担保研究

交通类基础设施 PPP 项目的建设成本通常较高，因而债权融资成为这类项目的必要融资手段，而债权融资的成本受利率影响极大，利率的变动可能造成项目债务成本激增，项目收益降低甚至亏损，从而影响项目的正常推行[62]。戴大双（2005）对 15 个国内外交通类基础设施 PPP 项目进行分析发现，利率风险的发生概率较高，达到 53.3%[5]，为缓解该风险，政府曾为马来西亚高速公路项目提供了利率担保[63]。李静华和李启明（2007）以北京地铁 4 号线为例，指出为降低利率风险对 PPP 项目的影响，融资时可采用固定利率和浮动利率相结合的方式[64]。唐聪（2019）认为利率受宏观经济政策因素影响较大，从而影响项目贷款融资成本，即项目利息的支出[65]。

利率风险对 PPP 项目的融资成本、收益的影响较大的观点得到了较多研究者的认同和证实，但对缓解利率风险的方法及相关的政府担保研究还存在较大空白。Ho 和 Liu（2002）[66]考虑到了 PPP 项目的债务融资问题，讨论了交通需求和建设成本的不确定性对项目债务成本的影响，但忽视了利率风险的影响。直到 2019 年，Pellegrino[67]总结了政府收入担保的特点，设计了一个当利率高于期望利率时的政府利率担保方法，并评估了政府利率担保的价值。

1.2.3 针对通货膨胀风险的政府担保研究

Chan 等（2015）[68]指出通货膨胀会增加劳动力和材料成本，从而导致项目的建设和运营成本增加。调查中，许多受访者表示通货膨胀对其项目收益造成了较大影响，因此他们通常采用上调价格的方式来缓解通货膨胀风险。1984 年英国电信发布了价格上限法来调价，以缓解通货膨胀带来的运营成本上升的状况，该方法的核心是调价幅度应为通货膨胀率与生产效率增长率的差额。唐聪（2019）[65]认为即使考虑了生产效率，通货膨胀仍能导致成本增加，这是因为技术改进带来的成本节省是固定的，而随着时间的推移，成本支出是增加的。Ye 和 Tiong（2003）[69, 70]沿用了价格上限法来分析存在通货膨胀时分别以销售价格、投资回报率为基础的调价方法所面临的风险和收益情况。何涛（2011）[32]和孟惊雷（2019）[71]研究了通货膨胀下调价频率对政府部门和社会资本方双方的影响，研究中将允许价格上调看作是政府部门分担通货膨胀风险的手段。Cheng 和 Tiong（2005）[62]提出了一个 Tariff-at-Risk 的方法，计算得到了通货膨胀下的最小可行收费率。此外，通货膨胀对政府补偿金额的影响也得到了一定程度的关注。如：Liou 等（2012）[43]通过回归分析的方法，计算了通货膨胀率在 0.2%~8%波动时对政府补贴财务不可行项目的影响；Wibowo 等（2012）[72]从理论上分析了通货膨胀下由于外部因素变化导致调价延迟对项目补偿金的影响。

通货膨胀风险的不确定性较强，政府部门和社会资本方任何一方单独承担该风险的压力较大，通常被认为需要双方共同承担[73]。但调价的方式仅仅是将通货膨胀风险部分或全部转移给使用者，而非政府部门，因而 Mirzadeh 和 Birgisson（2015）[74]认为政府部门可以通过补偿成本的方式来降低社会资本方承担的通货膨胀风险而非调价，因为通货膨胀最直接的影响就是项目成本的增加。该方法下，风险完全由政府部门和社会资本方承担，与调价相比，政府需要大量财政支出去补偿成本的增长。蔡晓琰和周国光（2017）[75]提出了在调价基础上的收益调节方法，当调价幅度低于通货膨胀率时，政府部门给予补偿；反之，与社会资本方分享超额收益。该研究构想为通货膨胀风险的分担开辟了新思路，将政府部门纳入了风险分担行列，但考虑因素较为单一，忽略了调价引起的交通量变化以及调价周期的问题。胡云鹏（2019）[76]从满意度均衡的角度出发，通过仿真的方法模拟了通货膨胀风险对政府部门、社会资本方的影响，认为可以通过调价和增加政府补偿的方式来均衡利益相关方的满意度，但并未给出具体的操作方法。

针对 PPP 项目通货膨胀风险的现有研究如表 1-3 所示。

表 1-3　针对 PPP 项目通货膨胀风险的现有研究

	利益相关方（视角）			研究内容		
	政府部门	社会资本	使用者	通胀的影响	缓解通胀的调价方法	通胀下的担保方法
Ye 和 Tiong（2003）		√			√	
Cheng 和 Tiong（2005）		√			√	
何涛（2012）		√			√	

续表

	利益相关方（视角）			研究内容		
	政府部门	社会资本	使用者	通胀的影响	缓解通胀的调价方法	通胀下的担保方法
孟惊雷（2018）		√			√	
戴大双（2004）		√		√（定性）		
Chan 等（2015）		√		√（定性）		
Mirzadeh 和 Birgisson（2015）	√	√				√
蔡晓琰和周国光（2017）	√	√				√
胡云鹏（2019）	√	√				√（定性）

1.2.4 研究现状评述

由于风险的不确定性，政府部门往往采用政府担保的形式，在风险发生时予以支持。近年来，研究者在 PPP 项目的政府担保研究上已经有所推进和突破，但在高速公路 PPP 项目的交通需求风险、利率风险和通货膨胀风险的政府担保研究上仍存在一些不足。

（1）现有针对交通需求风险的政府担保研究的不足主要表现为：① 交通需求风险是高速公路 PPP 项目中的主要风险，对项目影响极大，但目前尚未有定量研究来比选那些能缓解交通需求风险的政府担保方式的优劣及适用性，且现有的比选模型多聚焦于量化担保方式所产生的财务影响，忽略了其缓解风险的效率，容易造成决策的片面性；② 在担保阈值选取的研究上，现有方法还未能实现在考虑政府和社会资本方利益及其风险承受能力的情况下，联动决策担保方式的上下限阈值。上下限阈值的选取反映了交通需求风险在政府部门和社会资本方之间的分担程度，若不充分考虑双方的利益和风险承受能力将有失风险分担的公平性和合理性。

（2）利率风险下的政府担保研究较为欠缺，研究成果较为薄弱，主要表现在 3 个方面：① 在研究视角上，现有研究大多只考虑了社会资本方和政府部门的利益，而忽视了同样受该风险影响的贷款方的利益，从而造成了研究的局限性；②在研究方法和内容上，现有研究多为定性分析，且对利率造成的影响及应对方法考虑不充分，只考虑了利率过高时的应对方法，而忽略了利率过低的情况；③在利率的研究设定上，市场利率受所处经济发展阶段和国家宏观经济政策的影响，处于变化之中，在不同阶段具有不同的增减趋势和波动性，现有的政府担保研究多将利率视为一个固定值，或增长率为 0 的变量，不符合利率的实际变化规律。

（3）PPP 项目通货膨胀风险的现有研究主要有通货膨胀的影响、缓解通货膨胀的调价方法以及通货膨胀下的担保方式 3 类，通货膨胀风险影响的研究多为定性分析，无法量化通货膨胀造成的影响；调价和政府担保是缓解通货膨胀风险的主要方法，前者将风险转移给了道路使用者，后者则转移给了政府部门。由于这些方法在研究中均未将道路使用者的利益纳入考虑范围，通货膨胀风险的分担存在片面性。

1.3 研究范围、研究方法与研究内容

1.3.1 研究范围

政府担保是指政府承诺在需要社会资本方和政府部门共同承担的风险发生时，或项目财务评价不可行时给予相应的补助，以分担该风险对项目造成的影响，确保项目的合理收益和顺利运营。由于 PPP 项目的风险众多，若对其一一进行研究则过于宽泛，且研究的针对性和深度欠佳。根据政府担保的定义，本书将研究的侧重点设定为交通需求风险、利率风险、通货膨胀风险以及财务评价不可行项目的政府担保问题。选取这 3 种风险作为分析要点的原因详见第 2 章，将分别从理论、政策和实践的角度阐明这 3 种风险是需要政府部门和社会资本方共同承担的（即属于政府担保的范围），且在高速公路 PPP 项目中发生概率较大，对项目影响较大，而目前政府的相关操作规范不完善，亟须对相关政府担保问题进行研究。而对这 3 种风险进行分担的前提是项目的财务评价是可行的，对于财务评价不可行的项目应先对其进行财务担保补贴，在保证项目财务评价可行的基础上，再对交通需求风险、利率风险和通货膨胀风险进行担保。

利率风险和通货膨胀风险在 PPP 项目上的影响和相应的政府担保研究

尚处于起步阶段，关于这些风险怎么影响 PPP 项目，影响程度如何，政府应如何提供担保等问题还有待研究和讨论。因此，为了便于分析各风险所造成的影响及其合理的担保方式，本书采用了控制变量法：假设各风险之间是相互独立的，不存在关联性，即只研究单一风险发生的情况，不考虑多风险耦合带来的影响。

1.3.2 研究方法

1. 实物期权理论

实物期权是将金融领域的期权定价方法运用到实物资产上的一种方法，由于项目决策中的传统方法无法估计项目管理柔性和未来决策的价值，而实物期权恰能弥补这些缺陷，所以在项目决策领域得到推广和应用。实物期权的定价模型有多种，如 B-S 模型、二叉树定价模型、三叉树定价模型等。本书主要采用的是二叉树定价模型的原理和风险中性定价相结合，通过改进的二叉树网络和倒金字塔网络评估政府担保的期权价值。政府担保是非金融资产，其期权折现率难以确定，因此采用风险中性定价以排除因折现率估计不准而造成的价值偏差。

2. 蒙特卡洛仿真

蒙特卡洛仿真是一种随机抽样、统计试验的方法，其应用贯穿于第 4~7 章。例如，用二叉树及其延伸的二项式倒金字塔构建变量变化的框架，并用蒙特卡洛仿真法模拟变量的随机变化路径，从而得到变量的概率分布情况，以此来描述变量的不确定性，并在此基础上评估项目价值和政府担保的价值。

3. 文献分析法

文献分析法是研究中常用的定性分析的方法之一。本书采用文献分析法识别了高速公路 PPP 项目中的风险因素，并对其进行风险分配，发现交通需求风险、利率风险和通货膨胀风险的发生概率高，且需要政府和社会资本方共同承担，而现有政府担保研究成果在这 3 个风险的研究上存在不足，为本书研究这 3 种风险所对应的政府担保提供了理论基础。

4. 讨价还价博弈

政府部门和社会资本方是高速公路 PPP 项目中交通需求风险的主要承担方，在实际操作中，双方在风险分担比例上通常会进行磋商讨论。对不完全信息条件下的讨价还价博弈，能够最大限度地模拟现实情况下的双方谈判过程，以完成风险承担比例的合理分配。

5. 多目标决策

高速公路 PPP 项目的相关利益者众多，在研究利率风险和通货膨胀风险的政府担保方法时，需要兼顾政府部门、社会资本方、贷款方以及道路使用者的利益。这些利益相关者的目标是不同的，且存在相互冲突的问题，因此采用多目标决策方法，能在多个相互矛盾的目标下选出优选方案，实现项目风险的均衡分担。

6. 实证研究方法

高速公路 PPP 项目的政府担保涉及风险对项目的影响、政府担保方法的期权价值评估、担保阈值的选取等内容。这些内容的建模分析均属于抽象的理论研究，在理论研究的基础上，通过实例分析验证模型的可行性和有效性是十分必要的。

1.3.3 研究内容

高速公路 PPP 项目因其使用者付费途径清晰，运营效果较好而得到极大的使用和推广，既缓解了政府财政压力，又提高了项目运营效率。但由于高速公路项目的投资金额较大，投资回收期较长，投资风险较高，合理分配和分摊项目风险是项目成功的关键。本书结合现有研究存在的不足和实践中存在的问题，对交通需求风险、利率风险、通货膨胀风险 3 个需要政府和社会资本方共同承担的风险，以及财务评价不可行项目展开研究。其研究内容主要分为以下 9 个章节：

第 1 章绪论。首先点明了本书的研究背景和意义，随后在国内外研究现状中，结合现有研究成果，分析了目前在交通需求风险、利率风险和通货膨胀风险下政府担保研究存在的不足；阐明了本书的研究范围和方法，并根据研究对象和内容，制定了研究的技术路线。

第 2 章高速公路 PPP 模式的理论与实践。分别从 PPP 项目的风险识别与分配理论、PPP 项目的相关政策和高速公路 PPP 项目的运营实践 3 个角度，说明本书选取交通需求风险、利率风险和通货膨胀风险作为政府担保研究的侧重点的必要性，并阐述了实物期权理论在解决这些问题上的适用性。

第 3 章交通需求风险下政府担保方式的评估与比选。交通需求风险是高速公路项目的主要风险，且需要政府部门和社会资本方共同分担。本章对能缓解交通需求风险的 5 种政府担保方式进行了比较分析，将改进的二叉树定价法与蒙特卡洛相结合，评估了这些担保方式的价值和特征，提出了考虑担保方式所产生的财务情况和缓解风险效率的比选框架，总结了它们的优劣和适用范围。

第 4 章最小交通量担保与交通量上限的阈值决策研究。政府担保阈值设置的高低决定了政府的担保水平，即分担风险的程度。在第 3 章研究的基础上，把交通需求量和建设成本作为模型变量，通过考虑社会资本方的破产风险和政府部门的财政超支风险及其风险承受能力，利用二项式倒金字塔模型和蒙特卡洛仿真，构建了最小交通量担保和交通量上限的阈值优化决策模型，以使风险能够被政府部门和社会资本方合理均衡分担。

第 5 章利率风险下高速公路 PPP 项目的利率担保方法。通过分析利率风险对债务成本和项目收益的影响，提出了缓解利率风险的政府担保方式和担保价值的评估模型。为了利率风险能够在利益相关方之间合理分配，提出了考虑社会资本方、政府部门、贷款方利益的期望利率（利率担保阈值）的选取模型。

第 6 章通货膨胀风险下高速公路 PPP 项目的收入调节。本章论证了与无通货膨胀情况相比，通货膨胀对交通需求量、运营成本、项目收益以及项目净现值的影响，并根据分析得出的利用调价对冲通货膨胀风险所存在的不足，提出了政府分担通货膨胀风险的方法——收入调节法，并通过考虑社会资本方、政府部门和道路使用者三方利益，构建了 VaR-TOPSIS 模型，用于联动调整决策调价幅度与收入调节分担比例，实现通货膨胀风险的均衡分担。

第 7 章财务评价不可行项目的政府担保。在项目社会经济效益的基础上，提出了社会资本方和政府部门双方的投资基准条件，通过区分确定性和不确定性参数，构建了资金补偿数量的蒙特卡洛仿真模型；并以一个财务评价不可行的高速公路算例为例,分析得到了该项目的最优补偿数量和不确定性参数对社会资本方、政府部门双方净现值的影响程度。

第8章结论。总结了研究结论与创新点,并提出了研究展望。

本书结构如图1-1所示。

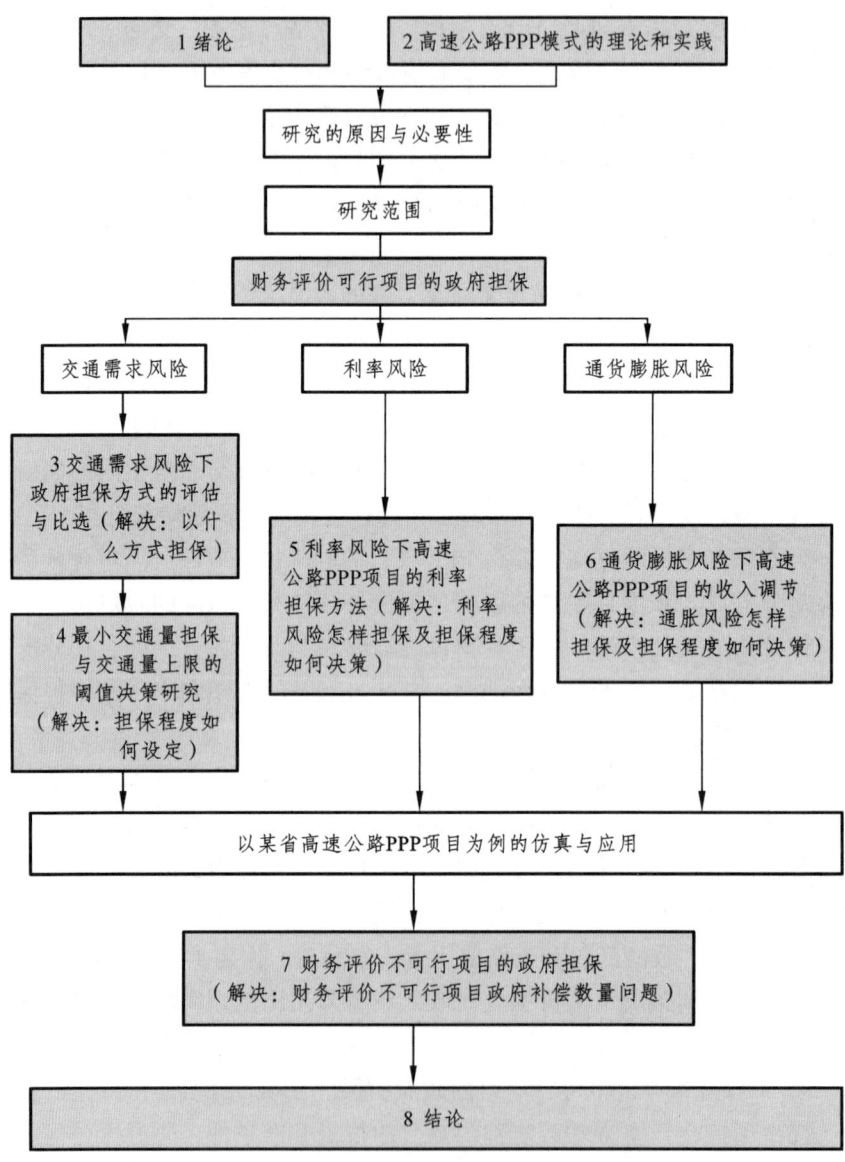

图1-1 本书结构

1.4 技术路线

根据现有研究的不足,结合实际存在的问题,得出本书的技术路线(见图1-2)。

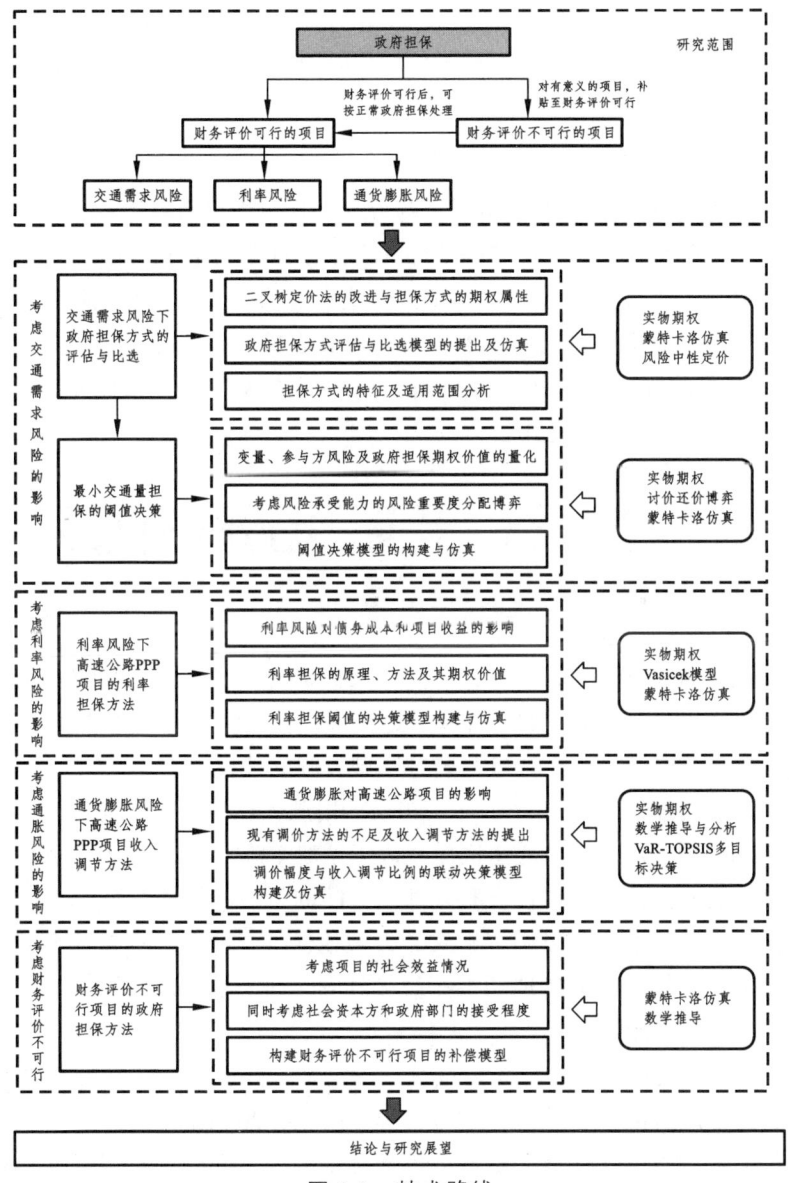

图 1-2 技术路线

第 2 章
高速公路 PPP 模式的理论与实践

本章将从 PPP 项目的风险识别与分配的现有理论研究出发，结合政府出台的相关政策及高速公路 PPP 项目在实践中亟待解决的问题，分别从理论、政策和实践 3 个角度说明本书选取交通需求风险、利率风险、通货膨胀风险作为政府担保研究侧重点的科学性和必要性。此外，还结合高速公路 PPP 项目的特征和实物期权法的优点，阐明实物期权用于研究高速公路 PPP 项目中政府担保的适用性。

2.1 PPP 模式概述及相关实践

2.1.1 PPP 模式的概念与内涵

PPP（Public-Private Partnership），又称 PPP 模式，即政府和社会资本合作，是公共基础设施中的一种项目运作模式。该模式下鼓励社会资本方、民营资本与政府进行合作，参与公共基础设施的建设。

PPP 模式源于英国，1992 年，英国的财政大臣肯尼斯·克拉克第一次提出了 PPP 模式的概念，并于次年发表了手册《新突破》。该手册的副标题是"面向政府公共部门和社会私人部门之间的新型伙伴关系"。从此，PPP 模式作为一种新型的项目融资模式，极大地促进了社会资本在社会基础设施项目中的参与度，为实现帕雷托最优效应，即公私"双赢"或"多赢"提供了更多的可能性。

PPP 模式自产生以来尚未形成统一的定义，世界银行给出的 PPP 模式的定义为：政府部门和社会资本方在提供公共产品和服务过程中形成的长期合作关系，该模式下社会资本方承担主要的风险和管理责任，并且薪酬和绩效相关。我国财政部出台的《关于推广运用政府和社会资本合作模式有关问题的通知》(财金〔2014〕76号文)中认为,PPP融资模式是政府和社会资本就公共基础设施而建立起来的一种长期合作模式。上述定义均是从微观视角出发,认为PPP融资模式是一种新型的项目融资模式,也就是狭义的PPP模式。而与之对应的,广义的PPP模式则泛指一系列融资模式的统称,包括BOT(建设—运营—移交)、TOT(转让—运营—移交)等。PPP模式并非一成不变,而是可以根据具体情况进行评估转换,真正做到结合国情,对症下药。发改委的文件将PPP模式发展的具体情况分为经营性、准经营性、非经营性等3种模式,并且分门别类地制定了具有针对性的要求和建议,为PPP模式未来发展保驾护航。

(1)对于具有明确的收费基础的经营性项目,如果经营收费能够完全覆盖投资成本的项目,可以通过政府授予私人部门特许经营权,采用建设—运营—移交(BOT)、建设—拥有—运营—转让(BOOT)等模式推进。

(2)对于经营收费不足以覆盖投资成本的准经营性项目,可以通过政府授予特许经营权附加财政补贴或直接投资参股等措施,采取建设—运营—移交(BOT)、建设—拥有—运营(BOO)等模式推进。

(3)对于缺乏"使用者"付费基础、主要依靠"政府付费"回收投资成本的项目的非经营性项目,可通过政府购买服务,采用建设—拥有—运营(BOO)、委托运营等市场化模式推进。

由此可以总结出PPP模式的内涵:首先,作为一种新型的融资项目模式,PPP模式主要是依靠政府的财政支持以及PPP项目的预期收益,将项目作为主体进行的一种融资活动。PPP模式与利用投资人资产进行融资的方式不同,它主要以项目建成之后的收益作为条件进行融资。再融资之后,贷款的偿还主要依靠政府的承诺以及项目成功建设完成后投入使用时获得的经济收益。其次,PPP融资模式成功地在基础设施的建设过程中引入民间资本,并且通过多方合作,最终达到共赢的局面。在PPP模式下,项目的前期准备工作是由私人部门以及公共部共同参与决策的,公共部门提供政策上的支持,以及大方向的建设理念,而私人部门则是提供一定的资金支持,将一些先进的管理手段引入整个项目的建设过程中。这种融资模式不仅可以增加私人部门对于项目的控制力,对于降低项目的研发成本,减少工作周期,提供建设效率都有非常大的帮助。除此之外,PPP模式可以帮助私人部门获得一定的利益，私人部门在具体实施项目的过程中，可以从各个方面得到政府政策以及资金的扶持，政府部门对于参与项目的私人部门可以采取降低税收、为企业贷款提供担保、为企业提供相应的土地开发权等措施。这些都是一些间接利益，私人部门可以将其转化为直接利益。得到了政府相关政策以及经济上的支持后，私人部门进行项目建设的积极性也会提高。最后，PPP 模式能提高公共部门以及私人部门的管理效率。PPP 模式将市场竞争机制引入基础设施的融资中来，打破了政府部门传统的管理机制。因为市场竞争机制的引入极大地提高了政府部门的管理与运行效率。除了提高政府部门的管理效率之外，PPP 模式中私人企业的加入，可以让私人企业学习到政府部门的工作模式，学习政府部门的规划能力，这对于私人企业将自身的管理模式与技术手段相结合进而提高管理效率有非常大的帮助。

综上所述，可将 PPP 模式的概念和优势总结为：PPP 是 Public-Private Partnership 的缩写，意为公私合营，是指政府和私人组织之间，为了修建某种基础设施或提供某种公共服务，以特许权协议为基础，通过签署合同来明确双方义务，从而形成的一种合作关系，以达到比其中一方独立完成更有效的目的。PPP 模式在世界范围内得到广泛应用的原因在于：其一，该模式能够从社会资本方那里融资修建基础设施或提供公共服务，较为有效地缓解了政府的财政压力；其二，中标的社会资本方在该项目上较有经验，比政府单独修建更为高效；其三，与传统的政府采购相比，PPP 模式的建设成本更低。

在我国，PPP 被定义为：政府为增强公共物品和服务的供给能力，提高供给效率，通过特许经营、股权合作等方式，与社会资本方建立利益共享、风险共担的长期合作关系。在全国广泛推广该模式的目的是：① 拓宽基础设施建设资金来源；② 促进民间资本进入基础设施领域；③ 推动投融资方式方法创新；④ 优化配置基础设施领域的资源。

2.1.2　PPP 模式的特点

PPP 模式具有伙伴关系、利益共享、风险分担 3 个重要特征。

1. 伙伴关系

该模式背景下，政府部门与地方企业开展合作，形成了独具特色的伙伴模式。伙伴模式的核心在于双方拥有共同利益，能够对某个利益点进行合力开发，合理突破，发挥双方优势，利用最少的支出，采用最高效率的模式，获取最大回报，从而真正提高合作质量，减少成本支出，取得更为显著的发展成果。我们必须认识到，政府部门和地方企业有着各自的追求，并不能强行要求双方统一目标。政府部门作为公共机关，以人民利益为主，所以更讲求项目的公益性，而地方企业作为私有部门，其以企业利益为主，更希望获得即时利润。两者虽然看似利益目标不同，但是只要在工程过程中有机结合，就能够加以分工，从而获得更为密切的关联方式，取得各自期待的利益。

2. 利益共享

在该模式下，政府相关部门与地方企业展开多方面合作，其要点并非仅仅在于资金方面的简单分配，在合作过程中还需要避免私有部门获得超额的利润。采取PPP模式开展的项目主要以公共公益类项目为主，这就要求不能使私有部门实现利润最大化的目标。所以，利润共享一方面包含着双方能够共享PPP模式的实际成果，另一方面必须能够给予企业方面长远的发展前景，以及完成预期的目标，达到互惠互利，从而合作共赢，增强两者的合作凝聚力。

3. 风险分担

利益与风险是相对应的，没有风险分担的可持续伙伴关系也是难以形成的。无论是在市场经济还是计划经济环境下，公共部门和私有部门都会千方百计地规避风险，所以在PPP模式中公共部门和私有部门通过建立合理的分担风险机制形成持续的伙伴关系是它有别于其他传统模式的主要特点。

2.1.3 PPP项目的分类与优缺点

2.1.3.1 PPP项目的分类

国际上，由于各国情况不同，PPP项目的分类方式也各式各样。世界银行将PPP模式分为3大类：外包类、私有化类和特许经营类。按照服务于社会经济发展的不同方面,PPP 项目大致可分为经济、社会和政府 3 类。经济类包括交通运输、区域开发、节能环保等领域;社会类包括保障性住房、教育、文化、卫生等领域;政府类包括司法执法、行政、防务等领域。

我国在 PPP 的分类上沿用了英国基础设施与重大项目局的分类方法,按照项目的付费方式分为使用者付费(User Payment)项目、政府付费(Government Payment)项目,以及可行性缺口补助(Viability Gap Funding)项目,具体如表 2-1 所示。

表 2-1　PPP 模式项目分类

项目分类	英文	释义
使用者付费	User Payment	指收益模式清晰,项目收入能够完全覆盖项目成本且有一定合理利润的经营性项目
可行性缺口补助	Viability Gap Funding	指项目有一定的收入,但不足以覆盖项目全部成本,需要政府给予一定的补助的准经营性项目
政府付费	Government Payment	指项目没有经营性,但具有良好的社会效益,需要靠政府购买服务来收回成本的公益性项目

按照 PPP 项目运作方式分类,PPP 模式又可以分为委托运营维护(O&M,Operations & Maintenance)、经营承包(MC,Management Contract)、建设—运营—移交(BOT,Build-Operate-Transfer)、建设—拥有—运营(BOO,Build-Own-Operate)、购买—建设—运营(BBO,Buy-Build-Operate)、移交—运营—移交(TOT,Transfer-Operate-Transfer)、租赁—运营—移交(LOT,Lease-Operate-Transfer)、改建—运营—移交(ROT,Rehabilitate-Operate-Transfer)、区域特许经营(Concession)9 种方式[77](见表 2-2),以及这些方式的组合等。具体运作方式的选择由 PPP 项目领域、融资情况、改扩建需求、收费定价机制、投资收益水平、风险分配和期满处置等因素决定。这种分类方法以公共资产的所有权/使用权的分配状态为基础,在我国实践中应用较多。如果对项目运作流程进一步细分,BOT 与 BOO 又可以以另一种方式命名:设计—建造—融资—运营—转让(DBFOT,Design-Build-Finance-Operate-Transfer)、设计—建造—融资—运营(DBFO,Design-Build-Finance-Operate)。

第 2 章 高速公路 PPP 模式的理论与实践

表 2-2 PPP 的主要运作模式

缩写	内涵	释义
BOT	建造—运营—移交	社会资本方在特许期内负责融资、设计、建造和运营，期满后移交给公共部门
BT	建造—移交	私人部门与政府签约设立项目公司以暂时的业主身份负责融资、建设，并在完工后移交给政府
TOT	移交—拥有—移交	政府部门将已经拥有的基础设施移交给私人企业，通常私人部门需要交纳转让费，期满后再将设施交给政府部门
BOO	建造—拥有—运营	私人部门融资、建立、拥有并永久地经营基础设施
O&M	运营与维护合同	私人部门根据合同在规定的时间内运营基础设施，公共部门保留资产所有权
ROT	改建—运营—移交	私人部门对过时、陈旧的设施设备进行改造并经营，期满后将项目移交给政府

相比传统的政府采购项目而言，PPP 模式涉及的部门较多，结构也相对复杂一些，如图 2-1 所示。理论上，项目发起人可以是政府部门也可以是社会资本方，但实际中，项目发起人一般由政府部门担任，所以 PPP 模式下，政府部门先发起项目，然后进行项目招标，中标的投资者与政府磋商签订特许经营协议，然后成立项目公司，专门负责该项目的建设运营等工作。由于大多数基础设施项目所需的建设金额大，项目公司会选择向金融机构（如银行），申请贷款，双方签订贷款协议。在项目的建设和运营上，项目公司可以选择外包给第三方建设和运营，部分外包，或者不外包，全部由项目公司完成，所以项目公司与建造商和运营商的外包关系不一定发生。

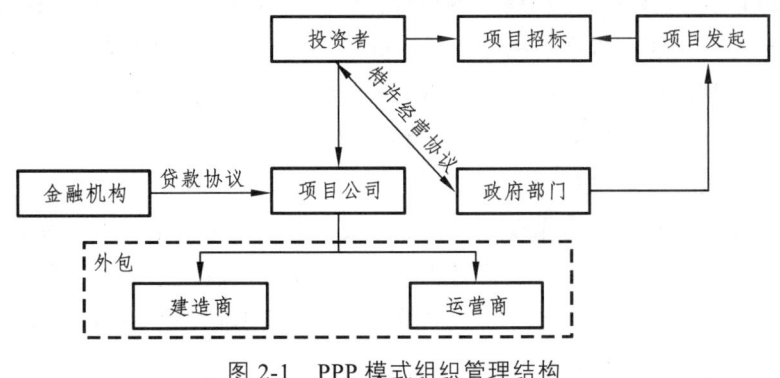

图 2-1 PPP 模式组织管理结构

2.1.3.2 PPP 项目的优缺点

1. PPP 模式的优点

（1）政府与社会资本取长补短，充分发挥各自优势，弥补各自不足。

双方可以形成互利的长期目标，以最小的成本创造最大的社会效益。PPP 模式将市场体制引入基础设施等公共服务设施的建设，政府由过去的基础设施公共服务的提供者转变成监管者，从而将更多人力、物力分配在宏观调控、政策制定、协商协调等政府所擅长的领域，提高这些领域工作的质量和成效；社会资本得以进入基础设施建设领域，占有一部分市场，同时，在政府的保障下，能够充分发挥自身人才、融资、管理的优势，创造更多利润与社会价值。

（2）减轻了政府的财政负担。

政府将部分项目责任和风险转移给社会资本，减少了这部分财政支出。同时，社会资本在融资与资金运转方面具有丰富的经验，通常情况下承担大部分融资任务，使政府得以从中解脱出来，转而提供能力测评、信誉保证和特许经营权，大大减轻了财政负担。

（3）有利于社会资本开拓市场，树立形象。

PPP 模式为社会资本提供了进入基础设施建设领域的机会，社会资本能够在这一领域开拓市场，占有一部分市场。同时，参与 PPP 项目建设本身是一种对自身能力的检测，能够使社会资本参与方积累项目经验，提高竞争力。

（4）降低项目总成本。

PPP 模式引入的市场体制本身具有自身调节作用，并且只有当项目已经完成并得到政府批准使用后，社会资本部门才能开始获得收益，因而能够更好地刺激相关部门进行管理和技术创新，充分发挥能动性和创造性，进而提高效率、降低工程成本，消除项目完工风险。

（5）提高基础设施的质量。

在传统政府独自运作模式下，地方政府通常为某项重大工程临时组织工作团队，负责组织项目设计与建设，建设完成后移交给政府下属事业单位或国有企业进行日常运营。工作团队与运营部门缺乏相关项目运作经验，缺乏竞争与活力，易导致资源浪费。

参与 PPP 项目的社会资本机构通常在相关领域积累了丰富的经验和技术，私营机构在特定的绩效考核机制下有能力提高服务质量。同时，私营机构的收入与项目质量成正比，政府会根据项目不可用的程度，或未达到事先约定的绩效标准而扣减实际付款，民众的意见也会影响企业的形象。因此，社会资本机构有足够的动力不断提高服务质量。

2. PPP 模式的缺点

（1）特许经营导致的垄断性。

社会资本中规模较小的企业占比不小，但是 PPP 项目的投资成本相对较高，项目本身具有复杂性，需要大量资金与先进的技术与管理经验。因此，政府部门对社会资本的选择空间减少，在竞争的公平性上有所欠缺。相对于市场体制来说，PPP 项目虽然引进了市场体制，但是仍然缺乏竞争，在一定程度上使社会资本提高效率、控制成本的动力减少，容易造成一部分社会资本积累经验后形成垄断。

（2）PPP 模式长期合同缺乏灵活性。

为了项目长期运行稳定，PPP 模式签订的合同通常决定项目整个生命周期（10～50 年）的各种事宜，要求也更为严格，灵活性不够。政府与社会资本在起草合同时，尽管已经将项目生命周期的每一阶段的计划最优化，仍然很难将未来的变化充分地考虑进来，合同条款通常只考虑当前的情况，导致项目后期运营与管理不能灵活应对，而只能遵照合同条款执行。

（3）民众使用基础设施的成本增加。

PPP 模式引入市场经济体制，允许社会资本参与项目建设，社会资本需要的利润大于政府单独运作所需要收获的利润，利润将会表现在收费时间延长、价格提高等方面，因而使用基础设施的民众在得到更高质量的服务和更快使用到基础设施的同时，也需要付出更高的成本，容易造成民众支出与得到的服务水平不对等局面。

2.1.4　PPP 项目的主要利益相关方

1. 政府部门

政府部门是项目的主要发起人，与社会资本方是以特许运营合同为基础的合作关系。作为合作方，政府会授予社会资本方特许运营权，或注入部分资本。相较项目经营性而言，政府部门更注重的是项目的社会效益，如果一个项目的社会效益显著，但是经济效益相对欠缺，政府部门也会通过财务补贴等方式给予支持。为社会提供公共服务是政府的职能之一，因此政府部门会尽可能地保障基础设施项目顺利运营。

在项目的全生命周期中，不同的政府机构分管的事务也有所不同，主要的管理机构有3个：

（1）本级人民政府：主要负责授权实施项目的社会资本方，审核项目实施方案，批准项目合同，审核预算草案等。

（2）财政部门：主要负责项目识别、项目采购、收支预算、绩效管理、监督检查等。

（3）行业主管部门：审核项目建议、物有所值评价，补偿社会资本方，评价补贴、价格调整的周期和条件等。

一般在研究中，为了研究简便，并没有细分政府部门的这些机构，所说的政府部门是这些机构的总称，兼具这些机构在 PPP 项目中的职能和责任，本书亦然。

2. 社会资本方

在 PPP 模式中，参与项目的双方称为 Public Sector 和 Private Sector，对于我国而言，Public Sector 即政府部门，所以又称 Host Government。对于 Private Sector，翻译多种多样，有社会资本方、私人部门、私人企业等，但由于我国的国情不同，能够作为 Private Sector 参与 PPP 项目建设的，除了私人公司，也可以是国有企业、混合所有制企业等，所以以上翻译不足以涵盖这些参与者的身份，容易引起歧义。

本书对 Private Sector 的称谓沿用了交通运输部办公厅《收费公路政府和社会资本合作操作指南》中的名称，即"社会资本方"，是指已建立现代企业制度的各类国有企业、民营企业、外商投资企业、混合所有制企业，以及其他投资、经营主体[78]。

社会资本方所关心的则是项目的收益以及项目风险，他们追捧收益高，风险相对稳定的项目。若项目风险高，则需要有相应较高的收益，才能吸引投资者。

3. 使用者

使用者是 PPP 项目的输出终端，也是项目的服务对象。对于使用者付费项目和可行性缺口补助项目而言，使用者是项目的购买方，影响项目未来的现金流，是项目融资贷款时的重要评估指标之一。对于政府付费类项目而言，使用者是项目的服务对象，服务的好坏决定了项目绩效的多少，也就影响政府付费的多少，即项目的收入。

4. 贷款方

贷款方是指银行、信贷公司等金融机构。由于 PPP 项目投资金额较大，项目公司通常会通过债权融资的方式向金融机构贷款。在这个过程中，项目公司作为借款方，金融机构作为贷款方，项目公司在贷款期内应依据贷款合同向贷款方支付本息。为了保障贷款资金的安全性，贷款方会依据项目的未来现金流情况和项目盈利能力决定贷款与否以及贷款金额。

2.1.5 PPP 模式的应用与发展情况

近代，最早使用 PPP 模式开展城市公共基础设施建设的国家是英国。英国政府 1992 年起大力推动私人主动融资（Private Finance Initiative，PFI）制度。1997 年工党执政以后将其纳入了一个新的概念，即公私部门合作伙伴关系（Public-Private Partnerships，PPP），并将 PPP 解释为包括 3 个方面的内容：① 完全或部分私有化；② 由私人主动融资并承担风险的发包项目依然称为 PFI；③ 与社会资本方共同提供公共服务。英国政府通过推行 PPP/PFI，引导社会资本方参与投资各项基础设施，并通过政策规定公共建设项目采购前应优先考虑以公私合作方式进行，以解决政府面临的财政困难。英国 PPP 项目的实施范围涵盖交通、环保、医院、学校、劳工、社福、国防、监狱、住宅、政府办公室及社区开发等各个领域，对英国政治、经济及社会的发展产生了深远的影响。同时政府在促进 PPP 项目实施方面也建立了完整的推动体制。

随后，美国、澳洲、欧洲等发达国家和地区也相继确立了符合各自国情的 PPP 政策和实施方式，其中美国在实践中提出，以 PPP 作为 PFI 的专用名词。部分发展中国家也在 20 世纪 90 年代后半期开始了 PFI 的立法工作。国际 PPP 研究机构 PWF（Public works Financing）的研究数据表明，在 1985 年到 2011 年期间，全球采用 PPP 模式建设的基础设施名义价值高达 7 751 亿美元，其中以欧洲的应用最为广泛，约占名义价值的 46%，亚洲、澳洲约占 24%，美国约占 9%。PPP 模式在不同国家和地区的发展程度不一，同时 PPP 模式属于一个动态且不断演变进化的概念，因此关于 PPP 世界各机构和专家尚未形成一个公认的定义，但这并没有阻碍国外专家学者对 PPP 进行深入的研究。

Michael Spackman（2002）通过对英国政府采用 PPP 模式建设的实际案例进行研究，指出"在开始 PPP 模式应用的早期，政府的主要目的是减轻财政压力，只有部分具有实力的企业才能成为政府的合作对象，但是随着 PPP 模式的不断发展及应用，社会资本方的重要性不断凸显，市场逐渐显现出其对于资源配置的重要影响力，社会资本方的先进技术在项目中的应用也使建设效率得到了大幅提升，社会资本方不再是政府部门减轻财政压力的助手，而是成为促进整个社会发展进步的重要角色"。

Li Bing、A.Akintoye 等学者（2005）首先对 PPP 项目风险进行不同的分类，将其划分为宏观风险（政治的风险，利率的风险，通货膨胀的风险，重大有影响力的经济事件、融资市场体系不健全以及法律、社会、自然等方面的风险）、中观风险（项目的选址、融资、设计、建设以及运营的风险）以及微观风险（关系风险以及第三方相关者的风险等），然后采取问卷调查的方式对项目风险分配开展了实证分析，最后根据 PPP 项目参与各方愿意承担的风险比例，将项目风险具体分为 4 大类：由公共部门承担的风险、由私人部门承担的风险、公私双方共同承担的风险以及在特定环境下出现的风险。同时指出"鉴于公共部门所处的特殊社会地位，还应承担包括政策风险、宏观风险在内的系统性风险，另外，公共部门还应建立行之有效的风险应对政策以及风险分担框架，为项目的顺利开展提供保障"。

Gholamreza Heravi、A.M.ASCE 与 Zeinab Hajihosseini（2011）认为"在世界各国政府财政资金能力有限并且基础设施项目运营效率低下的情况下，政府引入 PPP 模式，对于基础设施项目的策划、执行、监测和控制等方面都有很大的好处，但是鉴于 PPP 项目运行过程中存在的各国国情不同及具体操作的差异，每个项目运行的效果也不尽相同"，另外文章还通过分析采取 PPP 模式的不同项目的合同组织形式，重要风险确定以及成功、失败案例的经验，提出了具体的改进措施和完善建议，对 PPP 模式在发展中国家的推动和应用具有重要的借鉴意义。

2.1.5.1 除英国外各国（地区）PPP模式应用现状

（1）智利。智利为平衡基础设施投资和改善公用事业，于1994年引进PPP模式，因此提高了基础设施现代化程度，并获得充足资金投资到社会发展计划。现已完成36个项目，投资额60亿美元。其中包括24个交通领域工程、9个机场、2个监狱、1个水库。年投资规模由模式实施以前的3亿美元增加到17亿美元。

（2）葡萄牙。葡萄牙自1997年启动PPP模式，首先应用在公路网的建设上。至2006年的10年期间，公路里程比原来增加了一倍。除公路外，正在实施的工程还包括医院的建设和运营、修建铁路和城市地铁。

（3）巴西。巴西于2004年12月通过《"公私合营（PPP）模式"法案》。该法案对国家管理部门执行PPP模式下的工程招投标和签订工程合同做出了具体的规定。据巴西计划部称，已经列入2004—2007年4年发展规划中的23项公路、铁路、港口和灌溉工程将作为PPP模式的首批招标项目，总投资130.67亿雷亚尔。

（4）美国。美国成立了PPP国家委员会，积极宣传与促进PPP模式，各州颁布专门的法律促进PPP模式在基础设施项目中的应用，在住房领域应用PPP模式较多。美国依靠市场的力量，通过PPP模式调动社会资本参与建设、运营，缓解财政资金压力，提高运营效益。美国的保障房基本采用政府出资、最终归私人所有，通过税收抵扣、软性贷款约束保障房的最低服务年限。私人一般是非营利组织，因此，即使归私人所有，保障房的性质也不会变。保障性住房建设资金需求大，通过引入私人资本，可以缓解财政资金压力，改善底层人民生活环境。

（5）澳大利亚。澳大利亚设立基础设施局，以严格的审计和绩效评价机制管理PPP项目。在医疗领域，澳大利亚政府有许多创新措施，主要通过DBOO模式（设计建设—拥有—运营），私人部门提供15年的免费服务，政府每年给予运营商报酬。

（6）中国。在基础设施建设领域引入PPP模式，具有极其重要的现实价值。中国政府认识到这些重要价值，并为PPP模式的发展提供国家政策层面的支持和法律法规层面的支持。2013年以来，中国政府密集出台了数十项推广 PPP 模式的政策文件。2015 年 5 月,国家发展和改革委员会公布了 PPP 项目库,第一批向社会推介了 1 043 个项目,总投资 1.97 万亿元人民币,涵盖水利设施、市政设施、交通设施、公共服务、资源环境等多个领域。第二批公开推介了 1 488 个项目,总投资 2.26 万亿元。截至 2016 年 7 月底,两批公开推介的 PPP 项目中,已有 619 个项目签约,总投资 10 019.1 亿元。

2.1.5.2　PPP 占公共投资的比重

PPP 作为传统交付模式的一种补充,仅在能够更好地实现物有所值的情况下才得以使用,因此,在公共投资中的占比较小。从表 2-3 可以看出,即便是 PPP 运用较为成熟的英国、澳大利亚等国家,截止到 2017 年,PPP 投资占公共投资的比例也不超过 15%。在加拿大、新西兰、意大利、捷克等国家,该比例仅在 3% 以下。

表 2-3　PPP 占公共投资比例

国家	PPP 占公共投资的比例	国家	PPP 占公共投资的比例
澳大利亚	10%～15%	南非	3%～5%
墨西哥	15%	挪威	3%～5%
英国	10%～13%	西班牙	3%～5%
芬兰	10%～15%	加拿大	1%～3%
韩国	5%～10%	意大利	1%～3%
卢森堡	5%～10%	新西兰	1%～3%
德国	3%～5%	捷克	0%～1%

2.2　PPP 项目的风险识别与分配

2.2.1　风险识别的概念、原则与方法

2.2.1.1　风险识别的概念与原则

风险识别是指在收集资料和调查研究的基础上,运用各种方法对尚未发生的潜在风险以及客观存在的各种风险进行系统归类和全面识别。

风险识别在风险管理过程中占有重要位置，只有正确认识风险，才能正确分析风险，进而才能合理应对和控制风险带来的影响。

风险管理的目的在于掌控项目运作可能发生的情况，对项目风险提前做出应对方案，防止风险的发生，并能在风险发生时及时、准确地采取应对措施，将项目风险造成的损失降到最低。作为风险管理的第一步和基础，风险识别需要遵循以下原则：

1. 全面识别

全面地识别风险能够避免风险在没有察觉的情况下持续造成损失，以及发现风险后没有应对预案的时间里造成的损失，将损失降到最低。没有识别到的风险不会因为没有识别到就不发生。不全面地识别风险将导致项目参与者不能在第一时间做出应对，损失就会相比全面识别风险更大。疏漏还可能造成损失脱离控制，带来连锁反应，产生更大的影响。

2. 系统归类

为了保证风险识别的准确程度，应该进行系统的调查分析，对风险进行综合归类，明确其性质、作用阶段及后果。如果没有科学系统的方法来识别和衡量，就不可能对风险有一个总体的综合认识。

3. 多种识别方法综合运用

风险识别有多种方法，每种方法都有其优点和缺点，综合运用各种方法，取长补短，能够从多个角度认识风险，从而有效避免风险的重叠和遗漏。

4. 持续性

项目风险识别不是一次就能够完成的，它应该在整个项目运作过程中定期并且有计划地进行。随着项目的推进，风险的发生和造成的影响是不确定的，风险可能随时出现，风险造成的影响大小不能精确确定。因此，风险的识别和衡量也应该是一个连续的过程。在项目运作生命周期中持续地、有计划地进行风险识别，能够保证风险识别的全面与及时。

2.2.1.2　风险识别的方法

全面、系统、持续地识别高速公路 PPP 项目风险需要借助科学、系统的方法，综合运用这些方法能够提高风险识别的准确率和效率。目前，风险识别的方法主要有文献综述法、专家调查法、头脑风暴法、故障树法（FTA法）、工作分解法（WBS法）等。

1. 文献综述法

文献综述法，是指对与自身研究相关度高的文献观点进行摘要、汇总和对比，初步得到关键风险的方法。其优点是容错率高，具有极高的可靠性和权威性，是所有方法中最全面、准确的方法；局限性在于需要相关研究已经有较多成效，积累了一定经验。

2. 专家调查法

专家调查法，又称德尔菲法，是指在对所要预测的问题征得专家的意见之后，进行整理、统计、筛选，再匿名反馈给各专家，再次征求意见，再次整理，再次反馈，如此循环，直至得到一致的意见，本质上是一种反馈匿名函咨询法。其优点是充分利用了专家的经验和学识，权威性高，可靠性强，匿名的方式能使每一位专家独立地做出自己的判断，不会受到其他因素的影响；缺点是需要一定数量的专家参与，组织难度大，程序繁复，适合重大项目研究，并且对问题的设置要求严格，否则难以达到预期的效果。

3. 头脑风暴法

头脑风暴法，可分为直接头脑风暴法和质疑头脑风暴法，前者是在专家群体决策过程中尽可能地激发创造性，产生尽可能多的设想的方法，后者则是对已经提出的设想、方案逐一质疑，分析其现实可行性的方法。头脑风暴法的优点是能使结果的准确性提高，创新性强，角度全面；缺点在于程序复杂，规则众多，对参与者素质要求高，实施成本（时间、费用等）高，组织难度相比德尔菲法更大。

4. 故障树法（FTA法）

故障树法指从上到下逐级建树并根据事件而联系，运用图形化"模型"路径的方法分析系统中不希望出现的状态，用来了解项目损失的原因，并且发现最好的方式降低风险造成的损失。其优点是直观，思路清晰，逻辑性强，定性分析与定量分析都适合，应用性较强；局限性是对使用者专业经验要求高，需要分析者对研究系统的结构与联系非常熟悉，同时分析人员的水平对结果的影响较大，往往会出现不同分析人员分析结果不同的现象。

5. 工作分解法（WBS 法）

工作分解法是把项目工作按阶段可交付成果分解成较小的、更易于管理甚至不能再分解的工作活动的方法。其优点是全面，几乎不产生遗漏，系统，准确，应用范围广；缺点是工作量大，对分析人员的专业能力要求高。

通过对多种风险识别的方法进行比较可以看出，每种风险识别的方法都有其独特的适用范围。在风险识别的过程中，要根据类似项目的经验和以往研究汇总筛选，保证全面、客观、准确地识别项目风险。

本书首先通过文献综述法初步识别风险，再通过对初步识别风险的分类，保证其中不存在重叠，最后通过工作分解法检验其全面性，从而得到最终风险识别清单。

2.2.2 PPP 项目的风险识别

PPP 项目的风险识别在研究 PPP 项目的风险问题上具有重要作用，风险识别的准确性是风险评估、风险分配的前提。起初对于 PPP 项目风险的研究是将风险划分成几个大类，如 Bing 等[79]早在 1999 年就从"一体化"的角度分析了项目的风险因素，并将其划分为内部风险、外部风险和项目特定风险 3 类；Grimsey 和 Lewis（2002）[80]则将基础设施 PPP 项目的风险划分为技术风险、建设风险、运营风险、收入风险、金融风险、不可抗力风险、政治风险、环境风险以及违约风险，共 9 大类；Shen 等（2006）[81]对香港地区的 PPP 项目进行研究，并将风险划分为项目相关风险、政府相关风险、顾客相关风险、设计相关风险、承包商相关风险、顾问相关风险及市场相关风险；Medda（2007）[82]在研究中则将风险划分为政治风险、融资风险、商业风险和技术风险 4 类；Ng 和 Loosemore（2007）[83]通过案例分析，将项目风险分为政府信用风险、建设风险、运营风险、收入风险及财务和法律结构风险 5 大类。

到 2005 年，Li 等[84]研究者对英国的 PPP 项目进行研究，归纳出了项目存在的具体风险因素，共计 46 项，并将这些风险因素划分到宏观风险、中观风险和微观风险 3 个大类中，其中宏观风险又包括政治风险、经济风险、法律风险、社会风险和自然风险 5 个小类，中观风险分为项目选择风险、项目融资风险、残值风险、项目设计风险、建设风险和运营风险 6 个小类，而微观风险则由关系风险和第三方风险 2 类组成。该研究中所提出的宏观、中观、微观的分类方法在 PPP 项目风险研究领域得到广泛应用。Heravi 和 Hajihosseini（2012）[85]以伊朗的高速公路 PPP 项目为例，归纳了项目中存在的 27 项风险因素，并将这些因素分为 6 大类，包括：政治风险、金融风险、市场风险、法律风险、运维风险和不可抗力风险。除案例分析法外，文献综述法也是 PPP 项目风险识别的常用方法。Xu 和 Yeung 等（2010）[73]运用文献综述和德尔菲相结合的方法得出了影响 PPP 项目的 34 项风险因素；Hwang 和 Zhao（2013）[86]、Alireza 和 Mohammadreza（2014）[87]都采用文献综述的方法，分别分析了新加坡和马来西亚 PPP 项目中存在的风险因素。

近年来，PPP 模式在我国也得到大力推广，针对我国 PPP 项目风险的研究也陆续发表。邓小鹏等（2009）[88]通过问卷调查和多元统计的方法，分析了我国 PPP 项目中可能存在的 41 项风险因素，并从中提炼了 20 项关键风险因素；Ke 和 Wang 等（2010）[89]、柯永建（2010）[90]分别采用文献综述法提出了我国 PPP 项目中可能存在的 37 项主要风险因素；张亚静（2014）[91]通过列举典型案例的方法，归纳了 PPP 项目存在的 12 项主要风险因素；Chan 和 Lam 等（2015）[68]以我国水利 PPP 项目为研究对象，分析了其中存在的 37 项关键风险因素；何涛（2011）[32]、李妍（2017）[92]沿用了 Li 等（2005）提出的风险分类方法，将我国 PPP 项目的风险划分为宏观、中观和微观 3 大类；吴汉美（2016）[47]、娄燕妮等（2018）[93]以文献综述法分析了我国交通类 PPP 项目的风险因素。

此外，在 PPP 风险识别的基础上，Ye 和 Tiong（2000）[94]、Schaufelberger 和 Wipadapisut（2003）[95]认为政治风险、市场风险和财务风险是最关键的风险；Song 等（2013）[96]对 PPP 项目历史案例进行分析，认为法律风险、社会环境风险、地理环境风险、政府政策风险、技术风险、社会文化风险、市场需求风险、合同法规风险、信用风险以及财务风险等因素最为重要。

根据国内外风险识别的研究情况，从中选取了 10 篇分析较为全面，引用率较高，文章质量相对较好，且有一定的时间间隔的文章，来反映不同时间段项目风险情况，并得到表 2-4 所示的 PPP 项目风险因素统计表。

第 2 章　高速公路 PPP 模式的理论与实践

表 2-4　PPP 项目的风险因素统计

文献	Grimsey 和 Lewis[80]	Li et al.[84]	Shen et al.[81]	Ng[83]	Xu 和 Yeung[73]	Heravi 和 Hajihosseini[85]	Chan et al.[68]	何涛[32]	蔡晓球[97]	娄燕妮[93]	共计
年份	2002	2005	2006	2007	2010	2012	2015	2011	2017	2018	
风险因素											
政府失信					√		√		√	√	4
政府干预		√	√		√		√	√	√	√	6
政局不稳定	√	√			√				√	√	4
公众反对			√	√	√		√	√	√	√	6
政策不完善	√	√	√	√	√		√	√	√	√	8
政府官员腐败					√		√	√	√	√	4
国有化		√	√	√	√			√	√	√	6
政府终止合同						√				√	2
通货膨胀	√	√	√	√	√	√	√	√	√	√	10
市场需求变化	√	√	√	√	√	√		√	√	√	9
同质项目竞争					√		√		√		3
经济环境		√	√			√					2
汇率风险		√	√		√		√	√	√	√	6

续表

文献	Grimsey和Lewis[80]	Li et al.[84]	Shen et al.[81]	Ng[83]	Xu和Yeung[73]	Heravi和Hajihosseini[85]	Chan et al.[68]	何涛[32]	蔡晓琰[97]	娄燕妮[93]	共计
年份	2002	2005	2006	2007	2010	2012	2015	2011	2017	2018	
风险因素											
利率风险	✓	✓	✓	✓	✓		✓	✓	✓	✓	9
税收调整		✓	✓	✓	✓		✓	✓	✓		7
监管体系不完善			✓		✓		✓		✓	✓	5
行业规定变化		✓		✓	✓				✓		4
法律变化	✓	✓	✓	✓	✓	✓	✓	✓	✓	✓	10
气候环境		✓		✓	✓		✓		✓	✓	6
地质条件		✓		✓	✓		✓		✓	✓	6
土地获取	✓	✓	✓	✓	✓		✓		✓	✓	7
不可抗力风险	✓	✓	✓	✓	✓	✓	✓	✓	✓	✓	10
招标竞争不足			✓	✓	✓				✓		4
主观的项目评价					✓			✓			2
合同不完善		✓		✓	✓		✓		✓	✓	6
设计变更								✓			1
设计缺陷	✓	✓	✓	✓	✓	✓			✓	✓	7

第2章 高速公路PPP模式的理论与实践

续表

文献	Grimsey和Lewis[80]	Li et al.[84]	Shen et al.[81]	Ng[83]	Xu和Yeung[73]	Heravi和Hajihosseini[85]	Chan et al.[68]	何涛[32]	蔡晓琰[97]	娄燕妮[93]	共计
年份	2002	2005	2006	2007	2010	2012	2015	2011	2017	2018	
风险因素											
对投资者吸引力		√						√			2
融资可行性		√						√			2
融资成本高		√						√	√	√	4
技术未经验证		√	√	√	√		√	√	√	√	8
审批延误			√	√	√			√	√		5
建设时间推迟		√	√	√	√		√	√	√	√	8
建设成本超支	√	√	√	√	√	√	√	√	√	√	10
建设质量不达标	√	√		√	√	√	√		√		7
运营成本超支	√	√	√	√	√	√	√		√	√	9
残值风险		√	√	√		√	√		√		6
维护成本高于预期		√		√	√				√		4
投资方投资变动	√						√				2
通行费价格变动	√	√	√	√	√	√		√	√		8
组织协调风险	√	√	√	√	√	√	√	√	√		9

从表 2-4 中可以看出，通货膨胀风险、市场需求风险、利率风险、法律变化风险、不可抗力风险、成本超支风险和组织协调风险是公认的 PPP 项目中主要存在的风险。

2.2.3　PPP 项目的风险分配

PPP 项目风险分担的研究主要由风险分配和风险分摊两部分组成。风险分配是指划分风险的承担者；而风险分摊则是确定那些需要政府部门、社会资本方共同承担的风险的分摊方案和比例。

在风险分配方面，目前业界较为认可的原则是：风险应分配给最有能力控制该风险发生的一方；考虑承担方承担该风险的意愿；所承担的风险和所获得的收益应相匹配。在该风险分配原则的基础上，Li 等（2005）[84]指出谈判阶段应设定承担风险的上限；Lam 等（2007）[98]认为由于自身恶意行为所引发的风险应由引发者承担。Heravi 和 Hajihosseini（2012）[85]指出市场需求风险、通货膨胀风险应由政府部门和社会资本方共同承担；Hwang 和 Zhao（2013）[86]通过对新加坡 PPP 项目进行分析，认为政治风险（如政府失信、政府干预、国有化等 8 项风险）应由政府部门承担，而设计建设和运营风险（如技术风险、建设质量不达标、成本超支、自然环境风险等 19 项风险）应由社会资本方承担，通货膨胀风险、利率风险、市场需求风险、汇率风险等 11 项风险则由政府部门和社会资本方双方共同承担。何涛（2011）[32]根据文献分析的方法，将 PPP 项目的风险分配方案分为发达国家的方案和发展中国家的方案，并分别赋予 0.3 和 0.7 的权重，通过加权后的结果得到最终的风险分配方案。其分析同样认为政治风险和法律风险由政府部门承担，建设运营风险由社会资本方承担，而市场风险，如市场需求风险、通货膨胀风险、利率风险、汇率风险等应由双方共同承担。Ke 等（2010）[89]、柯永建（2010）[90]、Chan 等（2015）[68]、吴汉美（2016）[47]也同样论证了这种观点。

表 2-5 归纳了国内外研究者对 PPP 项目风险分配方案的相关研究成果。从表中可以看出，研究者更倾向让政府和社会资本方双方共同承担市场风险（如市场需求风险、通货膨胀风险、利率风险、汇率风险）。

第2章 高速公路PPP模式的理论与实践

表2-5 基础设施PPP项目的风险分配方案

风险因素		Arndt[99] 1998	Wang[100] 2000	NTSA[101] 2004	Ng[83] 2007	Lam[98] 2007	Ke[89] 2010	Hwang[86] 2013	柯永建[90] 2010	何涛[32] 2011	分担倾向
政治风险	政府失信		政府	政府	政府	政府	政府	政府	政府	政府	政府
	政府干预			政府			政府	政府	政府	政府	政府
	公众反对	双方		政府			双方		双方		双方
	政策不完善			政府			政府	政府	政府		政府
	国有化		政府	政府	社会资本			政府	政府	社会资本	政府
市场风险	税收调整					双方			政府	双方	政府
	通货膨胀		双方	社会资本	双方	双方	双方	双方	双方	双方	双方
	汇率风险		双方	社会资本	双方		双方	双方	双方	双方	双方
	利率风险		社会资本	双方	社会资本		双方	双方	双方	双方	双方
	市场需求风险	双方	政府	双方			政府	双方	政府	双方	双方
法律风险	监管体系不完善						政府	政府	政府		政府
	行业规定变化	双方		双方				政府	政府	政府	政府
	立法变化	双方	双方	双方		双方	政府	政府	双方	双方	双方

续表

风险因素		Arndt[99] 1998	Wang[100] 2000	NTSA[101] 2004	Ng[83] 2007	Lam[98] 2007	Ke[89] 2010	Hwang[86] 2013	柯永建[90] 2010	何涛[32] 2011	分担倾向
自然风险	地质条件	政府			社会资本	政府	双方	社会资本	双方	社会资本	社会资本
	气候环境	双方	政府	双方		双方	双方	社会资本	双方	社会资本	双方
	不可抗力风险		双方	政府	双方		双方	双方	双方	双方	双方
招标设计风险	招标竞争不足	社会资本	社会资本				双方		政府		政府
	合同不完善		社会资本	社会资本	社会资本	社会资本	社会资本		双方	社会资本	双方
	设计缺陷	社会资本					社会资本	社会资本		社会资本	社会资本
	技术未经验证	社会资本	社会资本		社会资本		社会资本	社会资本		社会资本	社会资本
建设阶段风险	建设时间推迟	社会资本		社会资本	社会资本		社会资本	社会资本		社会资本	社会资本
	建设成本超支	社会资本	社会资本	社会资本	社会资本		社会资本	社会资本	社会资本	社会资本	社会资本
	建设质量不达标	社会资本	社会资本	社会资本	社会资本		社会资本	社会资本		社会资本	社会资本

第 2 章　高速公路 PPP 模式的理论与实践

续表

	风险因素	Arndt[99] 1998	Wang[100] 2000	NTSA[101] 2004	Ng[83] 2007	Lam[98] 2007	Ke[89] 2010	Hwang[86] 2013	柯永建[90] 2010	何涛[32] 2011	分担倾向
运营阶段风险	运维成本超支	社会资本	社会资本	社会资本			社会资本	社会资本	社会资本	社会资本	社会资本
	残值风险	社会资本		社会资本			社会资本	双方	社会资本		社会资本
	收费价格风险				社会资本		双方	社会资本	双方	社会资本	社会资本
关系风险	组织协调风险				社会资本		双方	双方		社会资本	社会资本
	社会资本方投资变动		社会资本				社会资本		社会资本		社会资本

从表中可以看出，大部分研究者认为市场风险，如通货膨胀风险、利率风险和市场（交通）需求风险是需要政府部门和社会资本方双方共同承担的，而政治风险和法律风险倾向政府部门承担，招标设计风险、建设运营风险和关系风险则倾向社会资本方承担。

2.3 PPP相关政策及其在担保问题上的不足

2.3.1 PPP项目的相关政策梳理

1984—1993年我国开始尝试PPP模式，鼓励外资对我国基础设施进行投资。该时期的项目发起人是投资人，且没有招标过程。由于缺乏经验，也没有相应的法规和操作范式，PPP模式经过短暂探索后并未在全国推广。

1994年，我国的专家学者开始意识到PPP模式在基础设施建设融资中的重要作用，并开始进行研究，因此，该年也被称为"中国PPP元年"。1995年1月对外贸易经济合作部颁布了《关于以BOT方式吸收外商投资有关问题的通知》（外经贸法函〔1994〕第89号），正式许可了外商以BOT形式投资建设基础设施的权利[102]。

2000年以后，相关部门先后颁布了《关于促进和引导民间投资的若干意见》（计投资〔2001〕2653号）[103]、《关于加快市政公用行业市场化进程的意见》（建城〔2002〕272号）[104]、《关于鼓励支持和引导个体私营等非公有制经济发展的若干意见》（国发〔2005〕3号）[105]等，允许并鼓励社会资本方、外国资本、非公有资本进入基础设施和公用事业领域。

2010年，国务院颁布《关于鼓励和引导民间投资健康发展的若干意见》（国发〔2010〕13号），首次出台政策鼓励民间资本参与法律法规未明确禁止准入的行业或领域，其中包括交通运输建设，规定民间资本可以独资、控股、参股等方式参与建设公路、铁路、港口、民用机场等建设[106]。之后国务院办公厅出台的《关于鼓励和引导民间投资健康发展重点工作分工的通知》（国办函〔2010〕120号）[107]，在国发〔2010〕13号文的基础上进一步明确了引导民间资本投资的相关责任单位。这两部政府文件的发布为民间资本进入市场和PPP模式的推广奠定了基础。2013年，国务院《关于加强城市基础设施建设的意见》（国发〔2013〕36号）提出加强城市道路基础设施建设，鼓励民间资本参与有一定回报的可经营性城市基础设施项目建设[108]。

2014年，PPP模式已经在一些项目中得到推行，财政部针对合作过程中的问题颁布了《关于推广运用政府和社会资本合作模式有关问题的通知》（财金〔2014〕76号），指出应完善项目补贴管理，对财务不可行但社会效益较好的PPP项目，政府部门可给予适当补贴。政府部门要从"补建设"向"补运营"逐步转变，探索建立动态补贴机制[3]。为了明确政府和社会资本方双方的责任和义务，财政部在原有文件的基础上出台了《政府和社会资本合作模式操作指南（试行）》（财金〔2014〕113号），文中明确了项目识别、项目准备、项目采购、项目执行以及项目移交环节的流程和双方的责任。如：政府应作为PPP项目的主要发起人，在项目风险上，社会资本方承担项目设计、建造、财务和运营维护等商业风险，政府则应承担法律、政策和最低需求等风险，而不可抗力等风险由政府和社会资本方合理共担。此外，要健全债务风险管理机制，按照政府性债务管理要求，指导下级财政部门合理确定补贴金额[109]。

2015年，为了防范政府财政风险，规范政府财政承受能力评估，完善项目担保机制，财政部印发了《政府和社会资本合作项目财政承受能力论证指引》（财金〔2015〕21号），明确了政府和社会资本方在PPP项目中的责任，规定了政府对政府付费类项目和可行性缺口补助项目的补偿支出测算方法，并提出政府补助应充分考虑项目的合理利润。划定了政府支出责任红线，每一年度全部PPP项目需要从预算中安排的支出责任，占一般公共预算支出的比例应当不超过10%[110]。随后出台的《基础设施和公用事业特许经营管理办法》（2015年第25号）规范了特许经营的授予条件、协议内容、当事人权利和义务以及监督管理办法[111]。

2015年的顶层文件出台后，2016年进入了PPP项目的加速期。为了进一步规范项目实施流程，商务部出台《关于进一步共同做好政府和社会资本合作（PPP）有关工作的通知》（财金〔2016〕32号），指出各级政府部门应完善合理的投资回报机制，要合理确定价格和收费标准、运营年限，确保政府补贴适度，防范中长期财政风险，要建立动态可调整的投资回报机制，根据条件、环境等变化及时调整完善，防范政府过度让利[112]。《关于印发传统基础设施领域实施政府和社会资本合作项目工作导则的通知》

（发改投资〔2016〕2231号）规定，新建项目优先采用建设—运营—移交（BOT）、建设—拥有—运营—移交（BOOT）、设计—建设—融资—运营—移交（DBFOT）、建设—拥有—运营（BOO）等方式，存量项目优先采用改建—运营—移交（ROT）方式[113]。《关于在公共服务领域深入推进政府和社会资本合作工作的通知》（财金〔2016〕90号）指出，PPP项目鼓励国有控股企业、民营企业、混合所有制企业、外商投资企业等各类型企业，按同等标准、同等待遇参与建设。政府部门应统筹论证项目合作周期、收费定价机制、投资收益水平、风险分配框架和政府补贴等因素[114]。

有了前几年的实施经验，2017年正式进入了PPP项目的爆发期，项目数量出现井喷式增长，隐藏在背后的问题也慢慢凸显，个别地方政府大量滥用PPP模式，甚至利用PPP模式变向融资，明保实债等违规举措，加大了地方政府的隐性债务。为了推进PPP项目的持续发展，财政部颁布了《关于规范政府和社会资本（PPP）综合信息平台项目库管理的通知》（财金〔2017〕92号文），提出PPP项目的入库标准，清理项目库中不符合规范的项目[115]。于是，2018年进入了PPP项目的整理和规范年，项目库中共清理了2 137项不合规项目，储备清单减少了4 217项。同时，《关于加强中央企业PPP业务风险管控的通知》的颁布进一步规范了PPP项目实施过程中的风险管控和政府财务支出问题[116]。为了控制地方政府债务，降杠杆，还先后出台了《关于坚决制止地方政府违法违规举债遏制隐性债务增量情况的通知》[117]、《关于加强保险资金运用管理支持防范化解地方政府债务风险的指导意见》[118]、《关于进一步增强企业债务服务实体经济能力严格防范地方债务风险的通知》[119]、《关于进一步规范地方政府举债融资行为的通知》（财预〔2017〕50号文）[120]、《关于坚决遏制地方以地方购买服务名义违法违规融资的通知》[4]等。

在国务院和财政部颁布文件的基础上，交通运输部办公厅印发了《收费公路政府和社会资本合作操作指南》，明确了项目识别和准备、社会资本方选择、项目执行等阶段的操作规范与注意事项[121]。

2.3.2 PPP相关政策在担保问题上的不足

梳理PPP项目相关政策条款发现，在政府担保问题上存在以下不足：

1. 担保责任范围较为模糊

现有文件对于 PPP 项目的风险分配只有一个粗略的框架，即社会资本方承担项目设计、建造、财务和运营维护等商业风险，政府则应承担法律、政策等风险，不可抗力等风险由政府和社会资本方合理共担。而 PPP 项目的风险众多，哪些风险应由政府部门或社会资本方单独承担，哪些需要双方共同承担等问题并未有明确规定，导致项目风险分配责任不清，以致政府担保责任内容较为模糊。在项目磋商和风险发生时，难以确定政府的担保责任范围。

2. 缺乏具体的政府担保方法

现有文件只粗略地提到"政府部门要从'补建设'向'补运营'逐步转变"，或是"政府部门应统筹论证项目合作周期、风险分配框架和政府补贴等因素"，但对于风险发生后政府部门应采取的担保方法、担保幅度却没有具体规范和操作程序，以致在实际的项目磋商和项目风险发生后，政府部门提供担保时往往较为盲目，如何担保、采用什么方式担保等问题依然困扰着相关部门。

3. 政府担保的触发条件不明

相关文件并未给出政府担保触发条件的确定方法，使政府部门在设置担保触发条件时通常采用双方协商的方式进行，缺乏对担保所造成的财务风险及担保效率的评估和分析，容易出现担保程度过高；社会资本方获得超额收益，损害社会效益，或因担保程度过低，出现社会资本方严重亏损的情况。

2.4 高速公路 PPP 项目的概念特征与亟待解决的问题

2.4.1 基础设施项目的重要作用与融资特点

2.4.1.1 基础设施建设的重要作用

基础设施（Infrastructure）是指为社会生产和居民生活提供公共服务的物质工程设施，用于保证国家或地区社会经济活动正常进行的公共服务系统。它是社会赖以生存发展的一般物质条件，主要包括交通、邮电、供水供电、商业服务、科研与技术服务、园林绿化、环境保护、文化教育、卫生事业等市政公用工程设施和公共生活服务设施等。在现代社会中，经济越发展，对基础设施的要求越高，完善的基础设施对加速社会经济活动，促进其空间分布形态演变有着巨大的推动作用。

基础设施是社会发展的物质基础和经济可持续发展的必备条件，也是衡量综合国力强弱和人民生活水平高低的重要标志。不同时代的经济学家和国际组织都对基础设施的重要性做出了高度评价。早期经济学家亚当·斯密（Adam Smith）在《国民财富的性质和原因的研究》一书中就对基础设施做出了较多的叙述并指出其重要性，包括：① 交通运输对国家的经济发展非常重要，"一国商业的发达，全赖有良好的道路、桥梁、运河、港湾等公共工程"；② 基础设施的发展应与经济发展相适应；③ 公共工程的建设和运营是国家的重要职能之一，地方基础设施应由地方政府负责建设和维护。斯密认为这些工程的费用应由使用者支付,对公共工程征收使用税（费）是非常公平合理的。

凯恩斯则将公共工程的支出作为政府反经济危机的手段，他从治理经济危机的角度，将公共工程作为政府宏观经济调控的手段，从侧面说明了基础设施建设对经济的重要性。

世界银行1994年发布了以"为发展提供基础设施"为主题的年度发展报告。报告首先肯定了基础设施建设对经济发展的重要性，"基础设施如果不是经济发展的引擎，那也是经济活动的车轮"；同时报告在对发展中国家1990年研究数据的基础上提出,基础设施每增长1%,就导致GDP增长1%。

发展经济学家最先使用基础设施的概念，他们从经济发展的角度出发，深刻地认识到了基础设施建设与一国经济发展的关系，认为基础设施是社会变革、生产力发展、经济成长的前提条件，政府必须负担基础设施发展的重要职责。从发展经济学的角度看，社会经济结构的转变过程可以划分为不同的阶段，不同部门、不同要素在不同阶段对经济增长的贡献也不尽相同。

1991年的研究资料表明，发展中国家在人均收入140~1 120美元的阶段，基础设施的全要素生产率对产出增长的贡献将由16%提高到30%。目前，我国正处在这样一个发展阶段，基础设施建设对推动经济结构和社会变革的基础性作用更为显著。从我国的现实情况来看，基础设施的这种结构效应，首先，集中体现在基础"瓶颈"的舒展效应上，即通过基础设施产业的投资，清除国民经济的"瓶颈"制约，使原受制约部门的已投入的资本产出率大大提高，从而有效地抑制经济增长中的负效应。其次，基础设施的投资需求可以诱发生产活动，进而涉及消费和其他领域的投资，对 GDP 的增长有一定的推进作用。基础设施投资规模的扩大，从需求方面而言可以涵盖第一、二、三产业，为许多产业和产品创造市场，从而导致明显的乘数效应，使国民经济的有效需求扩大，对于刚从"卖方市场"跨进"买方市场"的中国而言，这更具有特殊的现实意义。

2.4.1.2 基础设施项目融资的特点

基础设施建设融资模式主要有财政拨款、政府购买服务、项目融资、公司融资和 PPP 模式 5 种。其中，由于项目融资的特殊性与实用性，国内许多学者从各个角度阐述了项目融资的特点[5][41]。综合前人研究成果，认为项目融资具有以下特性：

1. 项目融资具有政府主导性

一方面，项目融资是将私人资本引入基础设施建设领域的一种较优良的融资技术。基础设施是一国政府需要大力发展的基础行业，这就意味着通过项目融资促进我国基础设施的进一步发展正好与我国政府的宏观政策相吻合。从这一角度来说，项目融资这一融资技术能给我国政府带来巨大的好处，使政府有动力来加速制度建设，建立相关的法律法规以促进项目融资的进一步发展。其在提高国内基础设施建设的技术和管理水平，促进项目运营效率的提高，拓宽我国的融资渠道，改善外商投资结构，加速我国的企业改革，形成适应市场经济的真正的投融资主体等方面都有着巨大效用。

另一方面，为利用项目融资吸引私人资本参与基础设施建设，充分发挥上述效用，政府应放松基础设施领域的管制。但放松管制并不意味着要放弃管制，鉴于基础设施对国民经济和公众利益的高度相关性，政府管制的内容、方式和手段要做出相应的调整，以适应在基础设施建设中运用项目融资的需要，适应竞争性的市场环境。

2. 项目融资具有项目导向性

项目导向性是项目融资的重要特点。一般来讲，项目融资首先必须依托一个独立项目。如开发油田、兴建大型水电站、高速公路等多个能引起投资主体的兴趣，拟通过开发可获取收益而企业愿意投资的项目。在这些项目中，企业为了实现自己特定生产目的可选定自己参与的项目银行、保险公司等金融机构能提供项目所需的资金或提供信用支持而又积极参与的项目。这些项目融资不是依赖于项目投资者的财务状况和资金实力，而是依赖于项目本身的现金流入偿还贷款本息。即使项目投资者自身实力不行，但项目获利稳定可靠，也能够取得银行等金融机构的资金支持。

3. 项目融资是有限追索或无追索的融资方式

将风险与投资者的其他资产隔离开来，限定在特定的项目本身之内，这是项目融资的一个主要特点，也即它是一种具有有限追索或无追索特征的一种融资方式。一些能源开发等基础性项目，因其建设周期长，资本密集，不可预见的复杂风险因素等决定了投资者不愿意完全承担风险，他们期待既能获得项目所需资金，又将其风险与自己的其他资产的风险切断。项目融资适应了这种要求，投资者可以利用项目融资的这种有限追索来规避风险，获得预期的收益。

4. 项目融资是多方面共担风险的一种融资结构

对于已经存在的特定项目，无论是对可预见或不可预见的因素，风险的存在总是客观的。投资者单凭自身财力难以运作，且自身也不愿承担如此大的风险。银行也不是追逐风险投资的行业，只有当他们在主观上认为不存在风险时才可能参与项目。投资者或其他参与者都与项目有直接或间接利益关系，都能提供多层次的信用保证和支持，这样才可能让银行提供资金而参与其中。成功融资的标志，往往是参与者之间实现了满意和有效的项目风险分配。由于人人都想规避、转嫁风险，项目融资在组织过程中关于风险分担结构设计的谈判，往往不容易达成一致意见而使项目融资失败，任何一方愿意接受风险的程度取决于他们预期回报率的高低。

5. 项目融资能实现投资者的特殊财务待遇

典型意义上的项目融资是通过组建一个专门的项目公司，由项目公司作为一个整体去安排融资。这样就实现了银行的借款只反映在项目公司的资产负债表上,而不进入项目真正的投资者或主办人的资产债表中,也就实现了资产负债表外反映的会计处理。这是许多投资者比较关注的方面,能使他们的财务呈现良好状况,进而提高他们的资信程度,并在市场上获得某些好处。当然并不是所有的项目融资都能给投资者带来这种好处,这要看投资结构的设计,具体还要看相关的税收法规、会计准则等。

6. 项目融资的融资成本高

融资成本是为筹集和使用债务资金而花费的代价,它包括融资的前期费用(融资顾问费、承诺费、法律费用等)和利息成本两个主要组成部分。项目融资因为涉及面广,结构复杂,需要做大量的有关风险分担、税收结构、资产抵押等技术工作;贷款人可能要求附加保险而加大支出;较之传统融资方式,贷款人在项目融资中承受了较大风险,因而贷款利率相对较高,这使项目融资成本高于传统融资成本。据统计,项目融资前期费用一般占贷款金额的 0.5%~2%,与项目规模成反比。项目融资利息成本一般要高于同等条件公司贷款的 0.3%~1.5%,与贷款银行在融资结构中承担的风险以及对项目借款人的追索程度密切相关。项目融资的成本较高是项目融资被广泛运用的一个障碍。但它强大的筹资能力和它带来的规模经济效应,能够抵消较高的成本代价,事先精心的财务管理和合理的融资结构、项目财务结构,能够降低融资成本。

2.4.1.3 PPP 模式与公共基础设施

PPP 模式的提出所要解决的现实问题主要是公共基础设施的建设。公共基础设施具有公益性、先行性、非排他性和非竞争性,这些性质决定了基础设施 PPP 项目的成本较高,收益相对较小,对技术、效率、融资等各方面的要求较高、运营与管理难度加大。与传统基础设施建设项目相比较,PPP 模式下的基础设施项目的市场经济成分占比较大,这决定了公共基础设施的运营与管理使其公益性弱化,本身带有较重的市场经济色彩,基础设施的"商品"性质更加丰富。

2.4.2 高速公路项目的概念与特征

高速公路是现在常见的交通运输基础设施，我国《公路工程技术标准》（JTGB 01—2014）将高速公路定义为：专供汽车分方向、分车道行驶，全部控制出入的多车道公路，其平均日设计交通量宜在 15 000 辆小客车以上[122]。

高速公路由于其完备的使用者付费体系和运作流程而成为以 PPP 模式修建的典型项目之一。1995 年，国家计委就选择了广东电白高速作为 PPP 模式的第一批试点项目。近年来，高速公路 PPP 项目不断增加，且取得了较好的建设经营效果，如北京兴延高速公路、广深珠高速公路、广西玉湛高速公路等。

高速公路 PPP 项目与传统的政府采购类高速公路项目一样，具有以下特征：

1. 具有准公共物品属性

公共物品（Public Goods）是指一个产品的消费既没有竞争性也没有排他性，而私人产品则与之相反，其消费的同时具有竞争性和排他性。准公共物品则是介于公共物品和私人物品之间的一种产品，即具有有限的竞争性或有限的排他性。其中，消费的竞争性（Rival in Consumption）是指，同一时间同一单位产品不能被另一个人使用；排他性（Excludable）是产品供应者可以阻止没有付费的人去使用它[123]。

就高速公路而言，高速公路管理者可以阻止没有付费的人去使用，所以具有显著的排他性，但同一时间可以有多辆车同时使用高速公路，因此它是具有非消费竞争性的。这样一种同时具有排他性和非消费竞争性的运输服务，具有准公共物品属性。由于高速公路的排他性，所以它是一个具有明确收入来源的项目，具有一定的经营性，一定程度上，能够从使用者那里获得收益，以覆盖项目建设和运营成本。

2. 正外部性（Positive Externality）

正外部性是指某个经济行为个体的生产和消费活动使他人或社会受益，但受益者不用支付费用[123]。高速公路作为准公共产品，从建设到开通运营，全过程都具有较强的正外部性。在建设期，高速公路的建设增加了人口就业率，带动了钢铁、水泥等产业的发展，增加了 GDP 等；在运营期，高速公路能够节约行驶时间，减小道路拥堵，提高社会劳动生产率，同时能够增加沿线土地价值，促进产业带形成，增加城市之间人文经济交流，提高人民生活质量，促进城市发展等。

3. 建设成本高，投资回收期长

高速公路的建设成本受很多因素影响，如地质、地形、地貌、土地拆迁成本、建设标准等。"九五"期间，我国高速公路的平均造价为每千米1 750万元，"十五"期间为每千米3 000万元[124]；近年来，其造价已飙升到每千米5 000万元，且高建造成本的高速公路项目还在不断增加，如北京新机场高速每千米造价4.9亿元，四川的雅康高速每千米造价也高达2亿元，这就使一条高速公路的建设期总投资从几十亿到上百亿不等。

此外，高速公路的投资回收期较长，一般而言，项目投入运营后需要3~5年的时间，收入才能覆盖运营和维修成本，进入盈利状态。对于交通需求量大的项目，若要收回全部投资也需要10年以上，而对于交通需求量较小的线路，则需要政府补贴才能收回成本。

4. 不确定性因素较多，不确定性较高

高速公路PPP项目的不确定性因素较多，如交通需求量、建设成本、运营维护成本等，且这些因素都具有极强的不确定性，受外界因素影响较大，从而对项目价值造成影响。交通需求的不确定主要表现为预测交通量与实际交通量的差距。在做交通预测时考虑的因素很多，如沿线城市的经济增长速度、辐射区域、收费标准与价格敏感度等，而对这些因素的过高估计都是导致预测交通量与实际交通量严重不符的原因。像南北高速公路钦防段和南南段由于高估了沿途地区的经济增长速度，以致项目开通后实际交通量严重低于预测交通量[125]；汉蔡（武汉—蔡甸）高速公路在辐射区域的划定和通道优势的评估上与实际出现偏差，使实际交通量与预测交通量出现严重差异。此外，建设成本也是极易被低估的，像海峡隧道项目中，实际建设成本就高出预测成本一倍之多。

5. 利益多元化

尽管高速公路建设项目的复杂程度与其他PPP项目相比巨大，但是项目带来的利益是多元化的，不仅能带来稳定的收入回报，还有更大的社会效益。在交通运输方面，高速公路极大地提升了行车速度，增强了通行效率，降低了运输成本，减少了交通事故的发生。在经济领域，高速公路能够带来巨大的经济效益，带动沿线产业链的发展，促进沿线地区经济的增长，优化沿线区域的产业结构，为人员、商品的流通创造更好的条件。从社会效益角度来看，高速公路便利了人民的日常出行，提供了更高的服务水平，创造了就业条件，增加了社会福利，满足人民对美好生活的需求。

2.4.3 实践中亟待解决的问题

目前政府出台的相关政策文件中明确指出，PPP 项目应落实风险承担主体，实现风险的合理分担，但尚未给出具体的操作方法。高速公路 PPP 项目中，交通需求风险、利率风险、通货膨胀风险被认为是需要政府部门和社会资本方双方共同承担的风险，这些风险普遍存在，且影响较大。由于缺乏相关风险的具体担保和分担方法，这些风险在实际操作中难以被合理分担，具体表现如下：

（1）在高速公路 PPP 项目中，交通需求风险是其主要的不确定风险，相关政府担保方式较多，但缺乏切实可行的担保方式的选取方法和担保阈值设定的操作规范，容易造成担保不足或过度担保的现象。2005 年的一项调查发现，有 23%的项目的预测交通量严重高于实际交通量[6]；Flyvbjerg 对 14 个国家的 210 个项目进行调查分析，发现高估交通需求量超过 20%的收费公路项目高达 50%[7]；戴大双等（2005）通过对 40 个典型的 PPP 项目进行分析后发现，交通基础设施项目的交通需求风险发生概率高达 93.3%[5]。若政府不提供担保，会造成项目严重亏损，影响运营，如内蒙古大成西黄河大桥、国道 325 线阳江段[10]。目前 PPP 项目中分担交通需求风险的担保方式主要有最小收入担保、最小交通量担保和特许期调整，其中最小收入担保和最小交通量担保可以单独实施，也可配合担保上限收益共享一起执行。由于针对交通需求风险的政府担保方式较多，如何选取合适的担保方式，各担保方式下政府承担的风险程度如何，如何设定合理的担保阈值等问题仍缺乏相应的操作规范，造成了政府提供担保的盲目性，容易出现担保不足或过度担保的现象，如 105 国道连平段、广东南海区路网[10]。

（2）利率风险发生的概率较高，但缺乏合理有效的政府担保方式。由于高速公路项目投资建设金额较大，贷款融资普遍存在，利率的变动直接影响项目还本付息的支出。研究表明利率风险发生的概率达到 53.3%[5]，如马来西亚南北高速公路、泰国二期高速公路、葡萄牙 Lusoponte 大桥[126]、上海延安东路隧道等 PPP 项目均发生过因利率风险导致项目亏损的情况。为了分担利率风险，中国香港东区海底隧道、巴基斯坦 Indus 公路[127]采取了利率担保措施。我国出台的 PPP 相关政策中并未对利率风险的政府担保提出具体的操作方法，且相关研究成果较少，所以如何对利率风险进行担保，如何评估政府的利率担保价值，如何设定合理的利率担保程度等问题在高速公路 PPP 项目的实际运作中尚未得到有效解决。

（3）高速公路 PPP 项目的特许期较长，通货膨胀风险的影响较大，尚未出台行之有效的政府分担该风险的具体操作办法。由于 PPP 项目的特许期较长，通货膨胀引起货币贬值、物价上涨，从而导致项目成本增加、收益减少的问题普遍存在，如英法海底隧道 PPP 项目中通货膨胀使投资成本超支 80%[8]。为了缓解通货膨胀风险，通常的做法是允许项目公司一段时间内上调价格，如悉尼港海底隧道、英国海峡隧道 Dartfold 桥以及四川省道 215 线大件过境公路等 PPP 项目就采用了这种方式[127]。但在实际实施时，如何调价、调价间隔如何设定、出现调价延误时如何处理等问题时常困扰着政府相关部门。而且仅通过调价的方式缓解通货膨胀风险只是将风险转移给了道路使用者，政府部门并没有分担风险，因此，如何合理分担通货膨胀风险成为项目实施中的又一道难题。

2.5 实物期权法及其适用性

2.5.1 实物期权法的起源与优点

2.5.1.1 实物期权法的起源

实物期权理论由 Myers 于 1977 年提出。他认为项目的管理柔性和金融期权有共通之处，把投资机会看作成长期权，首次将金融领域的期权定价方法应用于实物资产[128]。Mason 和 Merton（1985）认为以实物资产作为标的物的期权定价可采用金融期权的定价模型[129]，其模型主要有连续时间模型 Black-Scholes 定价法和离散时间模型二叉树定价法。前者由 Black 和

Scholes 在 1973 年提出[130]，通过微积分方程求解实物资产投资机会的解析解，但其计算过程较为烦琐，直到 1979 年 Cox 等在 Black-Scholes 模型的基础上，提出了二叉树模型[131]，简化了期权定价的计算过程并增加了直观性，从而得到推广应用。Trigeorgis（1991）在实物期权相互作用关系的基础上，利用数值分析方法，评估了复合期权投资价值，将理论研究与实际应用相结合，有力推进了实物期权理论的发展[132]。Smit 和 Ankum（1993）首次将实物期权理论与博弈论相结合，考虑了不同市场结构和竞争反应下的期权价值，进一步拓展了实物期权的应用范围[133]。

2.5.1.2 实物期权法的优点

传统的折现现金流法（DCF）包括净现值法（NPV）、内部收益率法（IRR）和投资回收期法等，其中净现值法是项目投资决策中最常用的方法。与净现值法相比，实物期权具有以下优势：

（1）能够描述项目中变量的不确定性，并评估其对项目价值的影响。净现值法的一个重要假设是项目未来的现金流是可以预测的或是确定的[134]，通过对未来现金流折现求和来判断项目的价值。这就使净现值法无法明确捕捉和处理项目变量的不确定性。而实物期权法则认为不确定性始终存在于项目中，通过描述变量在未来不同时间点可能存在的变化情况及概率，进而评估出不确定情况下的项目价值。不确定性在项目中普遍存在，实物期权法更贴近现实情况，其得到的结果也更准确。

（2）能够有效地分析政府担保机制对项目财务评价的影响。政府对项目风险的担保在风险发生时才进行，风险没有发生时则不触发担保机制。对于此类政府担保价值评估问题，传统的净现值法是无法完成的。因为风险发生与否，发生的程度都是不确定的，而实物期权法能够将主要变量作为期权的标的物，通过描述其不确定性，利用期权定价模型，便能得到对应衍生物（政府担保机制）的价值及其对项目财务评价的影响。

（3）投资决策的灵活性更高。净现值法通过现在对未来现金流的预判做出当期的投资决策，项目投资与否的决策与投资的时间节点、未来的新信息无关，即现在不投资该项目，未来也不会投资。而实物期权法赋予了投资决策极大的灵活性，该方法会根据获取的实时信息做出灵活的投资决策，且不确定性越大，灵活性越强。实物期权法能够根据未来的不确定性决策出最优的投资时间节点，即现在不投资，但未来可能值得投资，或现在值得投资，未来可能需要放弃投资。

2.5.2 实物期权法的应用

1. 投资价值评估

国内外研究中，实物期权理论广泛应用于项目投资价值评估上，用实物期权方法替代传统 NPV 法，充分考虑当外部环境发生变化时，决策者在未来发生投资决策的可能性。Hsieh 等（1994）[135]研究运用期权定价模型，以养老金福利保障公司（PBGC）参保的 176 名个人养老金计划保荐人为样本，实证得出养老金看跌期权价值；Pries（2001）[136]将传统 NPV 方法与实物期权相结合，分析了 R&D（Research and Development，研究与开发）项目的投资价值；Yeo 和 Qiu（2003）[137]对比分析了传统 NPV 方法与实物期权方法的异同，指出传统方法忽视了管理的弹性，并用实物期权评估了管理弹性的价值；Hwee 和 Tiong（2002）[138]提出了项目现金流的预测方法，并分析了 5 种风险因素对现金流的影响；Brandão 等（2005）[139]采用期权定价中的二叉树模型分析计算了项目的管理弹性价值；曾卫兵（2006）[140]利用实物期权理论分析了内资 BOT 公路的投资决策；唐文彬等（2011）[141]用模糊实物期权来评估城市轨道交通项目的投资价值；黎精明和邱英（2013）[142]通过将传统的 NPV 法与实物期权相结合，提出了改进的 NAPV 资产评价方法，并以此来评估项目的投资价值；Kumer（2018）[143]通过识别交通量、项目成本等参数，评估了高速公路项目的财务风险情况，并用蒙特卡洛仿真得到案例的数值解；白继霞等（2019）[144]考虑了政府和社会资本方投资回报率左右极值，采用模糊实物期权方法，确定了 PPP 项目特许期的取值范围；王献东、杨万中（2019）[145]在考虑技术风险和市场风险的情况下，通过构建几何布朗运动模型，评估了多阶段研发投资项目的价值；宋叶微等（2019）[146]通过 AHP 与模糊实物期权相结合的方法，评估了互联网初创企业的价值；杨蓬勃等（2019）[147]通过 B-S 期权定价模型，计算得出了 P2P 平台借款人和贷款人的手续费率；彭迪和郭化林（2019）[148]为了充分考虑 PPP 项目中的管理柔性价值，提出了利用分阶段的 Geske 复合实物期权模型来评估 PPP 项目价值。

此外，实物期权与博弈论相结合的研究方法能够将项目竞争考虑在内，Wang 等（2018）[149]将实物期权与博弈论相结合，优化了 PPP 项目中合同建设方与合同运营方的股权结构；黄学军和吴冲锋（2006）[150]建立了带跳的几何布朗运动期权博弈模型，该模型扩展了双寡头期权博弈模型，并分析了市场因素和非市场因素对期权价值的影响。

2. 投资时机的优化

由于期权执行时间是实物期权中的一个重要参数，因此利用实物期权法可以优化得到项目投资的最佳时机。Carlsson 和 Fullér（2003）[151]用模糊环境下的实物期权法讨论了最优的期权执行时间，认为只有当项目净现值高到足以弥补放弃等待所带来的价值时，投资者才会选择立即投资，否则会选择使自身收益最大化的投资时间；Décamps 和 Mariotti（2004）[152]用实物期权的方法研究了双寡头垄断情况下成本变化对项目投资时机的影响；高咏玲等（2008）[153]以几何布朗运动方程描述运营收入和建设成本的不确定性，分析了城市轨道交通项目的最优建设时机。此外，实物期权法还可用于项目特许期的决策中。Galera 和 Solino（2010）[23]利用实物期权理论，提出了一种财务期权的方法来评估投资的实际资产，计算高速公路项目的特许期。该方法将高速公路交通量作为期权合同的标的资产，应用实际的高速公路案例和真实数据来仿真计算，估计了依赖于几个分析参数的最小交通量担保的值。吕俊娜（2014）[44]针对不确定收益下特许期的决策问题，分别以交通 BOT/SBOT 项目为对象，利用实物期权和博弈论相结合的方法，研究了如何决策合理的特许期和政府资本补偿数量以协调 BOT/SBOT 项目中公共部门与私营部门之间的利益冲突。

3. 其他领域的应用

在环境和资源领域中，实物期权法也有较大的应用空间。Balikcioglu（2002）[154]从环境经济学角度出发，用实物期权研究了最优时间问题和他们对环境政策的影响；Vahdatmanesh 和 Firouzi（2018）[155]利用二叉树定价法提出了对冲钢材价格的价格管理方法；周远祺等（2019）[156]通过实物期权法得到了高能耗企业绿色转型的最优投资规律和选择路线。

2.5.3 实物期权法的适用性

高速公路 PPP 项目的显著特征是交通需求量的不确定性高，受外界因素影响大。传统的 NPV 法在计算时认为未来交通需求量是可预测的或确定的，忽略了交通需求量的不确定性[157]。实物期权法则弥补了这一缺陷，认为不确定性是普遍存在的，能够根据未来的信息描述交通需求量的不确定性变化，并根据交通需求量的变化情况，评估出其对项目价值的影响[158]。由于高速公路项目的投资金额大，投资回收期长的特征，除了交通需求量，项目的建设成本、运营维护成本等因素同样具有极强的不确定性，利用实物期权法能够更为有效的评估这些因素的不确定性带来的影响，更利于投资者根据项目未来的变化情况做出相应的决策。

风险的发生与否以及发生程度本身就具有极强的不确定性，因此在高速公路 PPP 项目中政府不会一开始就提供财务补偿，而是以政府担保的形式来分担风险[9]，即风险发生时政府担保才触发。传统的 NPV 法是建立在未来现金流可预测的思想基础上的方法，无法完成对风险分担机制和政府担保价值评估的工作。实物期权却能够有效评估高速公路 PPP 项目中不同风险下采用不同政府担保方式所取得的效果和担保价值。通过综合考虑不确定因素对项目价值的影响和政府担保情况，投资者能够更为清晰地判读项目的投资价值；而政府部门则能通过对担保方式效果的评估，科学合理地选择担保方式、担保程度等，实现风险的均衡分担。

综上所述，高速公路 PPP 项目具有不确定因素较多，不确定性较强，建设投资金额较高，投资回收期较长的特征。实物期权法能够描述项目因素的不确定性，有效评估项目风险下政府担保方式的价值，对于高速公路 PPP 项目的政府担保研究具有较好的适用性。

2.6 本章小结

本章通过文献综述法分析了 PPP 项目风险识别与分配的研究成果，发现大多数研究者认为交通需求风险、利率风险和通货膨胀风险是需要政府部门和社会资本方共同承担的风险；结合高速公路 PPP 项目的实际实施情况可以看出，这 3 种风险在高速公路项目中的发生概率高，对项目影响大；

但通过梳理目前政府出台的 PPP 相关政策，发现其中并未明确政府担保的责任范围、担保的具体方法和触发条件，以致政府担保在实际操作中难以起到合理分担项目风险的作用。因此，本书选取这 3 种风险作为政府担保研究的侧重点，分析并设计相应的政府担保方式、担保触发条件的确定方法具有一定的必要性和现实意义。然后结合实物期权的优点及高速公路 PPP 项目的特征，说明实物期权法用于研究高速公路 PPP 项目中政府担保问题的适用性。

第 3 章
交通需求风险下政府担保方式的评估与比选

交通需求风险是高速公路 PPP 项目的主要风险之一，且发生概率极高。为了分担该风险，政府部门通常会对项目提供政府担保，当风险发生时承担部分风险造成的损失。针对交通需求风险，常用的政府担保方式有最小收入担保、最小交通量担保和特许期调整等，但由于缺乏对这些担保方式的系统分析和比较，实际运用中往往存在盲目性。本章将采用实物期权中改进的二叉树定价法对最小收入担保、收入上限共享、最小交通量担保、交通量上限共享以及特许期调整 5 种政府担保方式进行研究，比较分析各担保方式的优缺点和适用范围，以期为政府制定相关政策提供理论参考。

3.1 二叉树期权定价法的推导与改进

二叉树期权定价法是实物期权中的经典定价法之一，通过将时间划分成若干个时间间隔，假设每个时间节点上的变量有上升和下降两种变化方式，以此来描述变量的不确定性。本章将采用该定价法的改进方法描述交通需求量的不确定性。该定价法的推导和改进如下：

3.1.1 二叉树定价法的推导

3.1.1.1 单步二叉树模型

二叉树定价法最早由 Cox[131]于 1979 年提出，后被 Hull[159]进一步推导和阐释。假设在一个无套利机会的市场中，投资者持有一个风险对冲组合：Δ 股的股票多头和一个期权空头。如图 3-1 所示，股票的初始价格（持有时的价格）为 S，期权价格为 F，经过时间 T 后，股票价格有两种变化方式，

上升到 uS（$u>1$），或者下降到 dS（$0<d<1$），相应地，期权的价格为 F_u 和 F_d。

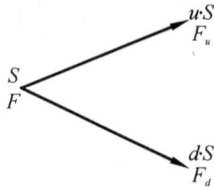

图 3-1　单步二叉树的股票价格与期权价格[159]

在无套利机会的市场中，无论股票上升或下降，其组合价值始终相等，则有

$$uS\Delta - F_u = dS\Delta - F_d \tag{3-1}$$

即

$$\Delta = \frac{F_u - F_d}{uS - dS} \tag{3-2}$$

该组合以连续复利计息，折现率为无风险利率 r_f，其现值可表示为 $(uS\Delta - F_u)\mathrm{e}^{-r_f T}$ 或 $(dS\Delta - F_d)\mathrm{e}^{-r_f T}$。

持有该风险对冲组合的成本为 $S\Delta - F$，因此

$$S\Delta - F = (uS\Delta - F_u)\mathrm{e}^{-r_f T} \tag{3-3}$$

将式（3-2）代入上式，化简得到

$$F = \mathrm{e}^{-r_f T}\left[\frac{\mathrm{e}^{r_f T} - d}{u - d} \cdot F_u + \left(1 - \frac{\mathrm{e}^{r_f T} - d}{u - d}\right) \cdot F_d\right] \tag{3-4}$$

令

$$p = \frac{\mathrm{e}^{r_f T} - d}{u - d} \tag{3-5}$$

则

$$F = \mathrm{e}^{-r_f T}[p \cdot F_u + (1-p) \cdot F_d] \tag{3-6}$$

3.1.1.2 风险中性估值

在金融资产的期权定价中广泛用到风险中性估值,是因为现实世界中期权的预期收益是难以确定的,而在风险中性世界中,所有资产的预期收益都是无风险利率,简化了计算的难度,且得出的结果能应用于各行各业。

假设上式中的参数 p 为风险中性世界中的股票上升概率,相应地,$1-p$ 就是股票下降的概率。那么,式(3-6)可解释为期权价格的现值是未来期权价格期望值以无风险利率贴现的值。此时股票价格的期望值 $E(S)$ 可表示为

$$E(S) = p \cdot uS + (1-p) \cdot dS \qquad (3-7)$$

将式(3-5)代入上式,化简得

$$E(S) = S \cdot e^{r_f T} \qquad (3-8)$$

上式表明,平均而言,股票价格以无风险利率增加。因此,当设定股票价格上升概率为 p,就是假定了股票收益为无风险利率[159]。这就是金融学中著名的风险中性估值原理。当假设世界是风险中性的,在此条件下得到的期权估值不仅适用于风险中性世界,也同样适用于其他行业。

上述结论是在单步二叉树中得出的,当把时间 T 划分为若干个很小的时间间隔 Δt,单步二叉树图则变成一个网状的多步二叉树图,其遵循前面得出的风险中性估值原理,可表述为,任何期权(或其他衍生证券)都可以在风险中性世界的假设基础上进行估值,估值过程为:

(1)假设所有可交易股票(证券)的期望收益率为无风险利率。
(2)期权价值等于股票(证券)的期望值按无风险利率贴现的值。

3.1.1.3 参数 p、u 和 d 的确定

在风险中性世界中,资产的期望收益率为无风险利率 r_f,在时间间隔 Δt 末,资产的期望值为 $Se^{r_f \Delta t}$,根据风险中性定价原理有

$$Se^{r_f \Delta t} = p \cdot uS + (1-p) \cdot dS \qquad (3-9)$$

$$e^{r_f \Delta t} = p \cdot u + (1-p) \cdot d \qquad (3-10)$$

在 Δt 内股票价格变化率的方差为 $\sigma^2 \Delta t$,数学上通过 $E(S^2)-[E(S)]^2$ 来计算方差,于是有

$$p \cdot (uS)^2 + (1-p) \cdot (dS)^2 - (Se^{r_f \Delta t})^2 = \sigma^2 \Delta t \quad (3\text{-}11)$$

消去 S^2，并根据式（3-10）消去 p 得到

$$e^{r_f \Delta t}(u+d) - ud - e^{2r_f \Delta t} = \sigma^2 \Delta t \quad (3\text{-}12)$$

令 $u = \dfrac{1}{d}$，忽略 Δt 的高阶，则参数 p、u 和 d 可表示为[159]

$$p = \frac{a-d}{u-d} \quad (3\text{-}13)$$

$$u = e^{\sigma\sqrt{\Delta t}} \quad (3\text{-}14)$$

$$d = e^{-\sigma\sqrt{\Delta t}} \quad (3\text{-}15)$$

式中，变量 $a = e^{r_f \Delta t}$，是增长因子。

此外，这种构造二叉树图的方法并不唯一，还可用假设 $p = 0.5$ 替代 $u = \dfrac{1}{d}$ 的假设，此时得到的参数 u 和 d 为

$$u = e^{(r_f - \sigma^2/2)\Delta t + \sigma\sqrt{\Delta t}} \quad (3\text{-}16)$$

$$d = e^{(r_f - \sigma^2/2)\Delta t - \sigma\sqrt{\Delta t}} \quad (3\text{-}17)$$

两种构图方法的最终计算结果是相同的，这种构造树图的方法使概率值不受波动率和时间的影响，恒等于 0.5，但是在这种方法下不能直接计算出 Δ 的值，只能使用前一种构造方法计算。若不计算 Δ 值，则使用这种方法更为简单和清晰。

3.1.1.4 实物期权

实物期权不同于前面所提到的金融期权的地方在于，金融里的期权的标的物为金融资产，而实物期权的标的物为实物资产，如土地、厂房、设备甚至交通量等。与金融资产类似，这些实物资产相关现金流的风险调整贴现率也难以确定，因此前面提到的风险中性定价原理也被沿用到了实物期权的估值中[159]。

假设变量 θ 遵循如下随机过程

$$\frac{\mathrm{d}\theta}{\theta} = m\mathrm{d}t + s\mathrm{d}z \quad (3\text{-}18)$$

式中，m 和 s 分别为变量 θ 的增长率和波动率，dz 是一个维纳过程。

设 F_1 和 F_2 是仅受 θ 和时间 t 影响的两种衍生物的价格，且有

$$\frac{dF_1}{F_1} = \mu_1 dt + \sigma_1 dz \tag{3-19}$$

$$\frac{dF_2}{F_2} = \mu_2 dt + \sigma_2 dz \tag{3-20}$$

式中，μ_1，μ_2，σ_1 和 σ_2 分别是 F_1 和 F_2 的增长率和波动率，且为 θ 和 t 的函数。式（3-19）(3-20) 与式（3-18）有相同的维纳过程 dz。据此，F_1 和 F_2 遵循以下离散形式。

$$\Delta F_1 = \mu_1 F_1 \Delta t + \sigma_1 F_1 \Delta z \tag{3-21}$$

$$\Delta F_2 = \mu_2 F_2 \Delta t + \sigma_2 F_2 \Delta z \tag{3-22}$$

构造一个包含 $\sigma_2 F_2$ 个第一种衍生物和 $-\sigma_1 F_1$ 个第二种衍生物的组合，即可消去不确定变量 Δz，该组合即为一个瞬时无风险组合，其价值用 Π 表示，则

$$\Pi = (\sigma_2 F_2) F_1 - (\sigma_1 F_1) F_2 \tag{3-23}$$

$$\Delta \Pi = (\sigma_2 F_2) \Delta F_1 - (\sigma_1 F_1) \Delta F_2 \tag{3-24}$$

将式（3-21）和（3-22）代入上式得

$$\Delta \Pi = (\mu_1 \sigma_2 F_1 F_2 - \mu_2 \sigma_1 F_1 F_2) \Delta t \tag{3-25}$$

由于该组合是瞬时无风险的，它的收益率为无风险利率，有

$$\Delta \Pi = r_f \Pi \Delta t \tag{3-26}$$

将式（3-23），（3-25）代入上式得到

$$\frac{\mu_1 - r_f}{\sigma_1} = \frac{\mu_2 - r_f}{\sigma_2} \tag{3-27}$$

定义 λ 等于上式每一边的值

$$\frac{\mu_1 - r_f}{\sigma_1} = \frac{\mu_2 - r_f}{\sigma_2} = \lambda \tag{3-28}$$

去掉上式中的下标，可以得到，当 F 满足

$$\frac{\mathrm{d}F}{F} = \mu \mathrm{d}t + \sigma \mathrm{d}z \tag{3-29}$$

则有

$$\lambda = \frac{\mu - r_f}{\sigma} \tag{3-30}$$

λ 被称为风险市场价格或风险溢价（Risk Premium）。上述分析说明，在无套利机会时，对于每个只依赖于 θ 和 t 的衍生物，任一时刻的 λ 都是相同的。在一些研究中，会使用夏普比率来表示风险溢价[19]，如式（3-31）所示。

$$\lambda = \frac{R - r_f}{\sigma} \tag{3-31}$$

式中，R 为投资组合的预期收益率。该式表示，投资者投资该组合每承担一单位风险，可以额外获得多少超额报酬。

类似的，当有多个状态变量 $\theta_1, \theta_2, \cdots, \theta_n$ 且遵循如下随机过程：

$$\frac{\mathrm{d}\theta_i}{\theta_i} = m_i \mathrm{d}t + s_i \mathrm{d}z_i \quad (i = 1, 2, \cdots, n) \tag{3-32}$$

则依赖于 θ_i 的衍生物价格 F 有如下关系：

$$\frac{\mathrm{d}F}{F} = \mu \mathrm{d}t + \sum_{i=1}^{n} \sigma_i \mathrm{d}z_i \tag{3-33}$$

根据前面单个变量的推导方法，可以得出

$$\mu - r_f = \sum_{i=1}^{n} \lambda_i \sigma_i \tag{3-34}$$

式中，λ_i 是 θ_i 的市场风险价格。

上述过程可以扩展为实物期权中的风险中性估值方法，根据式（3-32），λ_i 可表示为

第3章 交通需求风险下政府担保方式的评估与比选

$$\lambda_i = \frac{m_i - r_f}{s_i} \tag{3-35}$$

即

$$m_i - \lambda_i s_i = r_f \tag{3-36}$$

则依附于 θ_i 的任何资产都可以按下列步骤估计衍生物（期权）的值：

（1）把资产的增长率调整为按无风险利率 r_f 增长，即把每个 θ_i 的预期增长率从 m_i 减小到 $m_i - \lambda_i s_i$；

（2）以无风险利率 r_f 贴现现金流。

风险中性估值的出发点是难以知晓现实世界中期权的期望收益值，对于期权的贴现造成影响，因此假设风险中性世界，世界中所有人都是风险中性的，期权只需要以无风险利率贴现即可（上述步骤2）。但是现实世界中的资产增长率是在有风险的情况下计算得出的，所以要想用无风险利率贴现，必须先将资产增长率调整到无风险的情况，于是有了以风险溢价乘以波动率的调整值，来消去资产增长率中由于承担风险而带来的额外收益，这也就是步骤1中对增长率进行调整的原因。

3.1.2 二叉树定价法的改进

3.1.2.1 传统的二叉树定价模型计算方法

以图3-2的两步二叉树网络为例，假设执行价格为 K，按传统二叉树定价法计算，先正向根据式（3-13）~式（3-15）[或式（3-16）、式（3-17）]求出各节点的股票价格 uS、dS、u^2S、udS 以及 d^2S；然后逆向求出期权值 F 的贴现值，即

$$F = [F_u \cdot p + F_d \cdot (1-p)] \cdot e^{-r_f t}$$

式中，$F_u = [F_{uu} \cdot p + F_{ud} \cdot (1-p)] \cdot e^{-r_f t}$，$F_d = [F_{ud} \cdot p + F_{dd} \cdot (1-p)] \cdot e^{-r_f t}$。此时计算得到的期权值 F 可以看作是未来预期的期权值按无风险利率贴现的期望值。该方法虽能根据未来股票价格变化情况求得期权贴现的期望值，但是单靠一个期望值来评估期权价值，并据此做出投资决策的方法过于片面，难以反映股票价格变化大小带来的风险，以及期权值的取值情况。

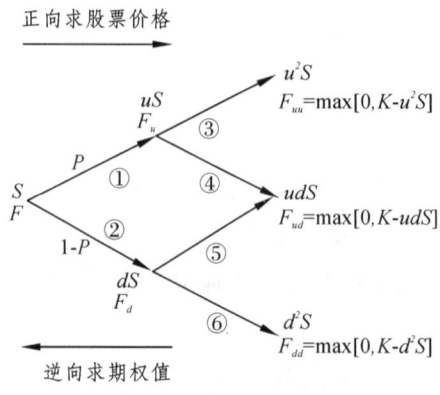

图 3-2　看跌期权的两步二叉树图

3.1.2.2　改进的二叉树定价模型计算法

为了解决传统二叉树定价中存在的分析过于片面、难以估计风险大小的问题，改进的二叉树定价法将在传统方法的基础上通过蒙特卡洛仿真，增加路径选择的随机性，以此来表述变量的不确定性[19]。其计算方法分为3步。

（1）首先构建二叉树网络，计算每个时间节点的股票价格。与传统计算方式一样，根据划分的时间节点，构建二叉树网络，并采用式（3-16）和式（3-17）计算参数 u 和 d 以及各节点的股票价格。

（2）采用蒙特卡洛法仿真二叉树网络上股票价格的变化路径。假设在期权到期日时，股票价格 S 一共变化了 l 次，其中有 k 次上升，得到了现有价格 S'，可表示为 $S' = S \times u^k \times d^{l-k}$，由此，到期日的看跌期权和看涨期权的期权价值分别为 $\max\{0, K - S \times u^k \times d^{l-k}\}$ 和 $\max\{0, S \times u^k \times d^{l-k} - K\}$，而取到 S' 的概率为 $p(S' = S \times u^k \times d^{l-k}) = C_l^k p^k (1-p)^{l-k}$。根据各节点股票价格的取值概率，利用蒙特卡洛法仿真生成若干的随机变化路径，即股票价格在每个时间节点的变化情况，以图 3-2 为例，变化路径可以是①③、①④、②⑤或②⑥，以此来模拟真实情况中股票价格的变化，并计算出对应的期权价值。

（3）统计分析仿真结果，得到期权值的概率分布和期权行使次数的情况。每一次随机路径终端的股票价格都模拟了真实情况中的一次随机事件所产生的价格，且可计算出该价格下的期权值，仿真若干次，则可得到若干个期权值。对这些期权值进行统计和分析，就是在一定时间范围内股票价格变化所引起的期权值的概率分布情况以及行使期权的概率。

改进后的二叉树定价法通过结合蒙特卡洛仿真来描述股票价格这个变量的不确定性，从而得到了受股票价格影响而变化的期权值的变化情况，能够更为直接清晰地反映期权值的情况，以及投资的风险大小。改进的二叉树定价模型将连同风险中性定价法进一步用于 3.3 节的计算分析中，将交通需求量作为标的物，通过描述其不确定性，从而得到政府担保（衍生物）价值的概率分布情况，有助于衡量投资担保风险，做出合理决策。

3.2 交通需求风险下的政府担保方式

3.2.1 政府担保方式概述

针对交通需求风险的政府担保方式较多，如最小收入担保（Minimum Revenue Guarantee，MRG）、最小交通量担保（Minimum Traffic Guarantee，MTG）、特许期调整（Adjustment Of Concession Period，ACP）等。表 3-1 是国内外 PPP 项目为对冲交通需求风险所提供的常用的政府担保方式，可以看出最小收入担保和最小交通量担保在国内外 PPP 项目中都是较为常用的政府担保方式。但在这两种方式的基础上是否限定收入或交通量上限机制各项目的做法不一。特许期调整在我国的某些 PPP 项目中也有应用，但使用效果并未给出明确的统计和说明。收益担保相当于保障了项目的收益，不利于激励社会资本方提高管理效率，因而《基础设施和公共事业特许经营管理办法》第二十一条规定政府"不得承诺固定投资回报"，且《担保法》第八条规定"国家机关不得为保证人"，因此收益担保在我国少有实际应用。

表 3-1 国内外分担交通需求风险的政府担保方式

担保方式	案例	案例来源
最小收入担保	（澳）悉尼港海底隧道	靳璐璐（2019）[8]
最小收入担保+收入上限共享	（韩国）仁川机场到首尔的高速公路	Patrick（1999）[125]
	马来西亚南北高速公路	孙艳（2007）[127]
	北京地铁 4 号线	Chang（2013）[160]
最小交通量担保	（智利）Santiago-Valparaiso-Vina del Mar 收费公路	Brandao（2008）[22]

续表

担保方式	案例	案例来源
最小交通量担保+交通量上限共享	杭绍台高速公路（台州段）项目	中国政府采购网（2016）[161]
	兴延高速公路	北京发改委（2017）[162]
	（巴西）BR-163公路	Brandao（2008）[22]
	（西班牙）巴拉亚斯机场通道项目	Galera（2010）[23]
特许期调整	湖北省香溪长江公路大桥	湖北政府采购中心（2015）[163]

表3-2展示了交通需求风险下常用的政府担保方式的释义与条件。

3-2 政府担保方式与条件

担保方式	释义	条件
最小收入担保（MRG）	最小收入担保（Minimum Revenue Guarantee）是指若运营的实际收入小于阈值，即预测收入的$a\%$，则政府补足实际收入与预测收入的$a\%$的差额	特许运营期内有效
收入上限收益共享（RC）	政府在担保社会资本方最小交通量的同时，通常会限定收入上限（Revenue Cap），即若年运营收入高于预期收入的$b\%$，政府部门将获得$c\%$的超额收入	特许运营期内有效
最小交通量担保（MTG）	最小交通量担保（Minimum Traffic Guarantee）是指若实际交通量小于预测交通量的$v\%$，政府补足实际交通量与预测交通量的$v\%$的差额	特许运营期内有效
交通量上限收益共享（TC）	政府在担保社会资本方最小交通量的同时，通常会限定交通量上限（Traffic Cap），即若年交通量高于预测交通量的$w\%$，政府部门将获得$x\%$的超额交通量的收入	特许运营期内有效
特许期调整（ACP）	特许期调整（Adjustment of Concession Period）是指当特许运营期结束时，项目的净现值仍低于规定的下限，可一定范围内延长特许期	特许期期末有效

第 3 章 交通需求风险下政府担保方式的评估与比选

1. 最小收入担保

最小收入担保是为了防止项目运营期收益不足而设定的担保方式，在最小收入担保下，政府部门和社会资本方会约定一个预期年收益值，当实际年收益低于预期时，政府将履行补偿义务。根据预期收益值计算方式的不同，最小收入担保所分担的风险也不同，如《政府和社会资本合作项目财政承受能力论证指引》(财金〔2015〕21号)中给出的预期收益计算方式就涵盖了项目建设期和运营期的成本风险[110]，同时实际运营交通量的变化影响了实际年收入，将预期年收入作为担保参照项来补贴实际年收入，一定程度上也分担了项目的交通需求风险。最小收入担保降低了项目的收益风险，一定程度上能够起到吸引投资者投资的目的。国际上使用最小收入担保的案例有很多，如韩国仁川国际机场到首尔的高速公路，马来西亚南北高速公路等。

2. 收入上限收益共享

收入上限收益共享(简称收入上限)是不会单独存在的，一般会和最小收入担保一起实施，其目的是避免社会资本方获得超额收益，降低社会福利，同时减少政府净支出。与最小收入担保类似，只有当项目年收入高于预先商议的值时，社会资本方才会上缴超额收益给政府部门，至于上缴多少也是由政府部门和社会资本方进行磋商的。在我国北京地铁4号线和韩国仁川机场到首尔的高速公路项目中，都采用了最小收入担保和收入上限收益共享相结合的担保方式。

3. 最小交通量担保

最小交通量担保是为了防止预测交通量与实际交通量之间出现巨大差异而导致项目亏损的情况发生。交通需求的不确定性是交通运输类项目的最大风险，而最小交通量担保能够有效地分担项目的交通量风险，因此在实践中较常用，如巴西的BR-163公路。最小交通量担保的触发条件看似与最小收入担保相似，但两者的本质区别在于分担的风险范围不同，最小交通量担保只分担交通需求风险，而最小收入担保会根据预期收入计算方法的不同，分担交通需求风险、通行费价格风险、建设成本风险、运营期成本风险等风险中的部分或全部风险。

4. 交通量收入上限收益共享

交通量收入上限收益共享（简称交通量上限），与收入上限类似，是为了防止社会资本方由于交通量远高于预期而获得过多超额收益而设立的，它不能在项目中单独使用，通常是与最小交通量担保一起作用于项目中的。

5. 特许期调整

通过调整特许运营期的方式增加社会资本方的收益，该方式的好处是能够减少政府的直接财政净支出。不过该方式只能运用于运营收入明显高于运营成本的项目，这样延长特许期才能增加社会资本方的收益，对于交通需求较少、公益性较强的高速公路和城市轨道交通项目不适用，因为延长特许期只会造成更多的亏损。

上述的担保方式大多是基于收入（Revenue Based）的担保方式，可用性付费（Availability Payment）的方式也可以提升项目的财务可行性，近年来在英国等国得到推行。该方式基于绩效（Performance Based），政府根据特许权人的运营绩效来付费[164]，因此社会资本方不需要承担任何需求风险，就能够获得稳定收益，但政府部门却承担了所有风险[165]。这种方式中没有使用者付费，适用于没有稳定收入来源的项目，并不适用于高速公路项目，因此本书不做讨论。

3.2.2 政府担保方式的期权属性

实物期权是把金融规则引入其他行业，用于企业内部战略投资管理的理论。它不同于金融期权的是，其标的物是实物商品，如货币、债券、货物等。投资方案或管理方法等作为期权的衍生物，通过考虑运行中的不确定性，从而得到方案的动态定量价值，为决策者提供决策依据[166]。高速公路的政府担保方式同样也具有期权属性，表 3-3 展示了政府担保的实物期权与金融期权的对应关系。

表 3-3 政府担保的实物期权与金融期权的对应关系

序号	实物期权	金融期权
1	社会资本方	期权买方/卖方
2	政府部门	期权卖方/买方

续表

序号	实物期权	金融期权
3	交通需求量	标的物
4	最小收入担保/最小交通量担保/特许期调整	（欧式）看跌期权
5	收入上限协议/交通量上限协议	（欧式）看涨期权
6	预期收入/预期交通量/预期净现值	行权价格

看跌期权（Put Option）是指赋予期权买方在期权到期日以确定的行权价格向期权卖方出售某项资产的权利，所以即使价格下跌，看跌期权的购买者也可以用高于市场价的行权价格出售约定的资产[167]。最小收入担保可看作以交通需求为标的物的看跌期权，因为在最小收入担保中，作为期权买方的社会资本方能够在交通需求量变化导致实际年收入低于预期收入时，行使看跌期权，要求期权卖方依然要以行权价格购买服务（即政府部门补偿预期收入与实际年收入的差额给社会资本方），这里的预期收入即为行权价格（Exercise Price），在研究中又被称为阈值[54]；相似的，最小交通量担保也是以交通需求为标的物的看跌期权，在实际交通量小于预期交通量时，社会资本方有权向政府部门以约定的交通量"出售服务"，即政府部门担保实际交通量与预期交通量对应的收入的差额；就特许期调整而言，这种看跌期权会在特许期末，项目净现值低于预期时触发，社会资本方有权向政府部门要求延长特许期。

看涨期权（Call Option）是指赋予期权买方在期权到期日以确定的行权价格购买某项资产的权利，因此在看涨期权中，即使价格上涨，期权买方依然可以用低于市场价的行权价格购买约定的资产[168]。收入上限和交通量上限可看作是以交通需求量为标的物的看涨期权，与前面的看跌期权不同。在该期权中，社会资本方是期权卖方，而政府部门变成了期权买方。不管项目年运营收入高出约定的收入上限多少，社会资本方都要以约定的行权价格"卖出"他的服务，即高出部分的收入需上缴政府部门。同理，交通量上限也是以交通需求量为标的物的看涨期权。当把这几个政府担保方式看作一组以交通需求量为标的物的期权后，政府担保方式的价值可以用期权定价法来评估。

3.3 政府担保方式的评估与比选

3.3.1 交通需求量的不确定性

本小节将运用3.1.5节中描述的改进的二叉树法来描述交通量的不确定性，并评估担保方式的期权价值。图 3-3 是交通需求量的二叉树网络，以运营期交通量 Q 为标的物，用年日均交通量（Annual Average Daily Traffic，AADT）表示，将运营期划分为若干个时间节点，并假设每个时间节点的交通需求量 Q 有上升和下降两种变化状态，且每个时间节点上变量的变化幅度和概率是相同的。然后在构建的二叉树模型的基础上，利用 Monte Carlo 仿真生成运营期交通量 Q 变化的随机路径，以此来描述运营期每年 Q 的不确定性。

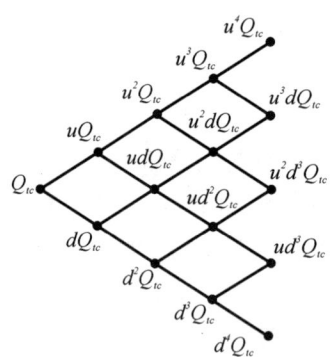

图 3-3　交通需求量 Q 的二叉树网络

Q_{tc} 是建设期末运营期初的初始交通量，在每个节点上，Q 的值上升幅度为 u 的概率为 p，下降幅度为 d 的概率为 $1-p$。为了简化计算，同时提高 Q 的精确性，本书以月为时间节点跨度，即 Δt 取值为 $\dfrac{1}{12}$，Q_j 代表交通需求量 Q 在第 j 年的值，T 为特许期，t_C 为建设期。这里采用 $p=0.5$ 的方法构造二叉树，由于标的物是交通需求量，所以上升幅度 u 和下降幅度 d 的表达式由式（3-16）和（3-17）演变为式（3-37）及（3-38），以 Q 的增长率 α 表示增长因子[19]。

$$u = e^{(\alpha - \sigma^2/2)\Delta t + \sigma\sqrt{\Delta t}} \quad (3\text{-}37)$$

第3章 交通需求风险下政府担保方式的评估与比选

$$d = e^{(\alpha-\sigma^2/2)\Delta t - \sigma\sqrt{\Delta t}} \tag{3-38}$$

式中，σ 是运营期交通量 Q 的波动率，α 可用式（3-39）计算得到[169]。

$$\alpha = \frac{1}{T-(tc+1)} \ln\left[\frac{Q_T}{Q_{tc+1}}\right] \tag{3-39}$$

随后，通过 Monte Carlo 仿真生成运营期每年的交通量 Q 的随机路径来反映其不确定性。图 3-4 展示了交通量 Q 的仿真流程，假设第 j 年的 Q 值是 Q_{tc} 上升了 k 次，下降了 $l-k$ 次得到的，其概率 $Q_{tc} \times u^k \times d^{l-k}$ 可由式（3-40）计算得出。

$$p(Q_j = Q_{tc} \times u^k d^{l-k}) = C_l^k p^k (1-p)^{l-k} \tag{3-40}$$

式中，$j = tc+1, tc+2, \cdots, T$，$l = 12j$，$0 \leqslant k \leqslant l$，且 $0 \leqslant l-k \leqslant l$。

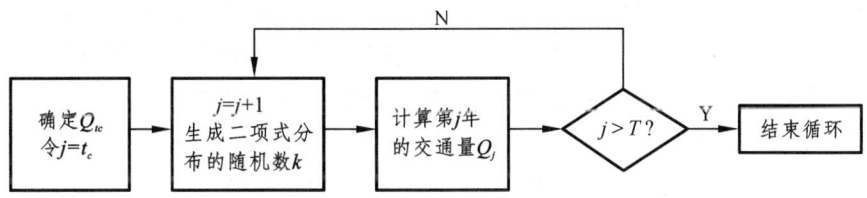

图 3-4 第 j 年交通需求仿真流程

为了反映实际项目中的真实情况，在变量的假设和变化上也考虑了实际中的情况。高速公路的目的是在规定的最大运行车辆数下提供令人满意的服务[166]，就交通需求而言，交通量的最大值受到高速公路通行能力的影响。为了反映项目的真实情况，我们设定交通量不得超过高速公路通行能力上限。对于交通量的其他取值来说，只要不小于 0，都是可能出现的，只是出现的概率不同。图 3-3 中，最低的分支对应的值 $d^4 Q_{tc}$ 出现的概率为 $C_4^0 p^0 (1-p)^4$ [即 $(1-p)^4$]，而中间的分支对应的值，如 $u^2 d^2 Q_{tc}$ 出现的概率是 $C_4^2 p^2 (1-p)^2$ [即 $6p^2(1-p)^2$]。在研究中，由于采用了 $p = 0.5$ 的网络构建方法，此时中间分支的值出现的概率显然高于最低分支。这种现象与交通需求的规律类似，在高速公路项目中出现极高交通量和极低交通量的概率都是相对较低的。因此，本书设置了用实物期权求得的交通需求量取值的上限，将高速公路的通行能力作为交通量的最大值，也即交通量不得超过道路的通行能力。

3.3.2 期权价值的风险中性估值

如 3.1.2 节所述，在评估期权价值时通常使用风险中性评估（Risk Neutral Valuation），这是因为现实世界中期权的贴现率难以确定，而风险中性世界中期权的贴现率就等于无风险利率[170]。因此，当担保方式作为以交通量为标的物的期权时，要想评估这些担保方式的价值，需要用到风险中性定价[66]。

当项目采用了最小收入担保、最小交通量担保或特许期调整等担保方式时，社会资本方可以在满足一定条件时，在预先商定的时间范围内向政府部门提出担保要求，这是期权赋予社会资本方的权利而不是义务。假设这是一个无套利机会的市场，担保方式作为期权来计算其价值，按照 3.1.4 节所列步骤可知，风险中性评估期权时，首先要将实际的期望交通增长率 α 调整为风险中性的期望交通增长率 $\alpha - \lambda\sigma$，然后以调整后的交通增长率重新构建图 3-3 的交通量二叉树网络。重复上节的仿真过程，计算各担保方式的期权值，并以无风险利率折现，得到各担保方式的现值。

交通增长率的调整系数 $\lambda\delta$ 中，λ 表示风险溢价，可用夏普比例计算得出，表示每承担交通需求一单位风险可获得的额外回报。

$$\lambda = \frac{r - r_f}{\sigma} \tag{3-41}$$

式中，r_f 是无风险利率，r 是折现率，考虑资本成本（Cost Of Capital），采用资本资产定价模型计算得到：

$$r = r_f + \beta \cdot (r_M - r_f) \tag{3-42}$$

式中，β 是股权参数，r_M 是期望的市场投资回报率。

有政府担保的项目的净现值 NPV_p 即为无担保的净现值 NPV_p 与对应担保方式期权值的现值之和，如式（3-44）所示，其期权包含最小收入担保、收入上限收益共享、最小交通量担保、交通量上限收益共享及特许期调整。其总期权值取决于政府提供了哪种担保方式，且期权值的计算是基于调整后的交通增长率 $\alpha - \lambda\sigma$ 的风险中性二叉树网络，这些担保方式期权值的计算方式将在后文详细说明。

第 3 章 交通需求风险下政府担保方式的评估与比选

$$\mathrm{NPV}_0 = \sum_{j=t_c}^{T} \frac{\mathrm{OR}_j - C_j}{(1+r)^j} - \sum_{j=0}^{t_c} \frac{I_j}{(1+r)^j} \tag{3-43}$$

$$\mathrm{NPV}_p = \mathrm{NPV}_0 + \sum_{j=t_c}^{T} \frac{(总期权值)_j}{(1+r_f)^j} \tag{3-44}$$

式中，OR_j 是第 j 年的运营收入，C_j 为第 j 年的运营成本，I_j 为第 j 年投资额或建设成本。

3.3.3 政府担保方式的评估

3.3.3.1 最小收入担保与收入上限

最小收入担保（Minimum Revenue Guarantee，MRG）能够分担社会资本方所承担的部分交通需求的不确定性风险。如果年收入小于预期收入的 $a\%$，政府将补偿社会资本方这部分差额，该担保在特许经营期内均有效。收入上限（Revenue Cap，RC）是为了防止社会资本方获得过多超额收入而设置的上限，如果年收入超过了预期收入的 $b\%$，社会资本方将上缴 $c\%$ 的超额收入给政府部门。在项目实施过程中，政府可以只采用最小收入担保，也可以和收入上限搭配使用，以达到降低社会资本方收入风险的目的。

《关于印发〈政府和社会资本合作项目财政承受能力论证指引〉的通知》（财金〔2015〕21 号）中提出了预期年收入 R_{pj} 的计算方法，考虑到 PPP 项目的预期收入应覆盖项目的所有成本并包含一定的合理利润，其成本包括年运营成本 C_j 和折现到每一年的总建设成本 I_G，如式（3-45）所示[110]。

$$R_{pj} = \left[\frac{I_G \times (1+r)^j}{n} + C_j \right] \times (1 + \mathrm{prof}) \tag{3-45}$$

式中，r 为折现率，n 为运营期年限，prof 为利润率。年运营成本 C_j 相对交通量单调递增，用线性关系表示为式（3-46）。

$$C_j = \phi \times Q_j + \varpi \tag{3-46}$$

式中，ϕ 和 ϖ 为常数，且有 $\phi > 0$。

采用调整后的交通增长率构建的风险中性网络，计算第 j 年的最小收入担保 MRG_j 和收入上限 RC_j 的期权值。

$$\mathrm{MRG}_j = \max\{0, a \times R_{pj} - R_{aj}\}, \quad j = t_c+1, t_c+2, \cdots, T \quad (3\text{-}47)$$

$$R_{aj} = Q_j \times P \quad (3\text{-}48)$$

$$\mathrm{RC}_j = \max\{0, (R_{aj} - (1+b) \times R_{pj}) \times c\}, \quad j = t_c+1, t_c+2, \cdots, T \quad (3\text{-}49)$$

式中，P 为通行费价格，R_{aj} 是第 j 年的实际年运营收入。

3.3.3.2 最小交通量担保和交通量上限

最小交通量担保（Minimum Traffic Guarantee，MTG）是一种在项目运营期可以分担社会资本方交通量风险的方式。如果年运营交通量 Q_j 不足预期交通量 Q_{pj} 的 $v\%$，政府将补足这部分交通量所对应的收入的差额，第 j 年最小交通量担保的期权值 MTG_j 由式（3-50）表示。

$$\mathrm{MTG}_j = \max\{0, (v \times Q_{pj} - Q_j) \times P\}, \quad j = t_c+1, t_c+2, \cdots, T \quad (3\text{-}50)$$

从担保规则描述上看，最小交通量担保和最小收入担保相似，但最小交通量担保是分担的交通量风险，而最小收入担保分担了收入风险。根据式（3-49），最小收入担保分担的收入风险中不仅包含交通量风险，也包含部分成本的不确定性的风险以及一定程度的利润。

交通量上限与收入上限类似，起到控制社会资本方获得过多超额收益的目的，如果年运营交通量超过了预期交通量的 $w\%$，则需要上缴超额交通量所得收入的 $\delta\%$。交通量上限第 j 年的期权值 TC_j 表达为式（3-51）。

$$\mathrm{TC}_j = \max\{0, \delta \times [Q_{aj} - (1+w) \times Q_{pj}] \times P_j\}, \quad j = t_c+1, t_c+2, \cdots, T \quad (3\text{-}51)$$

3.3.3.3 特许期调整

在特许期结束时，如果社会资本方的净现值（Net Present Value，NPV）没有达到合同协商的水平，特许期可以适当延长。特许期调整（Adjustment Of Concession Period，ACP）可以在一定程度上增加社会资本方的收入。

如果特许期末，NPV_0 仍然小于预期值 NPV_e，则特许期在不超过限定的调整年限 L 的情况下，可以延长至社会资本方净现值达到预期值。特许期调整后的时长为 Y，可以表示为

第 3 章 交通需求风险下政府担保方式的评估与比选

$$Y = \begin{cases} T, & \text{NPV}_{0(j=T)} \geqslant \text{NPV}_e \\ T+i, & \text{NPV}_{0(j=T+i-1)} < \text{NPV}_e \leqslant \text{NPV}_{0(j=T+i)} \quad i=1,2,\cdots,L \\ T+L, & \text{NPV}_{0(j=T)} < \text{NPV}_{0(j=T+L)} < \text{NPV}_e \end{cases} \quad (3\text{-}52)$$

$$\text{NPV}_e = \left(\sum_{j=0}^{t_c} \frac{I_j}{(1+r)^j} + \sum_{j=t_C}^{T} \frac{C_j}{(1+r)^j} \right) \cdot \text{prof} \quad (3\text{-}53)$$

特许期调整的期权值为：

$$\text{ACP}_j = \max\{0, [NPV_{0(j=Y)} - NPV_{0(j=T)}]\}, \quad j = Y \quad (3\text{-}54)$$

政府净支出（Net Government Payment，NGP）是指在项目特许期内，政府提供担保的金额与收入金额的差值，可用于衡量政府的财政净支出情况，如在 MRG & RC 情况下，政府净支出等于最小收入担保的支出与收入上限收入之差。其数学表达式为：

$$\text{NGP} = \sum_{j=t_c}^{T} \frac{(总期权值)_j}{(1+r_f)^j} \quad (3\text{-}55)$$

3.3.4 政府担保方式的比选

如表 3-4 所示，本书将分析能够缓解交通需求风险的 5 种政府担保方式的特征。情景 1 是参照项，没有任何担保，将其他有担保的项与参照项进行比较，以分析不同的担保对结果的影响。在此基础上，分别从产生的财务影响和对抗风险效率两方面对这些担保方式进行比选。

表 3-4 政府担保方式

情景	缩写	政府担保
1	—	无担保
2	MRG	最小收入担保
3	MRG & RC	最小收入担保&收入上限收益共享
4	MTG	最小交通量担保
5	MTG & TC	最小交通量担保&交通量上限收益共享
6	ACP	特许期调整

图 3-5 是对担保方式所产生的财务影响的比选框架。政府部门通过提供担保，支付交通需求风险所造成的损失，一定程度上增加了项目净现值，因而，担保对政府部门和社会资本方的财务影响在于政府的净支出 NGP 的金额与项目净现值 NPV 的情况。本书选用项目净现值均值和政府净支出均值作为衡量担保方式所造成财务影响的指标，NPV*表示社会资本方希望的最小项目净现值，NGP*则是政府部门希望的最大净支出，由此将比选框架分为 4 个区域。若担保方式落在区域Ⅰ中，则该方式产生的财务影响符合社会资本方和政府部门预期，同理，当担保方式落在区域Ⅱ或区域Ⅲ中，则该方式只满足了社会资本方或政府部门的预期；区域Ⅳ中的担保方式所产生的财务情况不符合任何一方的预期。

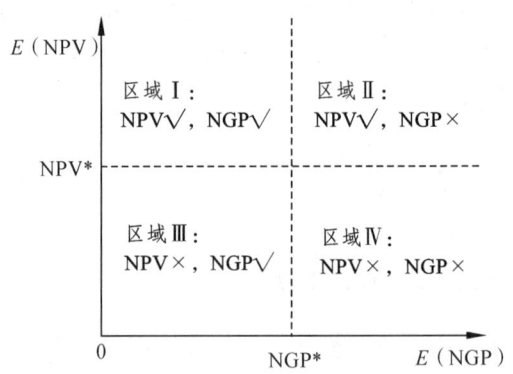

图 3-5 担保方式财务影响情况的比选框图

图 3-6 比选的是担保方式对抗交通需求风险的效率，主要从交通需求敏感度和政府支出资金效率两方面进行比较。交通需求敏感度是指相同交通需求波动率变化下，不同担保方式所降低的项目亏损风险（NPV<0）概率的变化量，反映了担保方式对抗交通需求波动影响的能力，敏感度越高则受交通需求波动影响越大，对抗风险能力越弱，不适宜用于交通需求波动较强的项目，反之亦然；政府支出资金的效率是指不同担保方式下，政府每支出一单位的担保资金所降低的项目亏损风险，该指标的值越高，说明资金效率越高，相同支出资金下项目亏损风险的下降程度越高。为了方便比较，将比选框图用虚线分为左右两个区域，且使虚线上任意一点的 y 轴与 x 轴对应值的比值为定值 k，那么虚线上的点表示交通需求敏感度每增加一单位则资金效率增加 k 单位。区域Ⅴ的点（担保方式）在虚线上方，

第 3 章 交通需求风险下政府担保方式的评估与比选

表示交通需求敏感度每增加一单位其资金效率的增加量大于 k 单位,且离虚线的距离越远,其 y 轴与 x 轴对应值的比值越高,相同敏感度下资金效率越高,则该担保方式对抗交通需求风险的效率越高。同理,区域Ⅵ的点低于虚线,表示敏感度每增加一单位,资金效率增加量小于 k 单位,因而,落在区域 V 的点(担保方式)与区域Ⅵ的相比更优。据此,图 3-6 中 4 个点的优劣排序为: $A > B > C > D$。

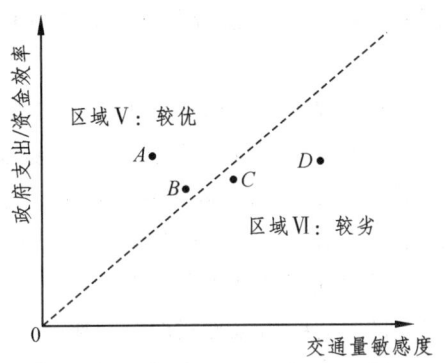

图 3-6 担保方式对抗风险效率的比选框图

3.4 案例分析

3.4.1 案例背景与仿真参数

某省修建收费公路,采用 PPP 模式进行公开招标,2011 年开始修建,建设期为 3 年,2014 年投入运营,根据该项目的可行性研究报告(简称"可研报告")可知,建设总投资现值为 384 638.40 万元,资本负债率为 65%。无风险利率 r_f 采用短期国债利率 3%,股权参数 β 采用 Alexandre 等(1999)的研究结果 0.908 9[171]。以我国 2008—2018 年股市回报率作为市场期望回报率 r_M 的取值 10.35%,折现率 r 通过式(3-42)计算为 9.68%。社会资本方有权运营该线路直到 2043 年特许期结束,特许期共计 33 年,其中建设期 3 年,运营期 30 年。中标的某高速公路集团公司可以在特许运营期间通过收取过往车辆的费用来获得收益,运营期结束后需向政府无偿移交所有固定资产。

预期交通量采用可研报告中预测交通量的数据,其初始交通量(用

AADT 表示）为 9 378 辆/天，预测的年交通增长率 α，2014—2028 年为 11.21%，2029—2043 年为 5.83%。根据相关高速公路项目的研究，将交通量波动率 σ 假设为 10%[19, 59]，参数 u 和 d 可分别由式（3-37）和（3-38）计算得出，$p=0.5$。项目成本包括建设成本、年运营成本及维修成本，其中年运营成本采用可研报告中的预测数据计算得到式（3-46）中运营成本与交通量的关系式 $C_j = 48.586 \times Q_j \times 365 + 992.25$。合同规定该高速公路的收费率为 0.447 元/（辆·千米），平均通行费价格为 55.14 元/辆，项目合理利润 prof 为 10%。

根据项目合同，当实际收入或交通量小于预期的 90%，社会资本方可以要求最小收入或最小交通量担保。若实际收入或交通量多于预期的 110%，社会资本方应该返还 50% 的超额收入给政府。此外，对于特许期没有提供担保的项目，在运营期结束时，如果社会资本方的净现值低于预期，则特许期可以相应延长至净现值符合预期，但最长不得超过 5 年。为了方便说明和分析，后文中将用这些担保方式的缩写来表述。表 3-5 罗列了模型的部分仿真参数，具体的交通量、运营维护成本等参数可查阅该项目的可行性研究报告。

表 3-5 项目部分参数

参数	取值	符号/备注
总建设成本现值（折现到 2011 年）	3 846.384（百万元）	I_G
建设期	3 年	t_c
特许期	33 年	T
无风险利率	3%	r_f
折现率	9.68%	r
债权比	65：35	
资产负债率	65%	τ
通行费价格	55.14 元/辆	P
运营期交通量增长率 α'_Q	11.21%	4～18 年
	5.83%	19～33 年
运营期交通量波动率	10%	σ'_Q
项目合理利润率	10%	prof

3.4.2 担保方式特征的仿真结果

本节的仿真使用的是软件 MATLAB R2015a，迭代次数为 20 000 次。

3.4.2.1 最小收入担保和收入上限的特征

图 3-7 展示了政府提供 MRG 次数的概率分布情况，特许期内，提供 MRG 次数的均值为 14.65 次，概率最大的是提供 30 次和提供 0 次。图 3-8 和 3-9 是每年提供 MRG 的概率和均值的概率分布图。从图 3-8 中可以看出，随着时间的推移，提供 MRG 的概率先减小后增大。这是因为在运营初期，交通增长率相对较高，年运营收入更容易达到预期收入[由式（3-45）计算得到]，政府的担保概率逐渐降低。随着时间的推移，交通量的增长率有所降低，要得到预期的年收入变得困难，相应的，政府的担保概率逐渐升高。图 3-9 显示，每年所提供的 MRG 的均值逐渐增加，在运营初期，增加速度缓慢，提供的担保均值趋于平稳，运营后期所需的担保金额逐年增加。这是因为 MRG 考虑了交通需求量和成本风险，运营初期，交通需求量增长快，运营和维护成本较低，所需的担保金额相对较低且趋于平稳。随着时间的推移，运营和维修成本逐渐增加，而交通量增长率减小，导致运营收入和预期收入之间的差距增大，年担保均值增大。

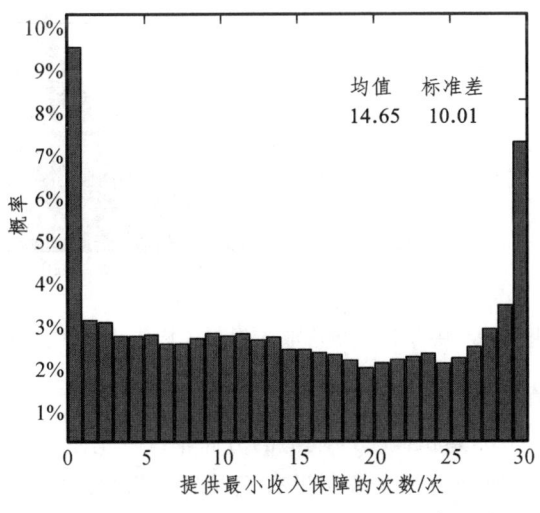

图 3-7 最小收入担保提供次数的概率分布

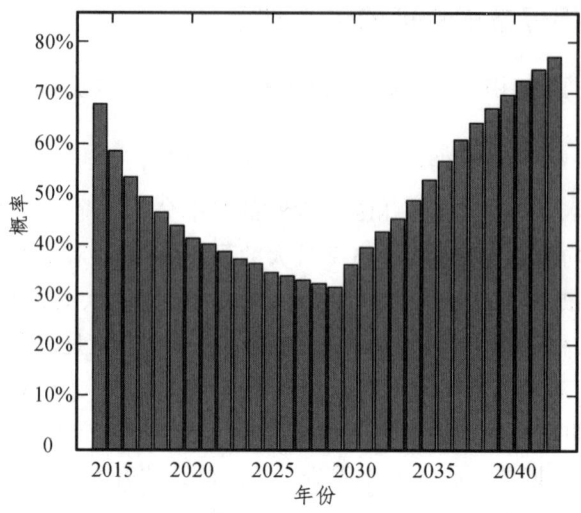

图 3-8　每年提供最小收入担保的概率分布

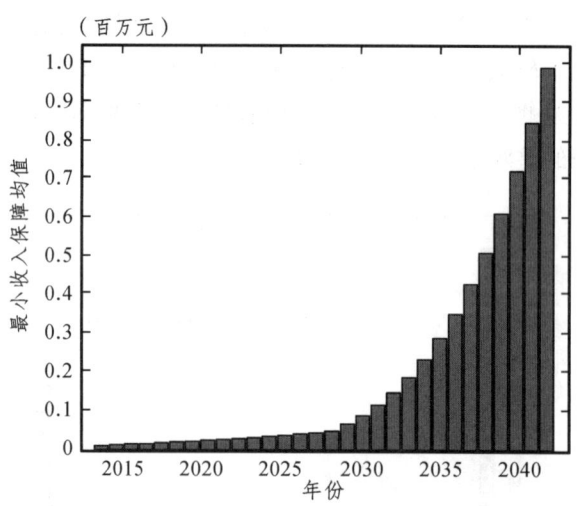

图 3-9　每年提供最小收入担保的均值的概率分布

通过比较情景 1，2 和 3，得到了 RC 对项目净现值的影响，图 3-10 展示了这 3 种情景下的累积概率净现值的分布情况。情景 3，同时有 MRG 和 RC 时的项目净现值均值明显高于没有担保时，即情景 1，但低于仅有 MRG 时的净现值均值，情景 2。情景 2 和 3 的曲线刚开始时重合，并等于 0，因

第 3 章　交通需求风险下政府担保方式的评估与比选

为在这两种情景下，MRG 均被执行，是为了保证社会资本方不因运营收入状况不佳而蒙受大量损失。这两条曲线在概率 50%左右的地方逐渐分开，是因受情景 3 中收入上限的影响，社会资本方获得超额收入时，上缴了部分收入给政府，于是在后半段，有收入上限的曲线高于其余两个。点 A 和 B 表示净现值小于 20 亿元的概率，其值分别为 91.13%和 84.54%。可以看出，当有收入上限时，获得高净现值的概率将小于其他两种情景，因为 RC 一定程度上限制了社会资本方获得过高的收入。

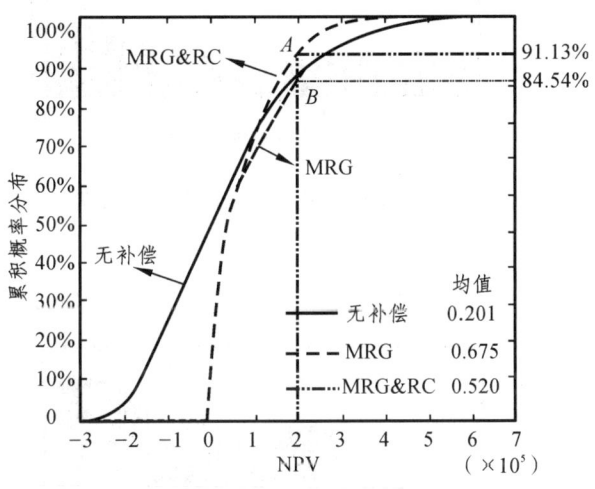

图 3-10　情景 1，2 和 3 的净现值累积概率分布

3.4.2.2　最小交通量担保和交通量上限的特征

图 3-11 ~ 3-13 反映了 MTG 的一般特征。在 MTG 下，政府提供担保的均值为 13.72，小于 MRG。图 3-12 是政府每年提供 MTG 的概率。如果前一年的交通量没有达到预期，则下一年交通量达到预期的概率将会减小，因为每年的交通量极大地受到前一年交通量和交通增长率的影响，所以随着时间的推移，提供 MTG 的概率将逐渐增加。图 3-13 为运营期各年担保的均值，若前一年交通量偏低较多将极大地影响后一年交通量低于预期交通量的概率，且后一年交通量与预期交通量的差额将逐渐增大，由此引发的担保金额也将升高，依此累计循环，从而呈现逐年增加的趋势。

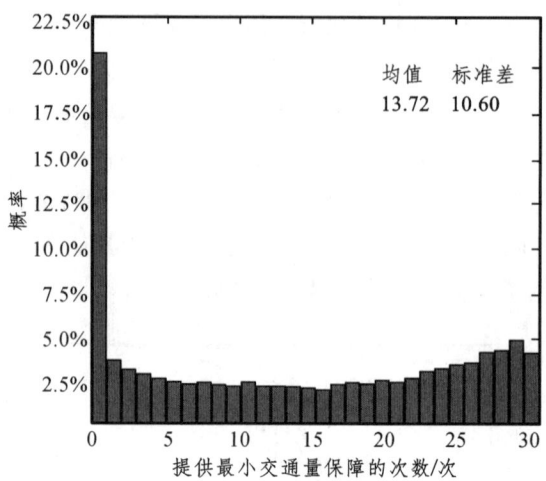

图 3-11 政府提供最小交通量担保次数的概率分布

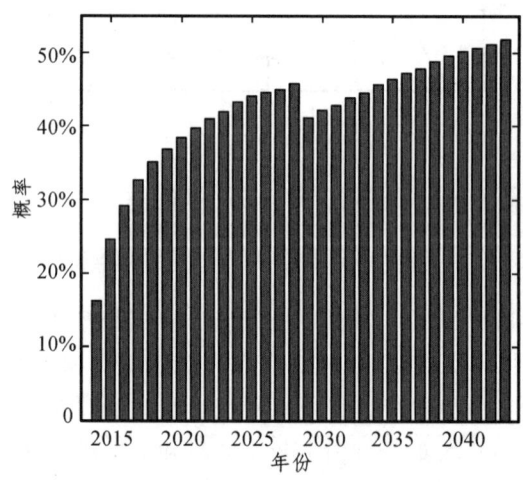

图 3-12 每年政府提供最小交通量担保的概率分布

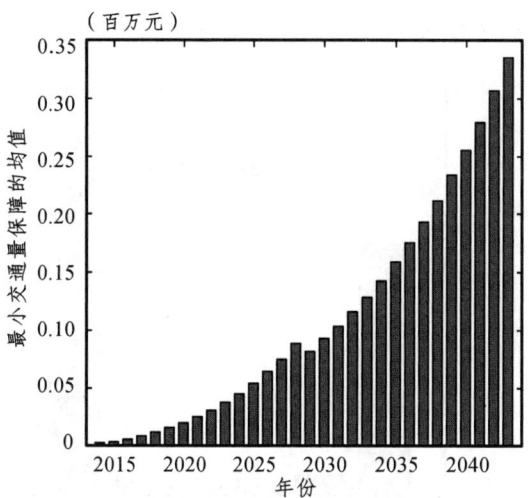

图 3-13 政府每年提供最小交通量担保的均值

TC 的仿真结果如图 3-14 所示,其变化规律与 RC 相似。TC 的目的也是避免社会资本方获得过多的超额收益。

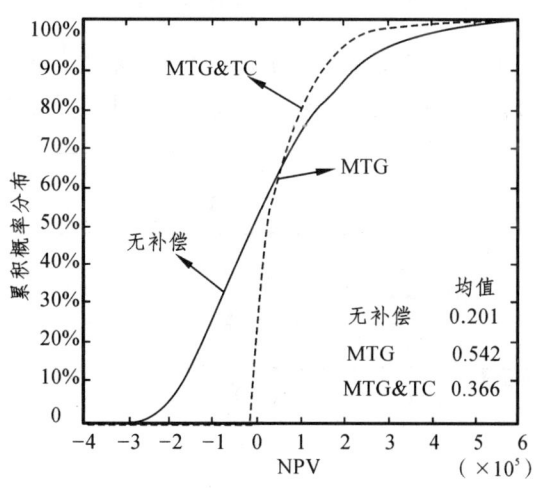

图 3-14 情景 1,4 和 5 的社会资本方净现值的累积概率分布

3.4.2.3 特许期延长的特征

图 3-15 是允许调整特许期后特许期取值的概率分布,特许期取值的均

值为 32.90 年，特许期为 30 年和 35 年的概率相对较高。

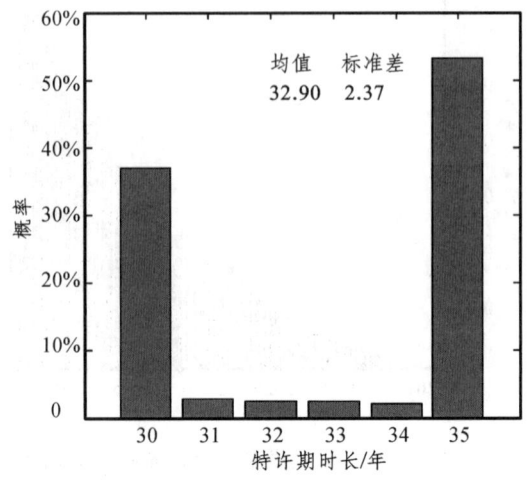

图 3-15 特许期概率分布

3.4.3 仿真结果讨论与担保方式比选

表 3-6 罗列了在不同政府担保方式下的仿真结果，包含了社会资本方的净现值均值 NPV_p、$NPV_p < 0$ 的概率、政府净支出均值以及政府提供担保的概率。

表 3-6 仿真结果比较

政府担保情景	社会资本方净现值均值/百万元	$NPV_p<0$ 概率/%	政府净支出均值/百万元	提供担保的概率/%
无担保	200.60	50.40	0	—
MRG	675.39	21.86	493.02	50.31
MRG & RC	520.46	21.86	338.08	50.31
MTG	541.51	37.49	349.11	42.12
MTG & TC	366.11	37.49	173.71	42.12
ACP	341.97	39.79	162.94	63.17

第3章 交通需求风险下政府担保方式的评估与比选

对这个项目而言，只有 MRG 时，社会资本方的净现值 NPV_p 和政府净支出 NGP 最大，这是由于这种模式下，政府提供了大金额的担保，增加了社会资本方的收入。MTG & TC 和 ACP 中，社会资本方净现值和 $NPV_p<0$ 的概率相近，但是前者的政府净支出相对较多，后者提供担保概率较大。此外，如 MRG 和 MRG & RC 仿真结果所示，这两种情况下 $NPV_p<0$ 的概率相对较小，说明它们能够有效降低社会资本方净现值为负的风险，但政府为此负担的净支出也较多。

由于缺少统一的衡量标准，因而表 3-6 的结果难以反映各担保方式的优劣，现采用 3.3.4 节所提出的比选框架从财务影响和对抗风险效率两方面进行分析。图 3-16 是不同担保方式产生的财务影响情况，从图中可以看出无担保时项目净现值均值低于社会资本方的预期，当实施政府担保后，项目净现值均值均达到预期，但 MRG、MTG 和 MRG&RC 3 种担保方式下政府的净支出过高，超过了政府预期，只有 MTG&TC 和 ACP 2 种担保方式同时满足了社会资本方和政府部门的预期。

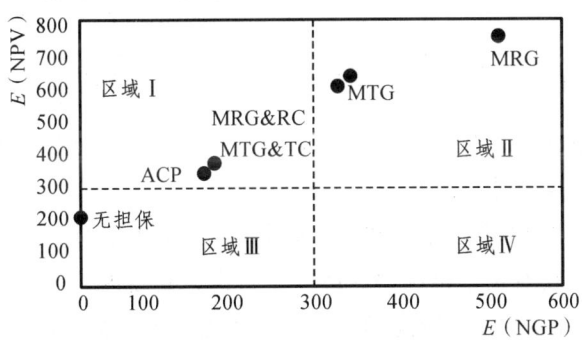

图 3-16 担保方式财务影响情况的比选

图 3-17 反映了各担保方式在对抗风险效率上的情况，虚线将图分为 2 个区域，虚线上的点表示交通需求敏感度每增加 1% 则资金效率增加 0.04%/元。担保方式 ACP 落于虚线下方，表示 ACP 这种担保方式交通需求的敏感度每增加 1%，资金效率增加值小于 0.04%/元，其受交通需求的影响较大，对抗交通需求变动风险的能力较弱；MRG、MRG&RC、MTG、MTG&TC 落

在虚线上方，表示这 4 种担保方式的交通需求敏感度增加幅度低于资金效率的增加幅度，受交通需求的影响较小，对抗交通需求变动风险的能力较强，其中 MRG、MTG 离虚线的距离相较 MRG&RC 和 MTG&TC 近，则后两者对抗风险的效率比前两者更强。综合各担保方式的财务影响和对抗风险效率来看，MTG&TC 这种担保方式较优，能够同时满足政府部门和社会资本方的财务预期，且具有较强的对抗风险效率。

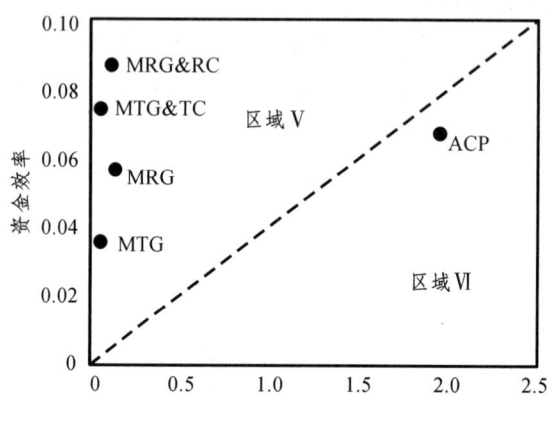

图 3-17　担保方式对抗风险效率的比选

根据上述分析，作者总结了如表 3-7 所示的 5 种分担交通需求风险担保方式的优缺点及适用范围。

MRG & RC 虽然对抗交通需求风险的效率较好，项目净现值较高，但这种方式下，政府用于担保的财政支出较高，财政压力较大，仅适合于政府财政充盈，且需要吸引投资的项目。虽然在 ACP 方式下，政府财政风险最低，但该方式的应用范围较窄，首先项目实际运营时的收益要能够基本覆盖成本，或运营后期运营利润为正，且交通需求量波动较小，这样调整特许期才能增加社会资本方的收益，以分担项目中的交通需求风险引起的收入降低的问题；相比之下，MTG & TC 是较为符合政府分担交通需求风险要求的担保方式，该方式能满足政府部门和社会资本方的财务预期，且对抗交通需求风险的效率较高。

第3章 交通需求风险下政府担保方式的评估与比选

表3-7 分担交通需求风险的担保方式的优缺点及适用范围

担保方式	优势	不足	适用范围	备注
MRG	1. 社会资本方的收益可观，可吸引投资；2. 政府支出的资金效率较好，能够降低项目亏损风险；3. 受交通需求波动的影响较小	1. 政府生财政压力；2. 无法避免社会资本方获得超额收益	一般不建议单独使用	项目净现值高，亏损风险低，对社会有利；但从政府角度看，项目净支出过高并转化为社会资本方的收入，降低了社会福利
MRG & RC	1. 社会资本方的收益可观，可吸引投资；2. 政府支出的资金效率很好，能够有效降低项目亏损风险；3. 受交通需求波动的影响较小；4. 政府净支出相对MRG较少	政府净支出依然较高	政府财政充盈，需要吸引投资的项目	
MTG	1. 社会资本方的收益可观，可吸引投资；2. 政府支出的资金效率较好，能够降低项目亏损风险；3. 受交通需求波动的影响较小	1. 政府生财政压力；2. 无法避免社会资本方获得超额收益	一般不建议单独使用	

续表

担保方式	优势	不足	适用范围	备注
MTG & TC	1. 政府净支出相对较少，财政压力较小； 2. 政府支出的资金效率好，能够有效降低项目亏损风险； 3. 受交通需求波动的影响较小	受交通量波动影响	适用于大多数的高速公路项目，尤其是交通量波动大的项目	该方式较优，能满足政府部门和社会资本方的财务预期，且对抗风险的效率较好
ACP	1. 政府净支出少，且非直接支出，财政压力小； 2. 能一定程度上增加项目净现值	1. 受交通量波动影响大； 2. 不可用于运营后期运营利润仍为负的项目； 3. 风险相对较高，对投资的吸引力较小	政府财政吃紧，实际运营时收益基本能够覆盖成本，且交通量波动性较小的项目	政府净支出最少，且不属于直接支出，是政府财政压力最小的担保方式，但限制条件较多，应用范围较窄

3.5 本章小结

本章采用改进的二叉树模型和蒙特卡洛，利用风险中性估值思想，构建了能够分担交通需求风险的 5 种担保方式的价值评估模型，以分析不同担保方式的特征。在此基础上，从担保方式产生的财务影响和对抗交通需求风险的效率两个方面建立了比选框架，财务影响包括项目净现值均值和政府净支出均值两个指标，对抗交通需求风险的效率包含交通需求敏感度和政府支出资金效率。运用案例仿真分析，验证了方法的可行性，并揭示了这些担保方式的特征：运营初期，交通量增长率相对较高，年运营收入更容易达到预期收入，随着时间的推移，交通量的增长率有所下降，使达到预期收入变得困难，因而提供 MRG 的概率先减小后增大；随着交通量增长率的放缓和运维成本的增加，每年提供收入担保的均值呈逐年上升趋势。就 MTG 而言，由于每年交通量都极大地受到前一年交通量的影响，如果前一年交通量未达到预期，则下一年交通量达到预期的概率将会减小，同时交通量担保的支出将会上升，因此，政府提供 MTG 的概率和均值会逐年增加。

通过进一步对这 5 种担保方式进行比较发现，MRG&RC 和 MTG&TC 相较于 MRG 和 MTG 更优，因为前者限制社会资本方获得过高收入，政府的净支出降低，政府能以更低的净支出将净现值为负的风险降低到与没有上限时相似的程度，其缓解交通需求风险的效率更高，因此 MRG 和 MTG 一般情况下不建议单独采用；MRG & RC 虽然对抗交通需求风险的效率较好，项目净现值较高，但这种方式下，政府用于担保的财政支出较高，财政压力较大，仅适合于政府财政充盈，且需要吸引投资的项目；ACP 的优势在于政府净支出最少，但适用范围较为狭窄，且受交通量波动的影响较大；MTG&TC 相对较优，能满足政府部门和社会资本方的财务预期，且对抗交通需求风险的效率较好，因而适用范围更广，适用于大多数高速公路项目，尤其是交通量波动大的项目。

第 4 章
最小交通量担保与交通量上限的阈值决策研究

第 3 章分析得出最小交通量担保与交通量上限（简称 MTG & TC）是一种较为符合政府分担交通需求风险的担保方式，且对抗交通需求波动性能力较强，适用范围广。但在实际使用过程中 MTG & TC 阈值的选择是一个难点，其取值大小决定了政府担保金额的多少，担保水平过低分担风险的程度较低，难以吸引投资，而担保水平过高则使政府财政压力过大，社会资本方获得过多利润，从而降低社会福利，如墨西哥的收费公路项目[168]。因此，如何优化决策 MTG & TC 的阈值，将交通需求风险合理分配给政府部门和社会资本方是一个亟须解决的现实问题。本章选取了使用范围较广的 MTG & TC 这种担保方式作为研究对象，通过分析政府部门和社会资本方在项目中所承担的风险情况及其风险承受能力，考虑高速公路项目中主要的不确定因素，提出一个 MTG & TC 的阈值决策方法，将风险合理分配到政府部门和社会资本方之间。

4.1 模型变量与参与方风险的确定

4.1.1 主要变量的选择

4.1.1.1 交通需求量

正如前文所述，交通需求的不确定性是高速公路项目中的主要不确定性因素，且对项目净现值、政府担保净支出等有很大影响。根据 2005 年的一个调查，全球收费公路的预测交通量比实际交通量平均高出 23%[6]。Flyvbjerg 对全球 14 个国家的 210 个收费公路还有铁路项目进行调查统计发现，90% 的铁路项目的预测需求量平均是实际需求的 106%，而有 50% 的收费公路项目的预测需求比实际高出 20%[7]。因此，交通需求依然是高速公路项目的主要不确定性因素。

4.1.1.2 建设成本

与交通需求量相反的是，建设成本很容易被低估。因为如建设成本超支、工期延误和技术困难等建设风险，是可以通过建设成本的变化表现出来的，例如当工期延误，施工方需要支付延误费，或为了避免延误增加建设投入，以加快工期等。在一个海峡隧道项目中，由于低估了建设的技术难度和技术风险，实际建设成本达到了预测成本的两倍[66]。可见，除了交通需求外，建设成本在高速公路项目中也具有较强的不确定性。

因此，与第 3 章不同，本章在优化阈值时除了考虑交通量的不确定性，还考虑了建设成本的不确定性。这是因为第 3 章的研究目标是评估和比较能够分担交通需求风险的 5 种担保方式的优劣及适用范围，如果考虑建设成本，不利于控制变量，且分析的针对性不强。本章在第 3 章研究结论的基础上，对使用范围较广、抗交通需求风险较好的最小交通量担保与交通量上限进一步分析优化时，将建设成本的不确定性纳入考虑范围，可以更加客观全面地分析项目风险对政府部门和社会资本方的影响，能够更为科学合理地评估和均衡风险，决策阈值。

4.1.2 政府部门与社会资本方的风险

4.1.2.1 政府部门的风险

本书所考虑的政府部门的风险主要为由担保水平过高，提供过多补偿而导致政府净支出超过了政府部门的财政预算的风险。正如前文所提到的，政府部门会因补偿过多而出现财政压力过大的问题，为了避免这类事情的发生，世界各国在政府补偿金额限制上有不同的规定，如欧盟条例规定了，政府补偿金额不得超过项目总投资的 50%[61]，而我国规定 PPP 项目的投资不得超过政府财政预算的 10%。因此，在优化阈值时，充分考虑政府部门超财政预算的风险是十分必要的，能够防止政府大量负债。

4.1.2.2 社会资本方的风险

本章所考虑的社会资本方的风险主要是项目的破产风险。由于高速公路项目需要的投资金额普遍较高，一般来说社会资本方需要向金融机构贷款建造，当项目的净运营现金流小于总债务时，则会出现资不抵债，项目破产。这也是社会资本方在项目运营中面临的最大风险，同时也是在现有的研究中容易被忽略的风险。大多数研究者常常只考虑了项目净现值小于 0，即项目的亏本风险，并没有考虑由项目债务导致的破产风险。同样地，第 3 章为了使结论更清晰，研究更便捷，简化了参数设置，没有考虑项目的债务和破产风险。另外，为了吸引投资者投资，项目需要有一定的利润，因此本章将项目净现值均值大于 0 作为约束条件来优化阈值，以确保投资项目是有利润的。

4.2 阈值决策模型的构建

4.2.1 模型的思路及流程

为了得到最小交通量担保与交通量上限合理的上下阈值，优化模型由 3 个部分组成，以使政府部门和社会资本方合理分担项目的交通需求风险，并最小化双方的风险总和。PPP 模式下项目运营效率更高，而建设成本比传统的政府采购类项目更低。值得注意的是，若项目生命周期内的总成本（包括建设成本、运营维护成本、政府担保净支出等）高于传统的政府采购类项目（即政府的担保净支出超过了 PPP 模式下的成本节约额），那么就需要重新评估该项目是否仍适用于 PPP 模式。图 4-1 是阈值优化模型的流程图，模型主要分为以下 3 个部分：

第一部分，考虑了高速公路 PPP 项目中的主要变量：交通需求量和建设成本的不确定性，通过蒙特卡洛仿真生成倒金字塔网络和二叉树网络的随机路径来描述变量的不确定性。建设成本和交通需求的变化将分别在建设期和运营期中考虑。在建设期中，主要的风险因素是建设成本和初始交通量，而在运营期中，年运营交通量则是主要风险因素。为了描述建设期中建设成本和初始交通量的不确定性，构建了能反映双因素变量的倒金字塔网络；在运营期中，建设成本不再变化，年运营交通量是唯一的风险变量，因此使用第 3 章中采用的二叉树网络即可。基于构建的倒金字塔和二叉树网络，利用蒙特卡洛仿真生成随机路径，来描述变量的不确定性情况。

第4章 最小交通量担保与交通量上限的阈值决策研究

在此基础上，可以求得无担保情况下的项目净现值概率分布。

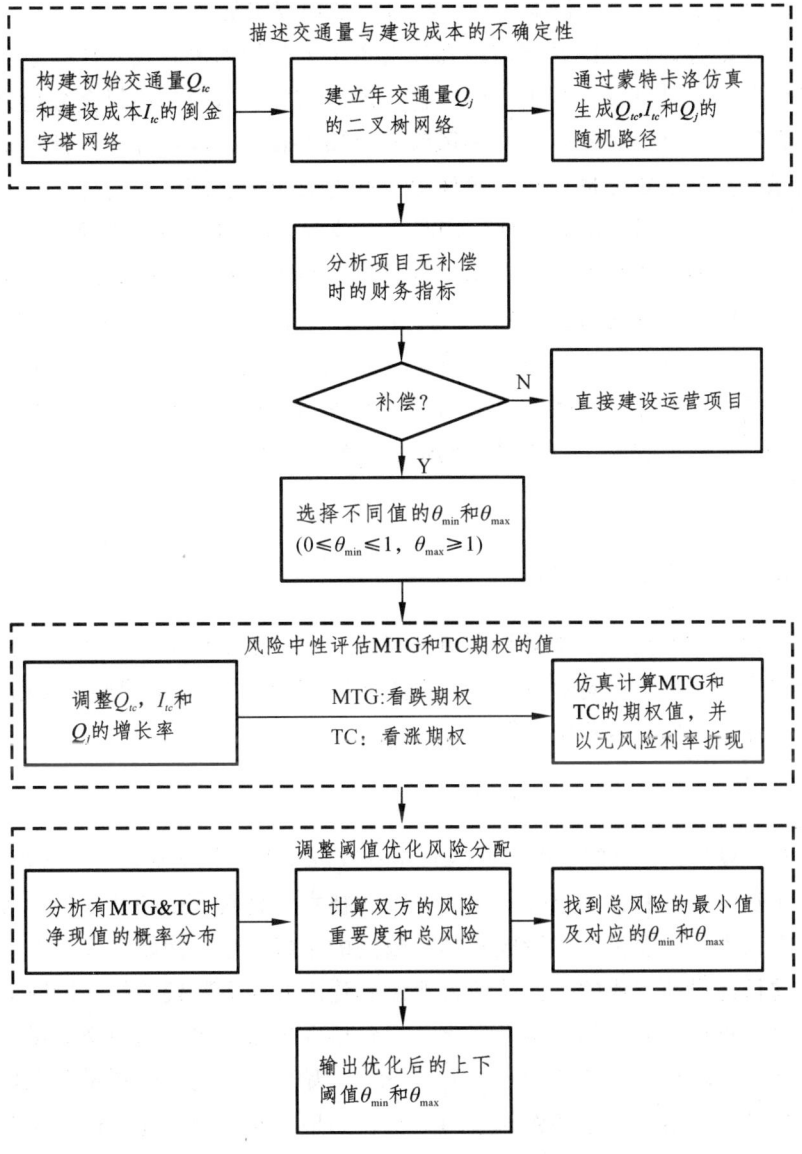

图 4-1 优化模型的流程图

第二部分，如果这个项目是需要担保的，当采用 MTG & TC 时，其期权值需要用风险中性评估法定价。正如 3.2.2 节中提到的，MTG 是在年交通量小于预期时才生效，因此是看跌期权，相应地，TC 是看涨期权[13]。而风险中性定价已经被广泛应用于实物资产的期权定价中。

第三部分，在考虑政府部门和社会资本方分担的风险及其风险承受能力的情况下，计算优化的上下限阈值。政府的主要风险是担保金额超过了财政预算，而社会资本方面临的风险则是项目破产，政府部门和社会资本方所承担风险的重要度由双方的风险承受能力决定。模型的目标是在考虑建设成本和交通需求不确定性的情况下，找到一个 MTG & TC 的上下限阈值组合，使政府部门和社会资本方的总风险最小。在模型仿真时，上下限阈值将被赋予不同的值，并应用到模型的第二部分中，计算对应的 MTG 和 TC 的期权值，在上下限阈值取值时应该满足下阈值 $0 \leqslant \theta_{\min} \leqslant 1$ 且上阈值 $\theta_{\max} \geqslant 1$ 的约束条件。最后，通过计算不同阈值取值下的政府部门和社会资本方的总风险，找到总风险最小的值，并输出对应的上下限阈值，其值即为所求。

4.2.2 模型的变量

建设成本和交通需求量是高速公路项目的主要不确定性因素，但出现在项目生命周期的不同阶段。交通量被分为初始交通量和运营期年交通量，并分别在建设期和运营期发生变化。

4.2.2.1 建设期的不确定性因素

在建设期，主要的不确定性因素是建设成本和初始交通量。一般而言，实际年建设成本和预测值是不同的，因为技术、材料价格和其他各种各样的外在因素，使项目总建设成本具有较高的不确定性。初始交通量的预测是在项目建设前完成的，但从项目建设到建成开通需要较长的一段时间，这段时间里很多因素都发生了变化，导致很多项目的实际初始交通量和预测值之间出现较大差异[7]。假设 $Q_{预}$ 是项目开始建设时初始交通量预测值，项目建设一年后，由于外界因素的变化，如果再对初始交通量进行预测，这个值可能已经增加到 Q_1，或者减小到 Q_1'，并且这个初始交通量的值还会持续变化，直到项目建成开通。因此，初始交通量是项目建设期的不确定性因素，实际初始交通量会跟预期值产生差异。

第 4 章 最小交通量担保与交通量上限的阈值决策研究

通过蒙特卡洛仿真在倒金字塔网络上生成随机路径来评估建设成本和初始交通量的不确定性。倒金字塔网络底部的节点表示，在建设期开始时的建设成本 I 和初始交通量 Q 的组合，其中 Q 用年日均交通量（AADT）表示。图 4-2 是单步和两步倒金字塔网络，与第 3 章中所用的二叉树网络类似，每隔时间 Δt，Q 和 I 的值就有两种变化方式：分别以上升幅度 u_Q 和 u_I 增加，或以下降幅度 d_Q 和 d_I 减小（且满足 $u_Q, u_I > 1$，$0 < d_Q, d_I < 1$）。因此，每隔时间 Δt，每个节点有 Q 和 I 4 种组合方式，分别为 (Qu_Q, Iu_I)、(Qu_Q, Id_I)、(Qd_Q, Iu_I) 和 (Qd_Q, Id_I)。

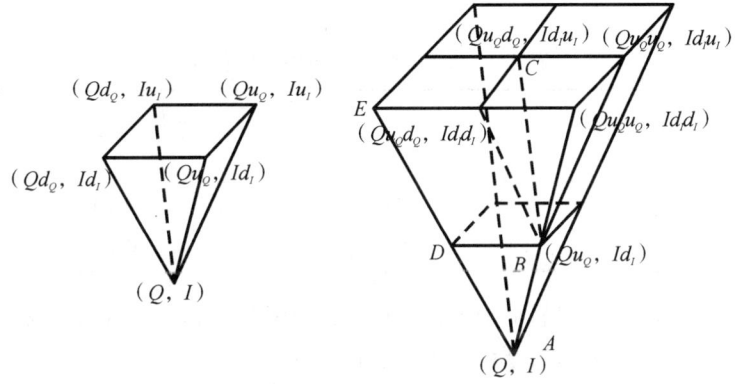

图 4-2　单步和两步二项式倒金字塔网络

为了计算概率的简便，同样采用 $p=0.5$ 的方式计算网络中的参数 u 和 d，相似地，不确定因素 Q 和 I 的变化幅度可表示为

$$u_Q = e^{(\alpha_Q - \frac{1}{2}\sigma_Q^2)\Delta t + \sigma_Q \sqrt{\Delta t}} \tag{4-1}$$

$$d_Q = e^{(\alpha_Q - \frac{1}{2}\sigma_Q^2)\Delta t - \sigma_Q \sqrt{\Delta t}} \tag{4-2}$$

$$u_I = e^{(\alpha_I - \frac{1}{2}\sigma_I^2)\Delta t + \sigma_I \sqrt{\Delta t}} \tag{4-3}$$

$$d_I = e^{(\alpha_I - \frac{1}{2}\sigma_I^2)\Delta t - \sigma_I \sqrt{\Delta t}} \tag{4-4}$$

式中，α_Q 和 σ_Q 分别是初始交通量 Q 的增长率和波动率，α_I 和 σ_I 分别是建设成本 I 的增长率和波动率。

二项式金字塔网络概率的计算不同于二叉树网络，变量的增加使倒金字塔网络的计算要复杂得多。本书使用的倒金字塔网络是由 Hull 和 White（1994）[152]提出来的，其概率的计算方式如表 4-1 所示。这些值是通过令双因素变量同时上涨或同时下跌有相同概率得到的，并通过调节 Q 和 I 的相关度系数求得。Q 和 I 的相关性用式（4-5）表示。

$$\text{Cov}\left(\frac{\mathrm{d}Q}{Q}, \frac{\mathrm{d}I}{I}\right) = \rho_{QI} \sigma_Q \sigma_I \mathrm{d}t \tag{4-5}$$

式中，ρ_{QI} 是 Q 和 I 的相关度系数，如果 $\rho_{QI}=0$，Q 和 I 不相关，否则两者相关。

表 4-1 倒金字塔网络的概率取值

建设成本 I	初始交通量 Q	
	下降	上升
上升	$0.25(1-\rho_{RI})$	$0.25(1+\rho_{RI})$
下降	$0.25(1+\rho_{RI})$	$0.25(1-\rho_{RI})$

在二项式倒金字塔网络的基础上，利用蒙特卡洛仿真生成随机路径，描述初始交通量 Q 和建设成本 I 的不确定性，例如，在图 4-2 中，经过时间 Δt 可以生成随机路径 A—B—C，也可以是 A—D—E，或者是其他的路径，每条路径都对应了变量 Q 和 I 经过 Δt 后的变化情况，以此类推，我们可以得到在整个建设期内，初始交通量和建设成本的变化情况。为确保计算的精准性，将 Δt 设置为以月为单位，即 1/12 年。

假设在第 t_C 年项目建设完成，初始交通量的值从 Q 变到 Q_{tc}，其间经历了 k_1 次上升和 $l-k_1$ 次下降。建设期结束时的初始交通量可表示为

$$Q_{tc} = Q \times u_Q^{k_1} d_Q^{l-k_1} \tag{4-6}$$

而建设成本经历了 k_2 次上升和 $l-k_2$ 次下降，I_{tc} 可用式（4-7）表达。

$$I_{tc} = I \times u_I^{k_2} d_I^{l-k_2} \tag{4-7}$$

式中，参数满足 $l = 1_2 \times t_c$，$0 \leqslant k_1, k_2 \leqslant l$，$0 \leqslant (l-k_1), (l-k_2) \leqslant l$。

每一次蒙特卡洛仿真产生的随机路径都可以得到一个随机的初始交通量 Q 和建设成本 I 的组合，通过大量的仿真可以描述 Q 和 I 的分布情况，即它们的不确定性。

4.2.2.2 运营期的不确定因素

在建设期末,项目建设完成,总建设成本不再变化,随着项目投入运营,年运营交通量会逐年改变。年运营交通量的值是由初始交通量和交通增长率决定的,是运营期的主要不确定因素。正如前文所述,最终的初始交通量的值是在建设期末得到的,即 $Q_j = Q_{tc} = Q \times u_Q^{k_1} d_Q^{l-k_1}$ ($l = l_2 \times t_c$),而总建设成本为 $I_G = I_{tc} = I \times u_I^{k_2} d_I^{l-k_2}$ ($l = l_2 \times t_c$)。

年运营交通量的变化可通过二叉树网络来描述,如图 4-3 所示。该网络的初始值为实际初始交通量 Q_{tc},在 Δt 后每个节点有上升和下降两种状态,即有概率 p 上升为 $u'Q_{tc}$,或概率 $1-p$ 下降为 $d'Q_{tc}$。网络中的变化幅度 u' 和 d' 可表示为

$$u' = e^{(\alpha'_Q - \frac{1}{2}\sigma'^2_Q)\Delta t + \sigma'_Q \sqrt{\Delta t}} \tag{4-8}$$

$$d' = e^{(\alpha'_Q - \frac{1}{2}\sigma'^2_Q)\Delta t - \sigma'_Q \sqrt{\Delta t}} \tag{4-9}$$

式中,α'_Q 和 σ'_Q 分别是年运营交通量的增长率和波动率。

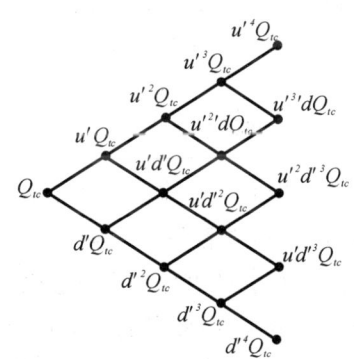

图 4-3 运营期年交通量的二叉树网络

项目的特许期为 T 年,第 j 年的年运营交通量为 $Q_j = Q_{t_c} \times u'^{k_3} d'^{l'-k_3}$ 的概率为

$$P(Q_j = Q_{t_c} \times u'^{k_3} d'^{l'-k_3}) = C_{l'}^{k_3} p^{k_3} (1-p)^{l'-k_3} \tag{4-10}$$

式中,$j = t_c+1, t_c+2, \cdots, T$, $l' = l_2 \times (j-t_c)$, $0 \leq k_3 \leq l'$, $0 \leq l'-k_3 \leq l'$。

与倒金字塔模型类似,通过仿真生成大量的随机路径来得到年运营交

通量的取值分布。

当把建设成本、初始交通量和年运营交通量的不确定性考虑进去,无担保情况下项目的净现值 NPV_0 将反映项目的财务风险,如项目破产风险和亏本风险等。式(4-11)是无担保时项目净现值的计算方法。

$$NPV_0 = \sum_{j=t_c}^{T} \frac{OR_j - C_j}{(1+r)^j} - \sum_{j=0}^{t_c} \frac{I_j}{(1+r)^j} \qquad (4\text{-}11)$$

式中,OR_j 和 C_j 分别是第 j 年的项目运营收入和运营成本,r 的计算沿用式(4-44)。

像项目破产风险、净现值均值等财务指标是以 NPV_0 的值为基础进行分析的,如果项目破产风险较高或者净现值均值为负,那么政府部门就需要对项目进行补偿。项目破产风险的计算详见 4.2.4 节。

为了反映实际项目中的真实情况,此处同样将高速公路的通行能力作为交通量的最大值,也就是交通量不得超过道路通行能力(详细描述见 3.3.1 节)。而建设成本的取值没有严格的上下限,与交通量取值类似,通过不同的概率反映取值出现的可能性大小,因此我们直接采用了建设成本在倒金字塔模型中的计算值。

4.2.3 MTG 和 TC 的期权定价

当年运营交通量低于预期时,政府部门提供差额给社会资本方,而提供的这部分补偿额就是 MTG 的期权值。在实物期权理论中,MTG 是以运营交通量为标的物的看跌期权,政府部门和社会资本方作为期权的买卖双方分担交通需求风险。项目磋商阶段商定的交通量下阈值是 MTG 期权的执行价格,用 $\theta_{min} \cdot Q_{pj}$ 表示,其中 Q_{pj} 是第 j 年的运营期交通量的预测值,θ_{min}($0 \leq \theta_{min} \leq 1$)是下阈值系数。交通量预测值在项目建设前已经计算得出,由项目可行性研究报告可查得,因此下阈值系数 θ_{min} 就成了决定 MTG 执行价格的最重要的参数。为了分析简便,此处我们将它直接定义为 MTG 期权的下阈值。当年运营交通量高于约定交通量上阈值 $\theta_{max} \cdot Q_{pj}$ 时,TC 发生效用,θ_{max} 是 TC 的上阈值系数,直接决定了 TC 的执行价格,被定义为上阈值。

金融资产的风险溢价可以直接从市场中得到,而像以交通量为资产的期权则不行[22],因此同第 3 章一样,在评估 MTG 和 TC 的期权值时需要引入风险中性定价方法,但与第 3 章中的风险定价不同的是,本章出现了多变量的情况,在估算风险溢价时需要考虑多变量的影响。

多变量的期权定价也是在一个无套利机会的市场中进行的,假设实物资产受几个变量 ϖ_i ($i=1,2,\cdots$) 的影响,并遵循几何布朗运动,由于本章用到的模型都是离散的,因此遵循的是几何布朗运动的离散方程。

$$\frac{\Delta \varpi_i}{\varpi_i} = m_i \Delta t + s_i \varepsilon \sqrt{\Delta t} \qquad (4\text{-}12)$$

式中,m_i 和 s_i 分别是变量 ϖ_i 的增长率和波动率,ε 是服从标准正态分布的随机参数。当对期权进行定价时,先要将变量 ϖ_i 的增长率由 m_i 调整为 $m_i - \lambda_i s_i$,其中 λ_i 是变量 ϖ_i 的风险溢价,然后用无风险利率 r_f 折现。风险溢价用式(4-13)来计算[159]。

$$\lambda = \frac{\rho_{iM}}{\sigma_M}(r_M - r_f) \qquad (4\text{-}13)$$

式中,ρ_{iM} 是变量 ϖ_i 和市场的相关度系数,r_M 是市场期望的回报率,σ_M 是市场收益的波动率。

项目中主要有 3 个变量,即建设成本、初始交通量和年运营交通量,但是 MTG 和 TC 只由交通量决定,与建设成本无关。因此,初始交通量增长率 α_Q^* 和年运营交通量增长率 $\alpha_Q'^*$ 需要分别根据式(4-14)和式(4-15)来调整,评估 MTG 和 TC 的期权值。

$$\alpha_Q^* = \alpha_Q - \lambda_Q \sigma_Q \qquad (4\text{-}14)$$

$$\alpha_Q'^* = \alpha_Q' - \lambda_Q' \sigma_Q' \qquad (4\text{-}15)$$

初始交通量风险溢价 λ_Q 和年运营交通量风险溢价 λ_Q' 用式(4-13)计算得到,交通量的变化幅度要由调整后的增长率再次计算,并构建新的二项式网络,来仿真和计算 MTG、TC 的期权值。

根据 MTG 和 TC 的应用规则,交通量可分为如图 4-4 所示的 3 个区域。如果年运营交通量小于约定交通量的下阈值(区域 1),MTG 启动,政府部门需要补偿社会资本方由实际交通量低于约定交通量下阈值而造成的收入损失;在区域 2 中,MTG 和 TC 都不满足触发条件,均不生效;而区域 3 内,运营交通量超过了约定交通量上阈值,TC 启动,社会资本方需要与政府部门共享部分超额交通量带来的收益。MTG、TC 在第 j 年的期权值可通过式（4-16）和式（4-17）计算得出。

$$\mathrm{MTG}_j = \max\{0, (\theta_{\min} \cdot Q_{pj} - Q_j) \times P\}, \quad j = t_c+1, t_c+2, \cdots, T \quad (4\text{-}16)$$

$$\mathrm{TC}_j = \max\{0, \delta \times (Q_j - \theta_{\max} \cdot Q_{pj}) \times P\}, \quad j = t_c+1, t_c+2, \cdots, T \quad (4\text{-}17)$$

式中，P 是高速公路的通行费价格，δ 是超额收入分享比例。

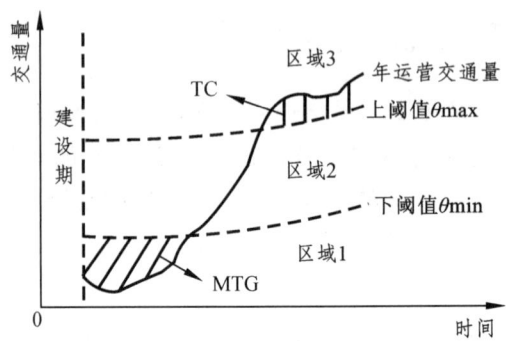

图 4-4　MTG 和 TC 担保下交通量变化情况

在整个特许运营期内，MTG 和 TC 的总期权值 $\mathrm{MTG}_{\mathrm{total}}$、$\mathrm{TC}_{\mathrm{total}}$ 按无风险利率 r_f 折现后可表示为

$$\mathrm{MTG}_{\mathrm{total}} = \sum_{j=t_c}^{T} \frac{\mathrm{MTG}_j}{(1+r_f)^j} \quad (4\text{-}18)$$

$$\mathrm{TC}_{\mathrm{total}} = \sum_{j=t_c}^{T} \frac{\mathrm{TC}_j}{(1+r_f)^j} \quad (4\text{-}19)$$

因此，在项目有 MTG 和 TC 时，项目净现值 NPV_p 为无担保时项目净现值 NPV_0 与 MTG、TC 的期权值之和。MTG 和 TC 的期权价值用上下阈值 $\theta_{\min}$ 和 $\theta_{\max}$ 来表示。

$$\mathrm{NPV}_p(\theta_{\min}, \theta_{\max}) = \mathrm{NPV}_0 + \sum_{j=t_c}^{T} \frac{\mathrm{MTG}(\theta_{\min})_j - \mathrm{TC}(\theta_{\max})_j}{(1+r_f)^j} \quad (4\text{-}20)$$

4.2.4　上下限阈值的决策

很显然，上下限阈值反映了政府部门与社会资本方在交通需求风险上的风险分配。对社会资本方而言，最高的风险即为项目破产风险，该风险发生在项目净运营现金流 V 小于总债务 D 时[20]。

第 4 章 最小交通量担保与交通量上限的阈值决策研究

$$V = \sum_{t_c}^{T} \frac{OR_j - C_j}{(1+r)} < D \tag{4-21}$$

为了分析和计算的简便，上式可用净现值来表示。

$$\text{NPV}_0 = \sum_{t_c}^{T} \frac{OR_j - C_j}{(1+r)} - I_G < D - I_G \tag{4-22}$$

式中，I_G 是总建设成本的现值，债务 D 可表示为资产负债率 τ 与总建设成本的乘积。

$$D = \tau \cdot I_G \tag{4-23}$$

式（4-22）中的 NPV_0 是没有担保的项目净现值，而有 MTG 和 TC 的净现值 $\text{NPV}_p(\theta_{\min}, \theta_{\max})$ 可由式（4-20）计算得到。

政府部门最大的风险是提供给社会资本方的担保金额超过了财政预算 γ [59]。在不同国家，政府财政预算的规定也不同，例如，智利规定，政府提供给单个项目的补偿金额总和不得高于建设成本和运营维护成本总和的 70%，因为他们国家项目的平均负债率为 70%[54]。而在欧盟国家广泛使用的是欧盟条例（Eurostat Rule）中规定的，政府补偿金额不得超过总建设成本的 50%，否则就要将该项支出列入资产负债表[60]。因为他们认为，如果政府支出超过了总建设成本的 50%，反而会对双方的风险分配产生副作用，尤其是政府部门。在我国，财政部规定了政府用于 PPP 项目的支出不得超过政府财政支出的 10%，但未细化到每个项目。因此在实际实施过程中，有时政府部门会和社会资本方约定一个补偿总金额上限，该值通过双方磋商得到。因此，当政府净支出 $\text{NGP}(\theta_{\min}, \theta_{\max})$ 超过财政预算 γ，政府将面临风险，用式（4-24）来表示。

$$\text{NGP}(\theta_{\min}, \theta_{\max}) = \sum_{j=t_c}^{T} \frac{\text{MTG}(\theta_{\min})_j - \text{TC}(\theta_{\max})_j}{(1+r_f)^j} > \gamma \tag{4-24}$$

项目净现值和政府净支出不是固定的值，会随着项目建设成本和交通需求量的变化而不断发生改变。社会资本方和政府部门的风险分别为破产风险和超过财政预算风险，据此 MTG 上下阈值的决策模型为

$$Z = \min[\text{GR}(\theta_{\min}, \theta_{\max}) \cdot \varphi_g + \text{PR}(\theta_{\min}, \theta_{\max}) \cdot \varphi_p] \tag{4-25}$$

$$\text{s.t.} \quad GR = \text{Pro } b[NGP(\theta_{\min}, \theta_{\max}) > \gamma] \quad (4\text{-}26)$$

$$PR = \text{Pro } b[NPV_p(\theta_{\min}, \theta_{\max}) < D - I_G] \quad (4\text{-}27)$$

$$\overline{NPV_p} \geq 0 \quad (4\text{-}28)$$

$$\varphi_g + \varphi_p = 1 \quad (4\text{-}29)$$

$$\varphi_g, \varphi_p \geq 0 \quad (4\text{-}30)$$

$$0 \leq \theta_{\min} \leq 1 \quad (4\text{-}31)$$

$$\theta_{\max} \geq 1 \quad (4\text{-}32)$$

式中，GR 和 PR 分别代表政府部门风险和社会资本方风险。式（4-25）是项目的目标函数 Z，其目标是使上下限阈值 $(\theta_{\min}, \theta_{\max})$ 为自变量的项目总风险最小化，即政府部门和社会资本方的风险之和最小，式中 φ_g 和 φ_p 分别是政府部门、社会资本方的风险重要度，反映了相应风险的重要性。式（4-26）和式（4-27）分别是政府部门、社会资本方的风险。为了吸引投资，项目净现值的均值 $\overline{NPV_p}$ 应该大于 0，如式（4-28）所示。式（4-29）~式（4-32）约束了参数 φ_g、φ_p，及变量 $\theta_{\min}$ 和 $\theta_{\max}$ 的取值范围，通过该模型能够输出项目的总风险最小值和对应的上下限阈值（$\theta_{\min}$ 和 $\theta_{\max}$）。

4.3 考虑风险承受能力的风险重要度分配的博弈

根据目标函数式（4-25）可知，风险重要度 φ_g 和 φ_p 反映了政府部门和社会资本风险的重要性。风险重要度越大，该风险在目标函数中所占比重越大，对目标函数值的影响也就越大，相对于重要度较小的风险而言，降低重要度较大风险的值更有利于实现总风险的最小化。当考虑参与方风险承受能力时，认为参与方风险承受能力越弱，风险对其造成的影响越大，其控制风险的能力越差。相对风险承受能力较强者而言，风险承受能力较弱的一方的风险重要度应设定得较大，以使其所承担的风险得到更多关注。本节通过考虑政府部门和社会资本方的风险承受能力，构建了完全信息和不完全信息条件下的讨价还价博弈模型，以确定政府部门和社会资本方的风险重要度。

4.3.1 完全信息条件下风险重要度分配的博弈

(1) 基本假设。

假设一：政府部门（G）和社会资本方（P）都是理性的，其谈判的决策和行为以自身利益最大化为目标，即都希望自己的风险重要度越大越好，且都不希望谈判破裂。

假设二：政府部门和社会资本方的信息是完全的，清楚地知道彼此的风险承受能力，且政府部门的风险承受能力强于社会资本方。

假设三：政府部门相对社会资本方更有地位，会根据项目状况和自身情况先出价。

(2) 贴现因子的确定。

为了避免双方讨价还价的过程无休止地进行下去，通常会设定一个贴现因子，表示谈判进行的时间越长，利益的损耗越大。通常贴现因子被考虑为与参与方的耐心程度（EJOR）、谈判能力、获取信息的成本等因素相关[172]。为了分析参与方的风险偏好在博弈中的影响，王颖林（2013）用参与方能承受的最大损失率 ROL 表示贴现因子 $\omega = \dfrac{1}{1+\text{ROL}}$，认为 ROL 越大，风险偏好越强，能够承担较高的风险，风险分担比例越高，政府能降低相应的期权担保比例[173]。就本章的风险重要度而言，ROL 并不能有效反映政府部门和社会资本方的风险发生概率及其风险容忍度，故而引入参数 π，表示参与方能够容忍或承受的最大风险发生概率，π 越大，表示风险承受能力越强[45]，并将贴现因子表示为 $\omega = \dfrac{1}{1+\pi}$。通常认为政府部门的风险承受能力比社会资本方强，即政府部门能容忍的最大风险发生概率 π_g 大于社会资本方的 π_p，因而其对应的贴现因子有 $0 < \omega_g < \omega_p < 1$。

4.3.1.1 一般情况的讨价还价博弈模型

第一回合：政府部门提出自己的风险重要度为 φ_1，社会资本方的风险重要度为 $1-\varphi_1$，若社会资本方接受政府部门的出价，则讨价还价博弈结束，可将政府部门和社会资本方的效益分别表示为

$$G_1 = \varphi_1 \tag{4-33}$$

$$P_1 = 1 - \varphi_1 \tag{4-34}$$

若社会资本方不接受政府部门第一回合的出价，则进入第二回合，社会资本方提出政府部门的风险重要度为 φ_2，自己的风险重要度为 $1-\varphi_2$。谈判时间越长，成本越高，效益越低，因而该回合中若政府接受社会资本方的报价，双方的效益为

$$G_2 = \omega_g \varphi_2 \tag{4-35}$$

$$P_2 = \omega_p (1 - \varphi_2) \tag{4-36}$$

若政府部门拒绝了社会资本方在第二回合的报价，则谈判进入第三回合，政府部门提出自己的风险重要度为 φ_3，社会资本方的风险重要度为 $1-\varphi_3$。若社会资本方接受，则双方效益为

$$G_3 = \omega_g^2 \varphi_3 \tag{4-37}$$

$$P_3 = \omega_p^2 (1 - \varphi_3) \tag{4-38}$$

若仍不能达成协议，则博弈继续进行，直到一方提出的风险重要度能被双方接受为止。

由于上述讨价还价博弈是一个无限回合的博弈模型，传统的逆推法并不适用，现有的解决方法是采用 Shaked 和 Sutton 在 1984 提出的思路：对一个无限回合的博弈模型而言，逆推基点无论是第一回合还是第三回合，其结果都相同。该思路已广泛引用于无限回合的博弈求解中[172]。

在完全信息博弈中，政府部门和社会资本方知道彼此的策略和能够接受的风险重要度，因而可选择有限期博弈中的第三回合讨价还价作为无限期模型的逆推基点。已知第三回合政府部门和社会资本方的效益为式（4-37）和式（4-38），则在第二回合中，若社会资本方的报价使政府部门的效益小于第三回合，即 $G_2 < G_3$，那么政府部门显然不会同意该报价，则博弈将不得不进入第三回合。为了避免博弈时间过长，增加不必要的耗损，社会资本方在第二回合的报价应使政府部门的效益不低于第三回合，且自身的效益大于第三回合。因此，在第二回合中，社会资本方的最优策略为

$$G_2 = G_3 \tag{4-39}$$

$$\varphi_2 = \omega_g \varphi_3 \tag{4-40}$$

此时，社会资本方的效益为

$$P_2 = \omega_p(1-\omega_g\varphi_3) \tag{4-41}$$

$$P_2 - P_3 = \omega_p(1-\omega_p) + \varphi_3\omega_p(\omega_p-\omega_g) \tag{4-42}$$

由于 $0<\omega_g<\omega_p\leqslant 1$，$0\leqslant\varphi_3\leqslant 1$，则 $P_2>P_3$，与第三回合相比，社会资本方的效益增加，那么政府部门和社会资本方都不会把谈判拖到第三回合。

现逆推到第一回合的政府部门报价中，政府部门知道社会资本方在第二回合的报价 φ_2，为了不把谈判拖到第二回合，则政府部门在该回合的报价应使社会资本方第一回合的效益不低于第二回合，且自身效益增加。则有

$$P_1 = P_2 \tag{4-43}$$

可推得出

$$\varphi_1 = 1 - \omega_p + \omega_p\omega_g\varphi_3 \tag{4-44}$$

由于一个无限博弈中，逆推基点无论是第一回合还是第三回合，其结果都相同，从而有

$$\varphi_1 = \varphi_3 \tag{4-45}$$

由式（4-44）和式（4-45）可知，政府部门和社会资本方的风险重要度均衡解为

$$\varphi_g = \frac{1-\omega_p}{1-\omega_p\omega_g} = \frac{\pi_p+\pi_p\pi_g}{\pi_g+\pi_p+\pi_p\pi_g} \tag{4-46}$$

$$\varphi_p = 1-\varphi_g = \frac{\omega_p(1-\omega_g)}{1-\omega_p\omega_g} = \frac{\pi_g}{\pi_g+\pi_p+\pi_p\pi_g} \tag{4-47}$$

4.3.1.2 考虑风险承受能力的讨价还价博弈模型

假设根据社会资本方的风险承受能力，可分为风险承受能力较强者（用 H 表示），和风险承受能力较弱者（用 L 表示）。完全信息条件下，政府部门知道 H 能承受的最大风险发生概率为 π_{ph}，L 能承受的最大风险发生概率为 π_{pl}。政府部门的风险承受能力普遍好于社会资本方，因而根据参与方的风险承受能力情况可知 $0<\pi_{pl}<\pi_{ph}<\pi_g<1$，那么贴现因子存在 $0<\omega_g<\omega_{ph}<\omega_{pl}<1$ 的关系。

重复 4.3.1.1 节的博弈过程，将原博弈中的 ω_p 用 ω_{ph} 替换，可得政府部门和风险承受能力较强者 H 讨价还价博弈的均衡解。

$$\varphi_{gh}=\frac{1-\omega_{ph}}{1-\omega_{ph}\omega_g}=\frac{\pi_{ph}+\pi_{ph}\pi_g}{\pi_g+\pi_{ph}+\pi_{ph}\pi_g} \qquad (4\text{-}48)$$

$$\varphi_{ph}=1-\varphi_g=\frac{\omega_{ph}(1-\omega_g)}{1-\omega_{ph}\omega_g}=\frac{\pi_g}{\pi_g+\pi_{ph}+\pi_{ph}\pi_g} \qquad (4\text{-}49)$$

同理可得政府部门与风险承受能力较弱者 L 的讨价还价博弈的均衡解。

$$\varphi_{gl}=\frac{1-\omega_{pl}}{1-\omega_{pl}\omega_g}=\frac{\pi_{pl}+\pi_{pl}\pi_g}{\pi_g+\pi_{pl}+\pi_{pl}\pi_g} \qquad (4\text{-}50)$$

$$\varphi_{pl}=1-\varphi_g=\frac{\omega_{pl}(1-\omega_g)}{1-\omega_{pl}\omega_g}=\frac{\pi_g}{\pi_g+\pi_{pl}+\pi_{pl}\pi_g} \qquad (4\text{-}51)$$

为了分析风险承受能力对风险重要度系数分配的影响，将式（4-47）中的 φ_p 对 π_p 求偏导可得

$$\frac{\partial \varphi_p}{\partial \pi_p}=\frac{-\pi_g(1+\pi_g)}{(\pi_g+\pi_p+\pi_p\pi_g)^2} \qquad (4\text{-}52)$$

由于 $\pi_p, \pi_g \in (0,1)$，所以 $\frac{\partial \varphi_p}{\partial \pi_p}<0$，社会资本方的风险重要度 φ_p 与社会资本方能够承受的最大风险发生概率 π_p 成反比，即风险承受能力越强，能够承受的风险发生概率 π_p 越大，风险重要度 φ_p 越小。又因 $\pi_{pl}<\pi_{ph}$，故而 $\varphi_{pl}>\varphi_{ph}$，可理解为能够承受的风险发生概率越小，风险承受能力越弱，在风险重要度系数分配时应给予更高的权重，以避免其因承受过多风险而导致经营障碍。L 型社会资本方的风险承受能力相对 H 型社会资本方较弱，因而面对 L 型社会资本方时，其因项目风险而导致的亏损风险应被赋予高于 H 型社会资本方的风险重要度系数。

4.3.2 不完全信息条件下风险重要度分配的博弈

1. 基本假设

假设一：政府部门（G）和社会资本方（H/L）都是理性的，其谈判的

决策和行为以自身利益最大化为目标，即都希望自己的风险重要度越大越好，且都不希望谈判破裂。

假设二：政府部门相对社会资本方更有地位，会根据项目状况和自身情况先出价。

假设三：政府部门和社会资本方的信息是不完全的，即谈判过程中不清楚对方具体的风险承受能力，但知道政府部门（G）的风险承受能力强于社会资本方（H/L）。

假设四：H 型社会资本方中存在投机者，当观察到 L 型社会资本方能获得较高的风险重要度赋值后，可能会伪装成 L 型，将自身能承受的最大风险发生概率谎报为 π_{pl} 以获取更高的利益。

2. 海萨尼转换

在不完全信息的条件下，博弈可以在不改变其精髓的情况下被转化为一个完全但不完美的信息博弈，这就是海萨尼转换理论。该理论通过引入一个虚拟参与人"自然"（N）将不完全信息下的静态博弈转化为两阶段的动态博弈，首先"自然"决定参与人的特征，并使参与人知道自己的特征，而其他人不知道，然后参与人根据自己的特征选择行动策略。

根据海萨尼转换理论，可将不完全信息下政府部门和社会资本方的讨价还价过程用图 4-5 来描述。在谈判开始前，政府部门和社会资本方并不知道彼此的特征，即风险承受能力，由于政府部门更有主导权，他们会根据项目状况和自身情况，首先提出自己的风险重要度为 φ_1，社会资本方的风险重要度为 $1-\varphi_1$。随后，参与人"自然"（N）决定社会资本方的类型是风险承受能力较强者（H）还是风险承受能力较弱者（L），且社会资本方知道自己的类型但政府部门不知道。此时，L 型社会资本方会根据自己的风险承受能力进行报价，因为以 H 型社会资本方的风险承受能力进行报价对自己无利可图，但 H 型社会资本方观察到以 L 型社会资本方的风险承受能力进行报价能获得更高的风险重要度赋值，所以部分 H 型社会资本方的投机者会伪装成 L 型社会资本方跟政府部门进行谈判。由于 H 型社会资本方（非投机者）与政府部门的风险重要度分配博弈与前文中所讨论的相同，就不再赘述，此处重点讨论 L 型社会资本方和投机者的情况。

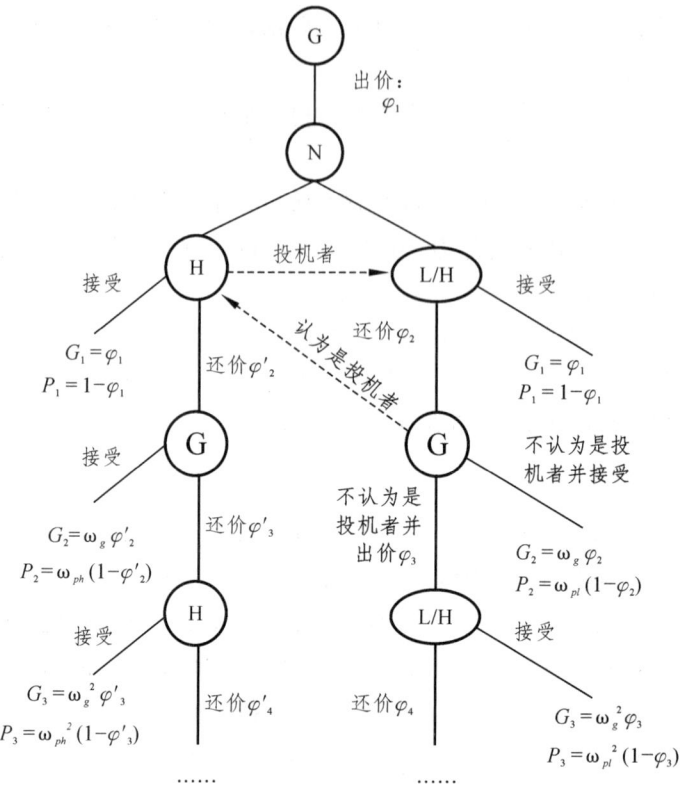

图 4-5 不完全信息下风险重要度的讨价还价博弈过程

3. 讨价还价博弈模型的建立

第一回合,在政府部门出价 φ_1 的情况下,若社会资本方选择接受,则无论是 L 型还是 H 型社会资本方,其效益 P_1 均相同,此时双方的效益为

$$G_1 = \varphi_1 \tag{4-53}$$

$$P_1 = 1 - \varphi_1 \tag{4-54}$$

若社会资本方拒绝了政府部门第一回合的报价,则 H 型社会资本方(非投机者)会在第二回合提出政府部门的风险重要度为 φ'_2,而投机者会伪装成 L 型社会资本方并与 L 型社会资本方提出政府部门的风险重要度为 φ_2。面对自称是 L 型的社会资本方,政府部门会根据所掌握的有限信息判断其是否为投机者,不认为该社会资本方为投机者的概率为 q_1,认为是投机者的概率为 q_2,且 $q_1 + q_2 = 1$。当政府部门不认为社会资本方是投机者,并接

受社会资本方该回合报价时,双方的效益为

$$G_2^{l'} = q_1 \omega_g \varphi_2 \tag{4-55}$$

$$P_2^{l'} = q_1 \omega_{pl}(1-\varphi_2) \tag{4-56}$$

当政府部门将该社会资本方判断为投机者后,会将其作为 H 型社会资本方来对待,并要求其按照 H 型社会资本方的条件重新出价。若此时社会资本方坚持以 L 型社会资本方的条件出价,政府部门显然不会接受,谈判将出现僵持,甚至破裂。由于双方都不愿意使谈判破裂,因而社会资本方会被迫接受以 H 型社会资本方的条件出价 φ_2'。若政府部门接受该报价,则双方的效益为

$$G_2^{l''} = q_2 \omega_g \varphi_2' \tag{4-57}$$

$$P_2^{l''} = q_2 \omega_{ph}(1-\varphi_2') \tag{4-58}$$

那么,第二回合中政府部门和自称 L 型的社会资本方效益的期望为

$$G_2^l = G_2^{l'} + G_2^{l''} = q_1 \omega_g \varphi_2 + q_2 \omega_g \varphi_2' \tag{4-59}$$

$$P_2^l = P_2^{l'} + P_2^{l''} = q_1 \omega_{pl}(1-\varphi_2) + q_2 \omega_{ph}(1-\varphi_2') \tag{4-60}$$

若政府部门不接受社会资本方在第二轮的报价,则谈判进入第三回合。若政府部门不认为自称 L 型的社会资本方是投机者,则会出价 φ_3,若社会资本方接受该报价,则双方的效益为

$$G_3^{l'} = q_1 \omega_g^2 \varphi_3 \tag{4-61}$$

$$P_3^{l'} = q_1 \omega_{pl}^2 (1-\varphi_3) \tag{4-62}$$

若政府部门认为社会资本方是投机者,则将其按 H 型社会资本方看待,出价 φ_3',若社会资本方接受该报价,则双方的效益为

$$G_3^{l''} = q_2 \omega_g^2 \varphi_3' \tag{4-63}$$

$$P_3^{l''} = q_2 \omega_{ph}^2 (1-\varphi_3') \tag{4-64}$$

那么,第三回合中政府部门和自称 L 型社会资本方效益的期望为

$$G_3^l = G_3^{l''} + G_3^{l'''} = q_1 \omega_g^2 \varphi_3 + q_2 \omega_g^2 \varphi_3' \qquad (4\text{-}65)$$

$$P_3^l = P_3^{l''} + P_3^{l'''} = q_1 \omega_{pl}^2 (1-\varphi_3) + q_2 \omega_{ph}^2 (1-\varphi_3') \qquad (4\text{-}66)$$

4. 模型的求解

根据前文的博弈均衡解求解思路，若想要博弈不进入第三回合，则社会资本方在第二回合的报价应使政府部门的效益不小于第三回合，且自身效益大于第三回合，即

$$G_2^l = G_3^l \qquad (4\text{-}67)$$

则有

$$q_1 \varphi_2 + q_2 \varphi_2' = q_1 \omega_g \varphi_3 + q_2 \omega_g \varphi_3' \qquad (4\text{-}68)$$

根据前文均衡解的求解思路，可令 $\varphi_2 = \omega_g \varphi_3$，$\varphi_2' = \omega_g \varphi_3'$，则第二回合的社会资本方效益跟第三回合相比

$$P_2^l - P_3^l = q_1 \omega_{pl} [\varphi_3 (\omega_{pl} - \omega_g) + (1 - \omega_{pl})] + q_2 \omega_{ph} [\varphi_3' (\omega_{ph} - \omega_g) + (1 - \omega_{ph})]$$

$$(4\text{-}69)$$

由于 $0 < \omega_g < \omega_{ph} < \omega_{pl} < 1$，所以 $\omega_{pl} - \omega_g > 0$，$\omega_{ph} - \omega_g > 0$，$1 - \omega_{pl} > 0$，$1 - \omega_{ph} > 0$，那么有 $P_2^l > P_3^l$。

为了不让谈判进入第二回合，政府部门在第一回合的报价应满足

$$P_1 = P_2^l \qquad (4\text{-}70)$$

即

$$1 - \varphi_1 = q_1 \omega_{pl} (1 - \omega_g \varphi_3) + q_2 \omega_{ph} (1 - \omega_g \varphi_3') \qquad (4\text{-}71)$$

根据不完全信息博弈的情景，第一回合中政府不清楚社会资本方的类型，其报价是根据项目状况和自身情况提出的，对于 H 型和 L 型社会资本方的报价均相同，即 $\varphi_1 = \varphi_1'$。依据式（4-45）有 $\varphi_3 = \varphi_1$，$\varphi_3' = \varphi_1'$，那么 $\varphi_3 = \varphi_3'$。可解得政府部门和自称 L 型社会资本方风险重要度的均衡解。

$$\varphi_{gl}^* = \frac{1 - (q_1 \omega_{pl} + q_2 \omega_{ph})}{1 - \omega_g (q_1 \omega_{pl} + q_2 \omega_{ph})} \qquad (4\text{-}72)$$

$$\varphi_{pl}^* = \frac{(1-\omega_g)(q_1\omega_{pl}+q_2\omega_{ph})}{1-\omega_g(q_1\omega_{pl}+q_2\omega_{ph})} \tag{4-73}$$

5. 不被认为是投机者的概率 q_1 的确定

参数 q_1 代表了政府认可 L 型社会资本方不是投机者的概率，为了获得更多的收益，社会资本方会极力证明自己是 L 型，而政府为了避免因信息不完全而被蒙骗，则会根据掌握的信息努力判别其是否是投机者。从双方所获效益的角度看，社会资本方希望 q_1 尽可能大，以增加自己的收益，而政府部门则希望 q_1 尽可能小。这种变化只有当无论自称 L 型的社会资本方是或不是投机者都使政府部门所获效益相等时达到平衡[174]，根据该逻辑，以第三回合为例，可得以下方程。

$$q_1\omega_g^2\varphi_3 = (1-q_1)\omega_g^2\varphi_3' \tag{4-74}$$

将式（4-48）和式（4-50）中求得的 L 型社会资本方和 H 型社会资本方中的风险重要度均衡解代入上式，即 $\varphi_3 = \varphi_{gl}^*$，$\varphi_3' = \varphi_{gh}$，可解得

$$q_1 = \frac{(1-\omega_{ph})(1-\omega_{pl}\omega_g)}{(1-\omega_{pl})(1-\omega_{ph}\omega_g)+(1-\omega_{ph})(1-\omega_{pl}\omega_g)} \tag{4-75}$$

$$q_2 = 1 - q_1 = \frac{(1-\omega_{pl})(1-\omega_{ph}\omega_g)}{(1-\omega_{pl})(1-\omega_{ph}\omega_g)+(1-\omega_{ph})(1-\omega_{pl}\omega_g)} \tag{4-76}$$

综上所述，由于自称 H 型社会资本方无利可图，所以不存在投机者，即使在不完全信息条件下，自称 H 型社会资本方与政府部门风险重要度的均衡解仍为 φ_{ph} 和 φ_{gh}。而不完全信息条件下，H 型社会资本方伪装成 L 型社会资本方能够获得更多收益，因而存在投机者冒充 L 型社会资本方跟政府部门谈判，政府部门有概率 q_1 不认为社会资本方是投机者，其中 $q_1 = \frac{(1-\omega_{ph})(1-\omega_{pl}\omega_g)}{(1-\omega_{pl})(1-\omega_{ph}\omega_g)+(1-\omega_{ph})(1-\omega_{pl}\omega_g)}$，有概率 q_2 认为社会资本方是投机者，$q_2 = 1 - q_1 = \frac{(1-\omega_{pl})(1-\omega_{ph}\omega_g)}{(1-\omega_{pl})(1-\omega_{ph}\omega_g)+(1-\omega_{ph})(1-\omega_{pl}\omega_g)}$。这种情况下，自称 L 型的社会资本方跟政府部门的风险重要度均衡解为 φ_{pl}^* 和 φ_{gl}^*。

4.4 模型的应用

这一节将前文提出的模型应用到实际案例中去优化项目的阈值，为了使分析更加清晰、有对比性，本节将沿用第 3 章的案例，使用本章提出的模型进一步计算。建设成本和初始交通量的增长率根据可研报告数据得到，其波动率分别假设为 15%和 20%[66]，并在后文讨论了当波动率取 5%、10%、15%和 20%时对结果的影响。相关度系数 ρ_{QI} 和 ρ_{iM} 采用 Ho 和 Liu（2002）的研究结果[66]。一般来说，政府部门的风险承受能力好于社会资本方[173]，因而假设政府部门、H 型社会资本方和 L 型社会资本方能承受的最大风险发生概率分别为 15%、10%和 5%。

4.4.1 项目的财务可行性

使用表 4-2 的参数和图 4-1 模型流程图的第一部分，计算项目的财务指标。采用 MATLAB R2015a 进行仿真，迭代 20 000 次，由二项式金字塔模型生成建设成本和初始交通量，两变量在模型中的上升和下降幅度由式（4-1）到（4-4）计算得出；在建设成本和初始交通量的基础上利用二叉树模型评估年运营交通量；最后无担保时项目净现值 NPV_0 可通过式（4-11）得到，其概率分布如图 4-6 所示。

表 4-2　项目部分参数

参数	取值	符号/备注
折现率	9.68%	r
资产负债率	65%	τ
建设成本增长率	9.46%	α_I
建设成本波动率	15%	σ_I
初始交通量增长率	9.53%	α_Q
初始交通量波动率	20%	σ_Q
运营期交通量增长率 α'_Q	11.21%	4～18 年
	5.83%	19～33 年
运营期交通量波动率	10%	σ'_Q
相关度系数（Q 和 I）	0	ρ_{QI}

NPV₀ 的均值为 135.68 百万元,但是项目破产的概率为 23.87%,且净现值有 53.63% 的概率小于 0。虽然项目净现值为正,但是社会资本方面临了较高的破产概率,政府部门应该补偿社会资本方以确保项目的运营正常,不会中断。

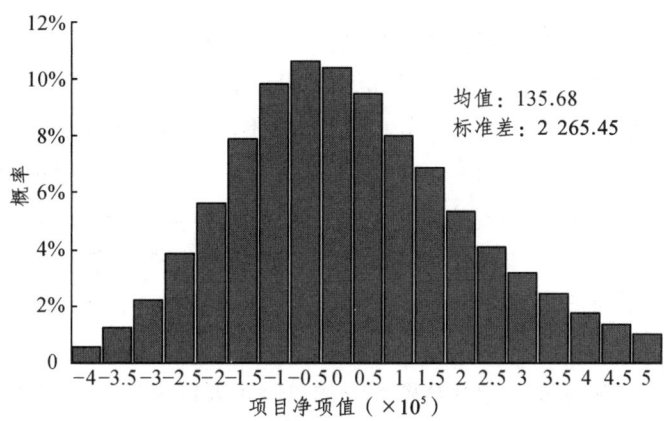

图 4-6　无担保时项目净现值概率分布

4.4.2　阈值的决策

上下阈值是将风险有效分配到政府部门和社会资本方之间的重要参数,阈值的优化决策方法在前文 4.2.4 节中讨论过,相关的计算参数如表 4-3 所示。

表 4-3　阈值优化的相关参数

参数		取值	符号
无风险利率		3%	r_f
折现率		9.68%	r
交通量和市场的相关度系数		1.0	ρ_{iM}
风险溢价		0.064	λ, λ'
超额收入的分享比例		50%	a
政府财政预算		1 923.19(百万元)	γ
能承受的最大风险发生概率 π	政府部门	15%	π_g
	H 型社会资本方	10%	π_{ph}
	L 型社会资本方	5%	π_{pl}

根据前文提出的模型，要得到优化的阈值，首先需要调整初始交通量和年运营交通量的增长率。初始交通量的增长率 α_Q 调整为 $\alpha_Q^* = \alpha_Q - \lambda\sigma_Q = 8.25\%$，调整后的年运营交通量的增长率为 $\alpha_{Q_{4-18年}}'^* = 10.57\%$ 和 $\alpha_{Q_{19-33年}}'^* = 5.19\%$；然后根据调整后的增长率，重新构建二项式金字塔和二叉树网络；随后将上下限阈值（$\theta_{\min}$ 和 $\theta_{\max}$）以 1% 为间隔，选取不同的值，$\theta_{\min}$ 的取值范围为 [0, 1]，$\theta_{\max}$ 的取值范围为 [1, 2]，并采用蒙特卡洛仿真生成随机路径，根据式（4-18）和式（4-19）对不同阈值下的 MTG 和 TC 进行期权定价，并以无风险利率 r_f 折现。用式（4-20）可求出不同阈值下，有 MTG 和 TC 时的项目净现值；随后根据 4.3 节解得的政府部门与 H 型社会资本方及自称 L 型社会资本方的均衡解，求得不完全信息条件下面对两种社会资本方的风险重要度。通过式（4-48）和式（4-49）得到政府部门与 H 型社会资本方的风险重要度分别为 0.43 和 0.57，依据式（4-72）和式（4-73）得到政府部门和自称 L 型社会资本方的风险重要度分别为 0.35 和 0.65；最后，找到满足约束条件式（4-26）~ 式（4-32）且使总风险最小的上下阈值（$\theta_{\min}$ 和 $\theta_{\max}$）。通过这些步骤计算得出，当面对 H 型社会资本方时，优化的上下阈值为 $\theta_{\min} = 75\%$，$\theta_{\max} = 118\%$；当面对自称 L 型的社会资本方时，优化的上下阈值为 $\theta_{\min} = 76\%$，$\theta_{\max} = 123\%$。

4.4.3 仿真结果讨论

在我国 PPP 项目实施过程中，评估项目财务可行性时常用传统的 NPV 法，但该方法不能有效评估政府所提供的担保的价值和风险，因此，在实际操作中，政府部门所提供担保的阈值通常根据相关项目经验或双方磋商决定。仅仅依照以往经验很难量化政府部门和社会资本方在项目中所承担的风险，这也就出现了作者在第 3 章中提到的，该项目磋商出来的上下阈值为 $\theta_{\min} = 90\%$，$\theta_{\max} = 110\%$。为了比较政府部门和社会资本方双方商定阈值与本章计算得到的优化阈值对项目的影响，作者也将商定阈值代入了前文的模型中，计算项目的相关财务指标。其仿真结果如表 4-4 所示。

表 4-4　商定阈值和优化阈值下项目财务指标仿真结果

参数	无担保	商定的上下限阈值	优化的上下限阈值（H型社会资本方）	优化的上下限阈值（自称L型社会资本方）
阈值（下限/上限）	无	90%/110%	75%/118%	76%/123%
项目净现值均值/百万元	135.68	625.56	287.78	360.749
净现值标准差	2 265.45	1 243.14	1 371.42	1 364.59
项目破产概率	23.87%	1.13%	3.84%	3.66%
政府财政预算超支概率	无	16.94%	4.05%	4.34%
政府净支出均值/百万元	无	674.40	306.07	347.52
政府净支出标准差	无	1 274.92	974.71	983.26
提供MTG担保次数的均值/次	无	18.54	14.34	14.64

仿真结果显示，以 MTG 和 TC 的方式进行担保时，项目的净现值均值有所增加，破产概率显著降低。与优化阈值相比，采用商定阈值时，项目的净现值均值更高而破产概率更低，对社会资本方更有利，但是项目风险被过多地转移到了政府部门的身上，使政府部门超过财政预算的风险明显升高，且超过了政府能够承受的最大风险发生概率，对政府部门较为不利。因而，在商定阈值下，由于项目风险分配的不均衡，政府部门将承受较大的财务压力。优化阈值根据社会资本方的风险承受能力选取，L 型社会资本的风险承受能力相对 H 型的较弱，因而其风险重要度相对较高，自称 L 型社会资本方的破产风险在总风险中更为重要，因此需要政府部门提供更多担保来降低社会资本方的破产概率。这也就使面对 L 型社会资本方时，担保的上下限阈值设置得高于 H 型社会资本方，令 L 型社会资本方有更多的机会要求政府部门进行 MTG 担保，从而减小 L 型社会资本方的破产概率。与此同时，面对 L 型社会资本方时，由于政府净支出增加，政府超财政预算的概率将高于面对 H 型社会资本方的概率。

以 H 型社会资本方为例，比较商定阈值与优化阈值的影响。图 4-7 是在商定阈值和优化阈值下政府净支出的频数分布。优化阈值下政府净支出的均值降低到了-306.07 百万元，且政府支出较高金额的频率显著降低，而在商定阈值下政府净支出高达-674.40 百万元，且政府支出高金额的频率较高。因此，使用优化阈值能够有效降低政府财政预算超支的风险。

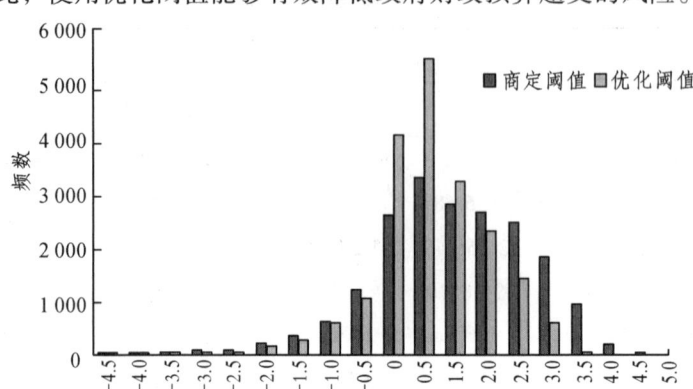

图 4-7　商定阈值与优化阈值下政府净支出频数分布

对社会资本方而言，与无政府担保相比，使用优化阈值能够有效控制项目破产概率，从原来的 23.87% 下降到 3.84%，且项目净现值均值大于 0，并增加到 287.78 百万元，一定程度上能够吸引投资者。图 4-8 是无担保与使用优化阈值担保时项目净现值的频数分布情况，使用优化阈值担保时项目净现值的标准差降低了 40%，也就是说，项目净现值的不确定性降低了。此外，项目净现值的分布区间主要集中在-1 000 百万和 1 000 百万之间，且与无担保情况相比，项目净现值取到很高和很低值的频数也显著降低。因此，在 MTG 和 TC 的担保中使用优化阈值时，项目风险能够得到有效控制，且能够将风险均衡分配到政府部门和社会资本方。

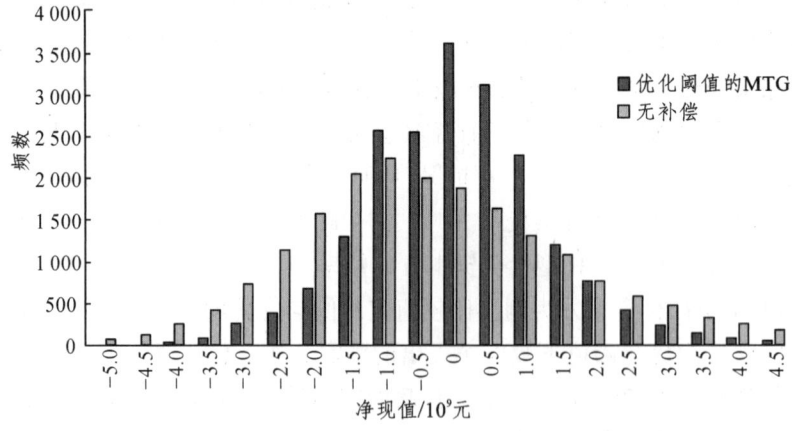

图 4-8　无担保与使用优化阈值的 MTG 时项目净现值分布频数

第 4 章 最小交通量担保与交通量上限的阈值决策研究

在实际实施过程中,参数的变化也会对结果产生影响,为了分析变量的不确定性对研究结果的影响程度大小,作者进一步对变量的增长率和波动率做了敏感度分析。表 4-5 是不确定因素增长率的敏感度分析结果,从表中可以看出,建设成本的增长率对政府净支出没有影响,但它对项目净现值的影响很大。这是因为在 MTG 担保方式下,只有交通需求风险被分配到了政府部门和社会资本方双方身上,而建设成本的风险只单方面地由社会资本方承担了,所以建设成本的增长率增加,项目净现值降低;当交通量增长率增加(包括初始交通量和运营交通量),会增加项目收入也就增加了项目的净现值,此时交通量低于预测交通量的可能性减小,政府提供 MTG 担保的概率降低,而与政府共享超额收益的概率增加,从而减小了政府净支出。此外,运营交通量增长率对项目净现值和政府净支出的影响大于初始交通量增长率的影响。

表 4-5 优化阈值下不确定参数增长率的敏感度分析结果

不确定参数增长率	均值	-10%	0	+10%
建设成本增长率	政府净支出	325.96	**320.33**	323.41
α_I	项目净现值	408.64	**295.26**	247.47
初始交通量增长率	政府净支出	371.1	**320.33**	263.41
α_Q	项目净现值	254.87	**295.26**	356.34
运营交通量增长率	政府净支出	618.02	**320.33**	14.82
α'_Q	项目净现值	101.06	**295.26**	595.25

表 4-6 展示了不确定性参数波动率的敏感性仿真结果。当建设成本变化时,由于蒙特卡洛仿真的误差,政府净支出在-320 百万元附近波动,蒙特卡洛仿真的误差是普遍存在的,但对结果的影响不大[57]。可以看出,与建设成本增长率对政府净支出的影响相似,建设成本的波动率也不会对政府净支出产生影响。当初始交通量和运营交通量的波动率增加,社会资本方要求 MTG 担保的概率增加,政府净支出也随之增加。

表 4-6 优化阈值下不确定参数波动率的敏感度分析结果

政府净支出	5%	10%	15%	20%
建设成本波动率 σ_I	321.16	318.47	**320.33**	318.21
初始交通量波动率 σ_Q	271.32	287.66	308.76	**320.33**
运营交通量波动率 σ_Q'	290.34	**320.33**	354.67	389.21

4.5 本章小结

阈值的大小决定了政府部门担保金额的多少，同时也是分配项目风险的重要参数。本章在第 3 章的研究基础上，进一步对 MTG & TC 这种担保方式的阈值进行优化，提出了在考虑高速公路 PPP 项目建设成本和交通需求量不确定性的情况下，将交通需求风险均衡分配到政府部门和社会资本方之间的 MTG 和 TC 的阈值优化模型。该模型主要由 3 部分组成：描述建设成本和交通需求的不确定性，MTG 和 TC 期权定价，以及上下限阈值的决策。在模型中，将建设成本和初始交通量看作是建设期的不确定因素，而年运营交通量是运营期的不确定因素。这些因素分别在二项式倒金字塔网络和二叉树网络的基础上，通过蒙特卡洛仿真描述其不确定性，并用风险中性定价方法衡量 MTG 和 TC 的期权值。最后考虑政府部门和社会资本方的风险承受能力来分配风险重要度，并找到使项目总风险最小的上下限阈值。

通过分析发现，政府担保可以有效降低项目破产概率，提高项目净现值。然而，不合理的 MTG 阈值，会使风险不合理地分配到政府部门和社会资本方身上，如案例中根据经验得到的商定阈值，导致政府超财政预算风险增加，政府部门过多地承担了项目风险。而使用优化阈值后，不仅能有效控制项目破产风险和项目净现值的不确定性，增加项目净现值均值，而且政府部门的超预算风险也保持在较低范围内。交通需求的变化对政府净支出和项目净现值都有较大影响，其中年运营交通量增长率的影响最大，而建设成本只对项目净现值产生影响。这是因为在 MTG 担保方式中，建设成本的风险只由社会资本方一方承担。政府部门和社会资本方的风险权重根据双方的风险承受能力利用讨价还价博弈模型来分配，并将社会资本方划分为风险承受能力较弱的 L 型社会资本方和风险承受能力较强的 H 型社会资本方。L 型社会资本方的风险承受能力相对 H 型较弱，因而其风险重要度相对较高，因而自称 L 型社会资本方的破产风险在总风险中更为重要，因此需要政府部门提供更多担保来降低社会资本方的破产概率。这也就使面对 L 型社会资本方时，担保的上下限阈值设置得高于 H 型社会资本方，令 L 型社会资本方有更多的机会要求政府部门进行 MTG 担保，从而减小 L 型社会资本方的破产概率。与此同时，面对 L 型社会资本方时，由于政府净支出增加，政府超财政预算的概率将高于面对 H 型社会资本方的 概率。

本章所提出的模型有助于政府部门和社会资本方评估高速公路 PPP 项目。政府部门能够使用它去衡量所提供的担保的风险并制定合理的担保方案，社会资本方和投资者可以应用该模型去评估项目风险和做出投资决策。

第5章
利率风险下高速公路 PPP 项目的利率担保方法

近年来，高速公路每千米造价已达 5 000 万元，且高建造成本的项目还在不断增加，如北京新机场高速公路每千米造价为 4.9 亿元。高建造成本使债权融资成为高速公路项目的必要融资手段，而债权融资的成本受利率影响极大，利率的变动可能造成项目债务成本激增，项目收益降低甚至亏损，从而影响项目的正常推行[77]。有研究者认为利率担保是管理项目利率风险的方法[175]，由于利率受政府宏观经济政策的影响，所以当利率变动超过预期范围时，政府应予以相应补偿[68]。本章以实物期权理论为依托，在利率担保的价值评估基础上，提出了满足社会资本方、政府部门及贷款方利益下的利率担保方法。该方法以减小风险发生概率、均衡分配风险为目标，在利率过高时进行利率补偿，利率过低时实施债务成本节省共享，以实现利率风险的合理分担，以期为管理决策者缓解 PPP 项目中的利率风险，制定相关政策提供理论参考。

5.1 利率与债务成本概述

5.1.1 利率

利率是指一定时间内利息额与本金（即借贷金额）的比率，根据计量期限的不同，通常有年利率、月利率和日利率。利率的大小受利润率水平、资金供求状况、物价变动幅度、国际经济环境、政策性因素等影响，是政府对市场进行宏观调节的重要工具之一。

利率的分类很多，如根据利率的计算方法，分为单利和复利。单利是指在资金借贷期限内,只计算最初借贷的本金所产生的利息,对于各期产生的利息不计入下期利息计算内。复利则是在资金的借贷期限内,将本金和本金产生的利息一同计入下一周期的利息计算内,俗称"利滚利"。资金的存储通常是复利计息,而贷款通常认为是单利计息,因为还款利息随着未还款金额逐月减少,不存在"利滚利"的情况。

根据是否考虑通货膨胀,分为名义利率和实际利率。名义利率是指没有排除通货膨胀影响的利率,通常是借款合同或存款单上标明的利率;而实际利率是指剔除了通货膨胀影响后的利率。

根据利率的变动情况分为固定利率和浮动利率等。固定利率是指在贷款期内利率不随外界因素变化调整的利率。当市场利率低于固定利率水平时,由于利率固定,不能随市场利率向下浮动而产生高于市场水平的利息成本,这就是固定利率下的利率风险。浮动利率是在贷款期内利率随外界因素定期调整的利率。浮动利率下的利率风险是指当市场利率过高而造成贷款成本增加的风险。浮动利率与固定利率下项目融资成本的变化存在镜像关系,因此本书选取浮动利率为研究对象量化分析,固定利率可根据浮动利率的研究结果镜像推导得出。

5.1.2 债务成本

工程项目融资方式分为股权融资和债权融资。股权融资是指通过出让项目部分所有权来引入资金的方式,通过该方式所获资金无须还本付息;债权融资是指通过向金融机构借款或发行债券的方式筹集资金,该方式需要还本付息。而债务成本则是指由于企业举债筹资而支出的成本。在我国的 PPP 项目中,债权融资主要体现为向银行贷款,因而本章所指的债务成本主要是因贷款而产生的利息。

贷款利息除了跟利率有关,还受还款方式影响。常见的还款方式有等额本金和等额本息两种。

1. 等额本金

等额本金还款是指将贷款金额等分,每月偿还固定金额的本金和未偿还贷款所产生的利息,如图 5-1 所示。该方式下,每年所偿还贷款的本金 B_j 相同,利息 Int_j 随未偿还贷款额 OL 的减小而逐渐减小,从而使总还款额逐年递减。其利息计算公式为式（5-1）~式（5-4）。

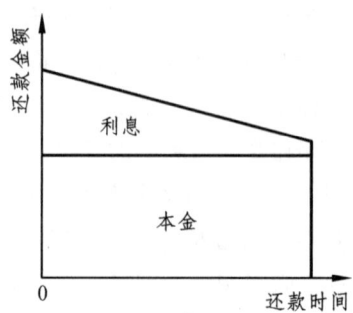

图 5-1　等额本金还款方式示意图

$$B_j = \frac{D}{M-m} \tag{5-1}$$

$$\text{Int}_j = i_j \cdot \text{OL}_{j-1} = i_j \cdot (D - \sum B_{j-1}) \tag{5-2}$$

$$\text{DS}_j = B_j + \text{Int}_j \tag{5-3}$$

$$D = \tau \cdot I \tag{5-4}$$

式中，D 是总贷款金额，DS_j 是第 j 年偿还的本息，τ 为项目负债率，I 为项目建设总成本，m 和 M 分别表示开始还贷和结束还贷的年份。

2. 等额本息

等额本息还款方式的特征在于每年的还款金额 DS_j 是固定的，如图 5-2 所示，但每月还款额中的本金比重逐月递增、利息比重逐月递减，其利息 Int_j 可通过式（5-6）计算。

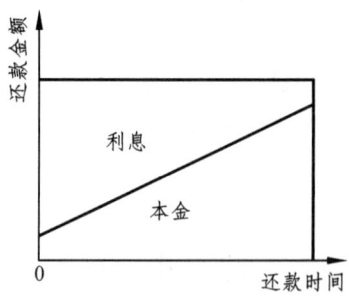

图 5-2　等额本息示意图

$$\mathrm{DS}_j = \frac{D \cdot i_j \cdot (1+i_j)^y}{(1+i_j)^y - 1} \qquad (5\text{-}5)$$

$$\mathrm{Int}_j = i_j \cdot \mathrm{OL}_{j-1} = i_j \cdot (D - \sum B_{j-1}) \qquad (5\text{-}6)$$

$$B_j = \mathrm{DS}_j - \mathrm{Int}_j \qquad (5\text{-}7)$$

式中，y 为剩余还款年数。

5.2 利率风险对债务成本及收益的影响

PPP 项目的建设融资主要通过股权融资和债权融资两种方式进行[176]。由于高速公路项目的建设金额较高，债权融资普遍存在，且在资本结构中所占比例通常较大，由此产生的债务成本将极大地受到利率变动的影响。若市场利率过高，债务融资成本也超预期增加，项目收益减少；若市场利率过低，项目债务成本明显低于预期，项目收益增加。这种市场利率超预期的波动所引发的风险称为利率风险[86]。

市场利率受所处经济发展阶段和国家宏观经济政策的影响，处于变化之中。如 2008 年金融危机时，为了缓解经济衰退，释放货币流动性，根据国家政策，利率一路走低，直到经济复苏后利率才维持着上升态势[53]。利率的变动对其债务融资成本的影响较大。Vasicek 模型是一个满足均值回复的随机利率模型，可用于描述市场拆借利率的随机变化情况，如式（5-8）所示。

$$\mathrm{d}i_j = \alpha(\mu - i_j)\mathrm{d}t + \sigma \mathrm{d}z, \quad j = m, m+1, m+2, \cdots, M \qquad (5\text{-}8)$$

式中，i_j 表示第 j 年的市场利率，α 为利率的回复速度，μ 为短期利率的长期水平，σ 是利率 i 的波动率，$\mathrm{d}z$ 是一个标准维纳过程，且有 $\mathrm{d}z = \varepsilon\sqrt{\mathrm{d}t}$，$\varepsilon \sim N(0,1)$。当 $i_j > \mu$ 表示市场利率 i_j 位于 μ 的上方，整体呈现下降趋势，而 $i_j < \mu$ 则说明利率 i_j 位于 μ 的下方，整体呈现上升趋势。

微分方程（5-8）的解为

$$i_j = i_0 \mathrm{e}^{-\alpha j} + \mu(1 - \mathrm{e}^{-\alpha j}) + \sigma \int_0^j \mathrm{e}^{-\alpha(j-\mu)} \mathrm{d}z \qquad (5\text{-}9)$$

根据随机分析的知识可知，$\sigma \int_0^j \mathrm{e}^{-\alpha(j-\mu)} \mathrm{d}z$ 服从均值为 0，方差为 $\dfrac{\sigma^2}{2\alpha}(1 - \mathrm{e}^{-2\alpha j})$ 的正态分布，那么 i_j 服从均值为 $i_0 \mathrm{e}^{-\alpha j} + \mu(1 - \mathrm{e}^{-\alpha j})$，方差为

$\dfrac{\sigma^2}{2\alpha}(1-\mathrm{e}^{-2\alpha j})$ 的正态分布。

在利率风险下评估项目预期债务成本和收益时，期望利率为 i_{ex}（又称利率担保的阈值），并对应了期望收益 $V_{ex}(i_{ex})$。若项目实际实施时，市场利率 $i>i_{ex}$，则说明市场利率高于预期利率波动范围上限，项目实际债务成本高于预期成本，项目收益比预期降低 $V_{ex}(i_{ex})-V(i)$；若 $i<i_{ex}$，则由于市场利率低于预期的最小值，实际债务成本明显低于预期，收益比预期最大值增加了 $V(i)-V_{ex}(i_{ex})$，可能出现超额收益的情况。在其他条件不变时，利率超预期的波动影响了项目债务成本的高低，即支出利息的高低，从而影响项目收益。根据财政部提出的 PPP 项目应"风险共担，收益共享"的原则，本书提出利率担保方式，在利率过高时补偿增加的债务成本，利率过低时分享因债务成本降低所增加的收益。

5.3 利率担保的原理及其期权价值

5.3.1 利率担保的原理

高速公路 PPP 项目的经营期较长，前期预测时通常难以掌握未来几十年利率变动情况，而由此引起的债务成本的变化将对项目收益产生极大影响，因此利率担保是必要的。本书结合利率风险特性，构建了利率担保模型，其中包含利率补偿模型和债务成本节省共享模型，如图 5-3 所示。

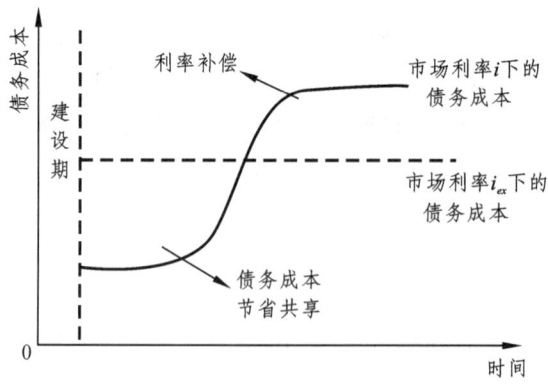

图 5-3 利率担保的原理示意图

5.3.1.1 利率补偿模型

为了弥补利率 i 高于期望利率值 i_{ex} 时,因项目债务成本过高而导致的收益 $V(i)$ 低于期望 V_{ex} 的损失,政府将补偿利率高出部分所增加的债务成本,这种方式被称为利率补偿。债务成本主要通过因贷款所支出的利息来反映,因此利率补偿可描述为市场利率 i 下所支出利息 Int 与期望利率 i_{ex} 下所支出利息 Int_{ex} 的差值,则第 j 年的利率补偿 IC_j 可通过式（5-10）表示。

$$\text{IC}_j = \begin{cases} \text{Int}_j(i_j) - \text{Int}_{ex}(i_{ex}) = (i_j - i_{ex}) \cdot \text{OL}_{j-1}, & i_j > i_{ex} \\ 0, & i_j \leqslant i_{ex} \end{cases} \quad (5\text{-}10)$$

5.3.1.2 债务成本节省共享

在贷款期内,当市场利率 i 低于期望利率 i_{ex} 时,那么债务成本将低于期望值,此时因利率过低所节省的债务成本转化为增加的项目收益。根据"风险共担,收益共享"的原则,政府部门和社会资本方在合同中可以约定,在政府补偿高利率所造成损失的同时,政府部门也有权分享低利率带来的成本节省的收益,这种方式被称为债务成本节省共享。据此,第 j 年债务成本节省共享 IFP 可描述为期望利率 i_{ex} 所支出利息 Int_{ex} 与利率 i 下所支出利息 Int_j 的 δ% 差额,如式（5-11）所示。δ 是政府部门分享债务成本节省的比例。

$$\text{IFP}_j = \begin{cases} \delta \cdot [\text{Int}_{ex}(i_{ex}) - \text{Int}_j(i_j)] = \delta \cdot [(i_{ex} - i_j) \cdot \text{OL}_{j-1}], & i_j < i_{ex} \\ 0, & i_j \geqslant i_{ex} \end{cases} \quad (5\text{-}11)$$

5.3.2 利率担保的期权价值分析

实物期权是把金融规则引入其他行业,用于企业内部战略投资管理的方法。该方法能够在不确定性环境下,结合未来信息变化,对资产的机会价值做出评估,为决策者提供更具针对性、前瞻性的决策依据[75]。利率风险存在于整个贷款期内,存在时间长,不确定性高,且具有不可逆性。据此,利率担保是在市场利率不确定环境下提出的对冲利率风险的方法,采用实物期权法评估利率担保的价值能够为决策者对冲利率风险和投资项目提供理论依据。

在实物期权的评估中,把市场利率作为标的物、利率担保作为衍生物,从而构成一组实物期权,可通过考虑未来利率的变化来评估利率担保的期权价值。(欧式)看涨期权是指期权买方在未来规定时间内能以执行价格买进标的物的权利。相应地,在利率担保中,利率补偿对社会资本方而言就是执行价格为 i_{ex} 的看涨期权,当实际利率 i 高于执行价格 i_{ex} 时,社会资本方能以执行价格 i_{ex} 支付利息。根据看涨期权的表达方式,利率补偿第 j 年的期权值 IC_j 可表示为

$$IC_j = \max\{0,\ (i_j - i_{ex}) \cdot OL_{j-1}\},\quad j = m, m+1, m+2, \cdots, M \tag{5-12}$$

相似地,看跌期权是指在未来规定时间,期权买方能以约定价格卖出标的物的权利。债务成本节省共享对政府部门而言就是看跌期权。债务成本节省共享 IFP_j 用期权方式可表达为

$$IFP_j = \max\{0,\ \delta \cdot [(i_{ex} - i_j) \cdot OL_{j-1}]\},\quad j = m, m+1, m+2, \cdots, M \tag{5-13}$$

在整个贷款期内,利率补偿的总期权值 IC_{total} 和债务成本节省共享的总期权值 IFP_{total} 以折现率 r 折现后如式(5-14)和(5-15)所示。

$$IC_{total} = \sum_{j=m}^{M} \frac{IC_j}{(1+r)^j} = \sum_{j=m}^{M} \frac{\max\{0,\ (i_j - i_{ex}) \cdot OL_{j-1}\}}{(1+r)^j} \tag{5-14}$$

$$IFP_{total} = \sum_{j=m}^{M} \frac{IFP_j}{(1+r)^j} = \sum_{j=m}^{M} \frac{\max\{0,\ \delta \cdot [(i_{ex} - i_j) \cdot OL_{j-1}]\}}{(1+r)^j} \tag{5-15}$$

5.4 利率担保的影响及期望利率的决策

5.4.1 利率担保的影响

市场利率在贷款期内的变动导致债务成本发生变化。若市场利率过高,债务融资成本超预期增加,项目收益减少;若市场利率过低,项目债务成本明显低于预期,项目收益增加。在利率风险下,当项目没有利率担保时项目的净现值为

第 5 章 利率风险下高速公路 PPP 项目的利率担保方法

$$\mathrm{NPV}_0 = \sum_{j=t_C}^{T} \frac{\mathrm{OR}_j - C_j}{(1+r)^j} - \sum_{j=0}^{t_C} \frac{E_j}{(1+r)^j} - \sum_{j=m}^{M} \frac{\mathrm{DS}_j(i_j)}{(1+r)^j} \quad (5\text{-}16)$$

式中，OR_j 和 C_j 分别是第 j 年的运营收入和成本，E_j 为建设期股权融资金额，DS_j 是第 j 年偿还的本息，受当年的利率 i_j 影响，利率越大，偿还利息越高。

当实施利率担保时，项目的净现值可表示为

$$\begin{aligned}
\mathrm{NPV} &= \sum_{j=t_C}^{T} \frac{\mathrm{OR}_j - C_j}{(1+r)^j} - \sum_{j=0}^{t_C} \frac{E_j}{(1+r)^j} - \sum_{j=m}^{M} \frac{\mathrm{DS}_j(i_j)}{(1+r)^j} + \sum_{j=m}^{M} \frac{\mathrm{IC}_j - \mathrm{IFP}_j}{(1+r)^j} \\
&= \sum_{j=t_C}^{T} \frac{\mathrm{OR}_j - C_j}{(1+r)^j} - \sum_{j=0}^{t_C} \frac{E_j}{(1+r)^j} - \\
&\quad \sum_{j=m}^{M} \frac{\mathrm{DS}_j(i_j) + \max\{0,\, (i_j - i_{ex})\cdot \mathrm{OL}_{j-1}\} - \max\{0,\, \delta\cdot[(i_{ex} - i_j)\cdot \mathrm{OL}_{j-1}]\}}{(1+r)^j}
\end{aligned}$$

$$(5\text{-}17)$$

当 $i_j > i_{ex}$，触发利率补偿的实施条件，$\max\{0,\, (i_j - i_{ex})\cdot \mathrm{OL}_{j-1}\} > 0$，而 $\max\{0,\, \delta\cdot[(i_{ex} - i_j)\cdot \mathrm{OL}_{j-1}]\} = 0$，则 $\mathrm{NPV} > \mathrm{NPV}_0$；若 $i_j < i_{ex}$，触发债务成本节省共享的实施条件，$\max\{0,\, (i_j - i_{ex})\cdot \mathrm{OL}_{j-1}\} = 0$，而 $\max\{0,\, \delta\cdot[(i_{ex} - i_j)\cdot \mathrm{OL}_{j-1}]\} > 0$，则 $\mathrm{NPV} < \mathrm{NPV}_0$。由此可见，利率担保能够在市场利率过高时适当分担利率造成的利息超预期支出的损失，在利率过低时获得部分债务成本节省所带来的收益，有效降低了利率风险的影响。根据式（5-17）可知，利率担保下的项目净现值受期望利率 i_{ex} 的影响，期望利率 i_{ex} 越高，项目净现值越低，因而从收益的角度出发，社会资本方希望期望利率 i_{ex} 设定得较低。

对于政府部门而言，政府部门在利率担保中的净支出 NGP 由利率补偿和债务成本节省共享共同决定，可表示为

$$\begin{aligned}
\mathrm{NGP} &= \sum_{j=m}^{M} \frac{\mathrm{IC}_j}{(1+r)^j} - \sum_{j=m}^{M} \frac{\mathrm{IFP}_j}{(1+r)^j} \\
&= \sum_{j=m}^{M} \frac{\max\{0,\, (i_j - i_{ex})\cdot \mathrm{OL}_{j-1}\} - \max\{0,\, \delta\cdot[(i_{ex} - i_j)\cdot \mathrm{OL}_{j-1}]\}}{(1+r)^j}
\end{aligned} \quad (5\text{-}18)$$

净支出 NGP 表示政府部门为分担利率风险，通过利率担保所支出的总金额现值。其符号为正表示在贷款期内，政府部门支出了部门金额来分担

利率风险所造成的损失；若其符号为负，则表示在贷款期内，通过利率担保政府最终没有支出金额去分担利率风险，反而享受了低利率带来的成本节省的收益。由式（5-18）可知，政府部门的净支出 NGP 同样受到期望利率 i_{ex} 的影响，期望利率 i_{ex} 越高，则政府在利率担保上的净支出越少，政府部门希望期望利率 i_{ex} 设定得较高。

5.4.2 期望利率的决策

根据前文分析可知，期望利率 i_{ex} 越高，政府分担利率风险的概率越小，净支出越少，而社会资本方分担利率风险的程度越高，项目净现值越小。也就是说，期望利率 i_{ex}（阈值）的取值决定了项目中利率风险的分担情况和利率担保的价值大小，因而其取值至关重要。本章以实物期权理论为依托，在利率担保价值评估的基础上，提出了考虑社会资本方、政府部门以及贷款方利益下的利率担保阈值选取方法。该方法以减小风险发生概率、均衡分配风险为目标，从而实现利率风险的合理分担。

5.4.2.1 利益相关方的风险

为了保障风险的合理分配，在选取期望利率 i_{ex} 时，除了考虑社会资本方和政府部门的利益外，本章还将贷款方的利益纳入了考虑范围。利率风险下，当政府部门提供利率担保后，社会资本方、贷款方和政府部门存在的风险如下：

（1）社会资本方以盈利为目的，项目亏损即收益小于 0，是特许期内面临的重大财务风险，若处于招标阶段，这种财政状况则难以吸引投资。研究中通常用考虑资金时间价值的净现值（NPV）来衡量项目的收益状况，若 NPV<0 则项目不具有投资价值[57]。

$$\text{NPV} = \sum_{j=t_C}^{T} \frac{\text{OR}_j - C_j}{(1+r)^j} - \sum_{j=0}^{t_C} \frac{E_j}{(1+r)^j} - \sum_{j=m}^{M} \frac{\text{DS}_j}{(1+r)^j} + \sum_{j=m}^{M} \frac{\text{IC}_j - \text{IFP}_j}{(1+r)^j} < 0 \quad （5-19）$$

（2）贷款方的目标是保障所贷资金的安全，在提供贷款时需要评估借款方按期偿还贷款本息的能力。我国通常将债务期内的债务偿付比率（Loan Life Coverage Ratio，LLCR）作为衡量指标，且要求该指标应不低于 1.2～1.6[177]。本书以 1.2 为贷款覆盖率的限制条件。当债务偿付比率低于 1.2 时，则不能保证所贷资金的安全性。

$$\text{LLCR} = \frac{\sum_{j=t_C}^{T}(\text{OR}_j - C_j)/(1+r)^j + \sum_{j=m}^{M}(\text{IC}_j - \text{IFP}_j)/(1+r)^j}{\sum_{j=m}^{M}\text{DS}_j/(1+r)^j} < 1.2 \quad (5-20)$$

（3）政府部门首先应确保所提供的担保资金在自身的能力范围内，即与第 4 章相同，利率保障上的净支出（NGP）不超过财政预算 γ，否则将增大政府资金压力，严重的可能引发财政风险。

$$\text{NGP} = \sum_{j=m}^{M} \frac{\text{IC}_j - \text{IFP}_j}{(1+r)^j} > \gamma \quad (5-21)$$

另外，与第 4 章不同的是，利率的变动幅度远小于交通需求量，因而利率风险导致的项目损失也远小于交通需求风险所造成的损失。那么政府为缓解利率风险所支出的金额就远小于交通需求风险，所以政府财政超支的概率相对较低。与交通需求风险相比，政府财政超支作为利率风险分配条件的参考性较差。若不考虑项目合理的投资回报，则可能出现政府提供过量补偿使社会资本方获得超额收益，从而损害社会福利的情况[178]。此时，政府部门除了考虑财政超支风险外，也应将过量补偿引发的社会福利损失问题纳入考虑范畴。因此，在利率风险下，引入政府部门的第二个风险，即社会福利损害风险，以进一步限制政府提供担保的额度。社会福利损害风险是指当政府提供过量担保，使社会资本方获得超额收益，从而对社会福利造成影响的风险，此处用 NPV 超过最大投资回报 ψ 表示。ψ 可视为最大投资回报率 $e_{\max}$ 和总投资的乘积[45]。

$$\text{NPV} > \psi = e_{\max} \cdot \left(\sum_{j=1}^{t_C} \frac{E_j}{(1+r)^j} + \sum_{j=m}^{M} \frac{\text{DS}_j}{(1+r)^j} \right) \quad (5-22)$$

5.4.2.2 期望利率的决策方法

图 5-4 是期望利率 i_{ex} 对社会资本方、贷款方以及政府部门的风险概率变化趋势的示意图，随着期望利率 i_{ex} 的不断增大，市场利率 i 超过期望利率的概率降低，提供利率补偿的概率也降低，债务成本节省共享的概率增加，政府净支出减少，NGP $> \gamma$ 和 NPV $> \psi$ 的风险概率降低。相对地，由于政府提供的净补偿金额减少，项目亏损 NPV < 0 的风险概率增加，债务覆盖

率 LLCR<1.2 的风险概率也增加。实际生产中，由于外部因素具有不确定性，如市场利率、建设成本等，从而导致了项目净现值 NPV、政府净支出 NGP 和债务覆盖率 LLCR 的不确定[173]。因此，式（5-19）~（5-22）所描述的风险会随着外部因素的变化而有不同的发生概率。设 π_n（$n=1,2,3$）分别为社会资本方、贷款方和政府部门能够接受的最大风险发生概率。只有当自身风险发生概率低于 π_n 时，该部门才会选择参与或支持该项目，即社会资本方（Pr_1）、贷款方（Pr_2）和政府部门（财政超支：Pr_3；社会福利损害：Pr_4）的风险发生概率需分别满足

$$Pr_1 = Pr[NPV(i_{ex})<0] \leqslant \pi_1 \qquad (5\text{-}23)$$

$$Pr_2 = Pr[LLCR(i_{ex})<1.2] \leqslant \pi_2 \qquad (5\text{-}24)$$

$$Pr_3 = Pr[NGP(i_{ex})>\gamma] \leqslant \pi_3 \qquad (5\text{-}25)$$

$$Pr_4 = Pr[NPV(i_{ex})>\psi] \leqslant \pi_3 \qquad (5\text{-}26)$$

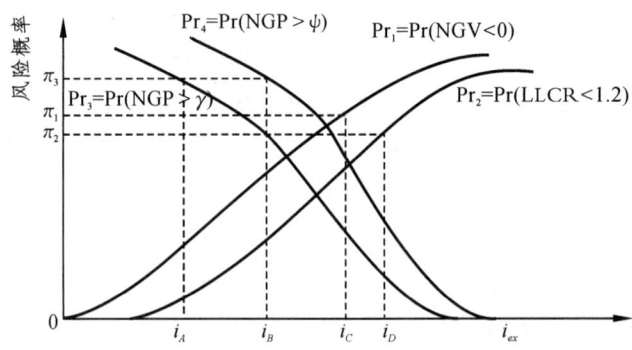

图 5-4　期望利率取值对 4 种风险发生概率的影响

通常认为政府部门的风险承受能力强于社会资本方和贷款方[173]。由此设定各方能接受的最大风险发生概率的关系：$\pi_3 > \pi_1 > \pi_2$。为了保证政府部门的财政超支风险发生概率 Pr_3 不超过 π_3，期望利率取值应有 $i_{ex} \geqslant i_A$；社会资本方风险发生概率 Pr_1 不超过 π_1 时，期望利率满足 $i_{ex} \leqslant i_C$；类似地，当 $i_{ex} \geqslant i_B$ 和 $i_{ex} \leqslant i_D$ 时，分别满足了政府部门的社会福利损害（Pr_4）和贷款机构（Pr_2）的风险概率条件。图中只展示了 $i_A < i_B$ 且 $i_C < i_D$ 的情况，实际生产中同样可能存在 $i_A \geqslant i_B$ 和 $i_C \geqslant i_D$。因此，为了确保提供的利率保障能够使这 3 个部门的风险发生概率均不超过 π_n（$n=1,2,3$），期望利率 i_{ex} 的取值范围

第 5 章　利率风险下高速公路 PPP 项目的利率担保方法

应满足

$$\max\{i_A,i_B\} \leqslant i_{ex} \leqslant \min\{i_C,i_D\}，且有 0 \leqslant \max\{i_A,i_B\} \leqslant \min\{i_C,i_D\} \quad （5\text{-}27）$$

若 $\max\{i_A,i_B\} > \min\{i_C,i_D\}$，则 i_{ex} 没有可行解，此时需要重新进行项目磋商。

在满足式（5-27）取值范围的前提下，通过蒙特卡洛仿真进一步求取期望利率 i_{ex}，应考虑两方面的因素：① 减小风险发生概率；② 实现风险的均衡分配，避免出现牺牲一方利益来换取其他方风险最小的情形。用这 3 个部门的风险发生概率之和反映不同期望利率下风险发生概率的整体变化情况，3 个部门风险发生概率的标准差能够体现出不同主体承担风险的均衡性，标准差越大，说明风险在主体间的分配越不均衡。综上所述，可将期望利率 i_{ex} 的决策方程写作

$$Z = \min\left\{\sum_{i=1}^{4}\Pr_i(i_{ex}) + \sqrt{\frac{\sum_{i=1}^{4}[\Pr_i(i_{ex}) - \overline{\Pr}(i_{ex})]^2}{4}}\right\} \quad （5\text{-}28）$$

$$\text{s.t.} \quad 0 \leqslant Pr_n \leqslant \pi_n \ (n=1,2,3) \text{ 且 } 0 \leqslant Pr_4 \leqslant \pi_3$$

$$\max\{i_A,i_B\} \leqslant i_{ex} \leqslant \min\{i_C,i_D\}$$

$$0 \leqslant \max\{i_A,i_B\} \leqslant \min\{i_C,i_D\}$$

式（5-28）是期望利率 i_{ex} 的目标函数 Z，为了兼顾降低风险和风险分配均衡的要求，以最小化总风险和风险发生概率的标准差之和为目标，避免出现牺牲一方利益使整体风险最小的情况，其中 $\overline{\Pr}(i_{ex})$ 为风险发生概率均值。据此，期望利率 i_{ex} 取值的仿真流程如图 5-5 所示。

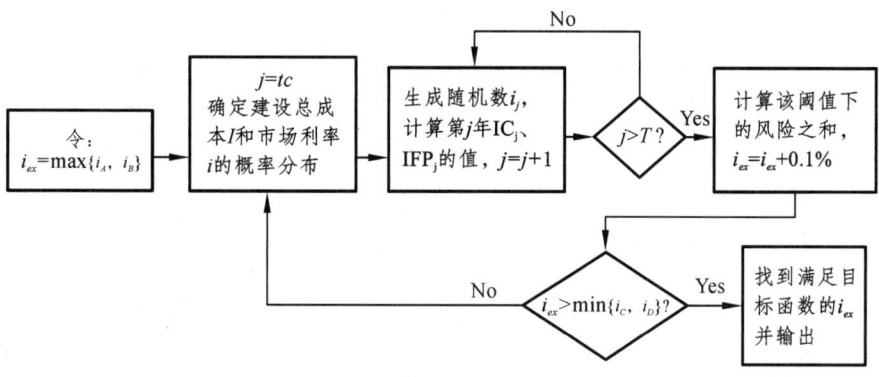

图 5-5　确定期望利率的仿真流程

5.5 案例分析

为了验证方法的可行性，仍以第 3 章提到的案例为基础，分析在利率风险条件下，利率担保对项目的影响。项目从运营期开始时还贷，还贷期 20 年，Vasicek 模型相关参数参照谢赤和吴雄伟（2002）的研究[179]，市场平均利率为 6.4%，利率波动率 σ_i 为 20%，增长率 μ_i 为 1.62%，初始利率服从 $N(6.4\%, 0.64\%)$ 的正态分布。项目约定的最大投资回报率 e_{max} 为 20%。根据 5.4.2.2 节中各方能接受的最大风险发生概率的关系，假设 π_1、π_2 和 π_3 分别为 12%、8%和 15%。

5.5.1 案例仿真计算

项目的主要还款方式有等额本金还款和等额本息还款两种。利用 MATLAB R2015a 对没有利率担保的情况进行蒙特卡洛仿真，仿真次数为 20 000 次。仿真结果如表 5-1 所示，等额本金和等额本息还款方式下社会资本方的风险发生概率分别是 29.17%和 19.31%，贷款方风险的发生概率为 11.31%和 14.42%，均大于风险期望值 12%和 8%，社会资本方缺乏投资动力，贷款方的贷款资金安全难以保障，需要政府提供利率担保；等额本息还款方式下净现值超过最大投资回报的概率也略微高于 15%，社会福利损害风险发生概率较高。

表 5-1　无利率担保时 4 种风险的发生概率情况

风险发生概率	等额本金还款	等额本息还款
社会资本方风险（Pr_1）	29.17%	19.31%
贷款方风险（Pr_2）	11.31%	14.42%
政府部门风险 1：财政超支（Pr_3）	0%	0%
政府部门风险 2：社会福利损害（Pr_4）	6.22%	16.78%
风险发生概率总和（$\sum_{i=1}^{4} Pr_i$）	46.7%	50.51%
风险发生概率的标准差	12.55%	8.65%

第5章 利率风险下高速公路PPP项目的利率担保方法

根据前文的计算方法，按式（5-19）~（5-26）仿真得到表5-2所示的等额本金和等额本息两种还款方式下的期望利率取值范围。根据式（5-27）的原则，等额本金方式下的期望利率取值范围为 $3.9\% \leqslant i_{ex} \leqslant 5.0\%$，同理得到等额本息方式的利率取值范围 $6.6\% \leqslant i_{ex} \leqslant 7.1\%$。

表 5-2 期望利率的取值范围

目标	需满足的条件		期望利率取值范围
等额本金法	$\Pr[NPV(i_{ex}) < 0] \leqslant 12\%$	$i_{ex} \leqslant 5.0\%$	$3.9\% \leqslant i_{ex} \leqslant 5.0\%$
	$\Pr[LLCR(i_{ex}) < 1.2] \leqslant 8\%$	$i_{ex} \leqslant 9.4\%$	
	$\Pr[NPV(i_{ex}) > \psi] \leqslant 15\%$	$i_{ex} \geqslant 3.9\%$	
	$\Pr[NGP(i_{ex}) > \gamma] \leqslant 15\%$	$i_{ex} \geqslant 0$	
等额本息法	$\Pr[NPV(i_{ex}) < 0] \leqslant 12\%$	$i_{ex} \leqslant 7.1\%$	$6.6\% \leqslant i_{ex} \leqslant 7.1\%$
	$\Pr[LLCR(i_{ex}) < 1.2] \leqslant 8\%$	$i_{ex} \leqslant 7.5\%$	
	$\Pr[NPV(i_{ex}) > \psi] \leqslant 15\%$	$i_{ex} \geqslant 6.6\%$	
	$\Pr[NGP(i_{ex}) > \gamma] \leqslant 15\%$	$i_{ex} \geqslant 0$	

等额本金和等额本息法分别在 $3.9\% \leqslant i_{ex} \leqslant 5.0\%$ 和 $6.6\% \leqslant i_{ex} \leqslant 7.1\%$ 的取值范围内，以式（5-28）为目标函数，通过图5-5的仿真流程，分别仿真这两种还款方式下，期望利率 i_{ex} 的变化对4个部门风险发生概率的影响，具体如图5-6和图5-7所示。随着期望利率 i_{ex} 的增大，触发利率补偿的概率减小，而债务成本节省共享的概率增大，政府净支出减少，政府部门（Pr_3、Pr_4）的风险降低，同时社会资本亏损风险（Pr_1）和贷款方风险（Pr_2）增加。在等额本金还款方式下，当总风险为22.01%，标准差为4.86%时符合目标函数最小化要求，此时期望利率 $i_{ex}=4.5\%$；而在等额本息还款方式下，期望利率 $i_{ex}=6.7\%$ 时能满足目标函数最小的要求。

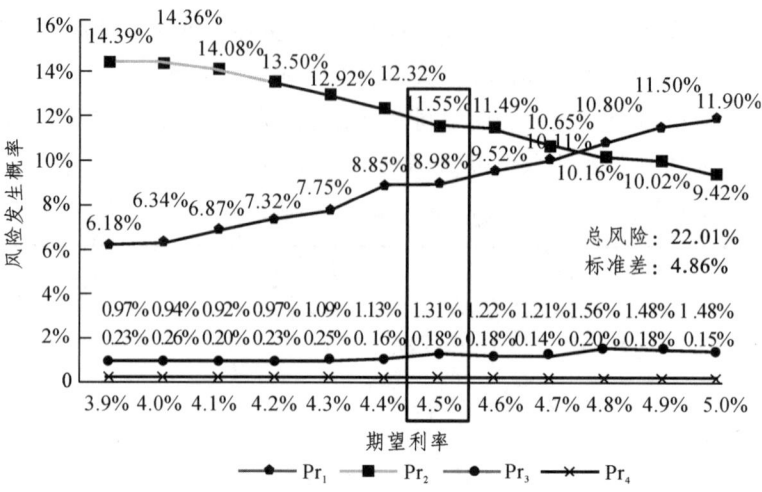

图 5-6　等额本金方式下期望利率对 3 个部门风险发生概率的影响

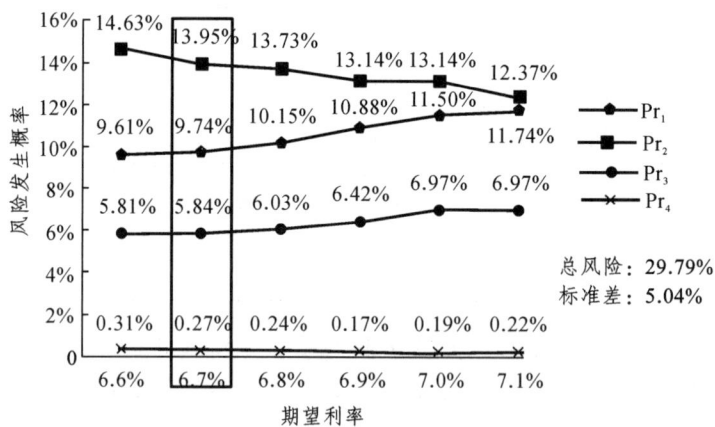

图 5-7　等额本息方式下期望利率对 3 个部门风险发生概率的影响

5.5.2　仿真结果讨论

5.5.2.1　等额本金还款法

在等额本金还款方式下，以期望利率 i_{ex}=4.5%提供利率担保与无担保时的净现值概率分布如图 5-8 所示。结合图 5-6 可以看出，实施利率担保后：① $Pr_1 = Pr[NPV(i_{ex}) < 0]$ 由 29.17%下降为 8.98%，社会资本方亏损风险明显减小，净现值的标准差降低了 30.93%，项目的投资回报不确定性显著降低，社会资本方有投资动力；② $Pr_2 = Pr[LLCR(i_{ex}) < 1.2]$ 从 11.31%降为 1.31%，

项目收入不能覆盖债务的概率显著降低，贷款资金的安全性更高，贷款方风险降低，有助于项目的债务融资。图 5-9 展示了利率担保下政府净支出的概率分布情况，政府净支出均值为 327.17 百万元，提供利率担保后，虽然 $Pr_4 = Pr[NPV(i_{ex}) > \psi]$ 由原来的 6.22%增加为 11.55%，但仍在风险承受范围 15%以内，且超财政预算的概率仅为 0.18%，利率担保在政府实施的能力范围内。就整体而言，总风险从无利率担保时的 46.70%下降到 22.01%，风险概率分配的标准差从 12.55%减少到 4.86%，项目总风险显著减少，风险分配更均衡。

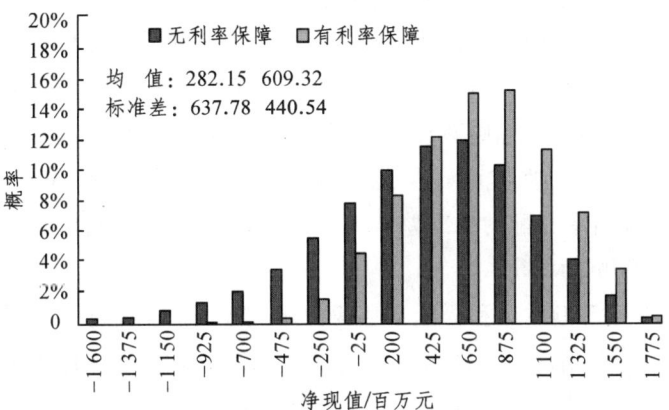

图 5-8 等额本金下提供利率担保前后净现值概率分布

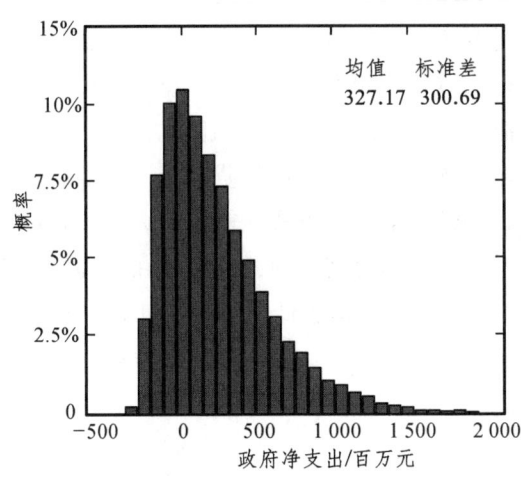

图 5-9 等额本金下政府净支出的概率分布

5.5.2.2　等额本息还款法

按照期望利率 i_{ex}=6.7%提供利率担保前后的净现值概率分布如图 5-10 所示，结合图 5-7 可以看出，实施利率担保后：① $Pr_1 = Pr[NPV(i_{ex}) < 0]$ 由 19.31%下降为 9.74%，社会资本方亏损风险明显减小，净现值的标准差降低了 32.23%，项目的投资回报不确定性显著降低，社会资本方有投资动力；② $Pr_2 = Pr[LLCR(i_{ex}) < 1.2]$ 从 14.42%降为 5.84%，项目收入不能覆盖债务的概率显著降低，贷款资金的安全性更高，贷款方风险降低，有助于项目的债权融资；③ $Pr_4 = Pr[NPV(i_{ex}) > \psi]$ 由原来的 16.78%下降为 13.95%，且在风险承受范围 15%以内，项目获得超额收益的概率降低，公共利益得到了保障。图 5-11 展示了利率担保下政府净支出的概率分布情况，政府净支出均值为 108.96 百万元，超财政预算的概率仅为 0.27%，利率担保在政府实施的能力范围内。就整体而言，总风险从无利率担保时的 50.51%下降到 29.79%，风险概率分配的标准差从 8.65%减少到 5.04%，项目总风险显著减少，风险分配更为均衡。

图 5-12 是等额本金和等额本息两种还款方式下，政府提供利率担保的净支出概率分布情况。从图中可以看出，等额本金下政府的净支出明显高于等额本息下的净支出。这是由于等额本金还款方式下的期望利率小于等额本息的期望利率，因而在等额本金方式下，市场利率高于期望利率的概率更高，政府提供利率补偿的概率也更高，净支出金额也相应增加。从两种还款方式的特征来看，等额本金方式下，每年的还款金额是一定的，利息根据未还款金额逐渐减少；而等额本息还款方式下每年的还款金额固定，也就是说等额本金还款方式前期偿还的贷款更多，随后逐年减少。若考虑资金的时间价值，等额本金还款方式在前期的大量还款折现到基年时具有更高的价值，即其债务成本更高。因此，即使在不提供利率担保时，采用等额本金方式还款的项目净现值也低于等额本息还款方式。

第 5 章 利率风险下高速公路 PPP 项目的利率担保方法

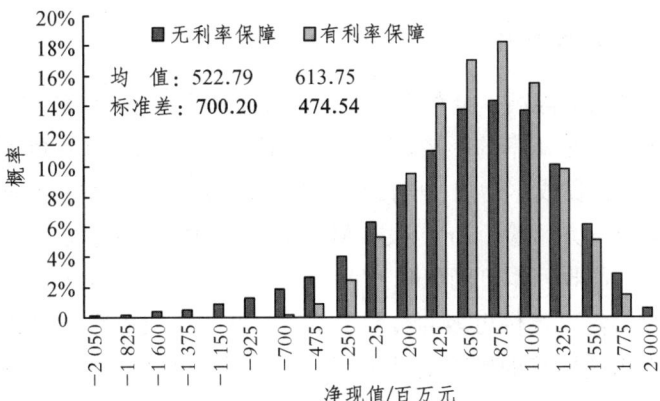

图 5-10 等额本息下提供利率担保前后净现值概率分布

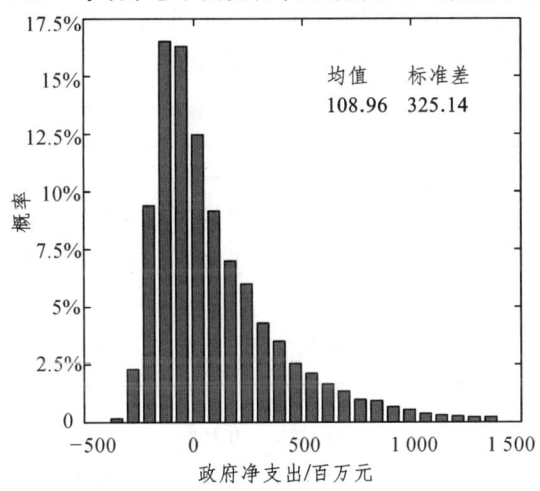

图 5-11 等额本息下政府净支出的概率分布

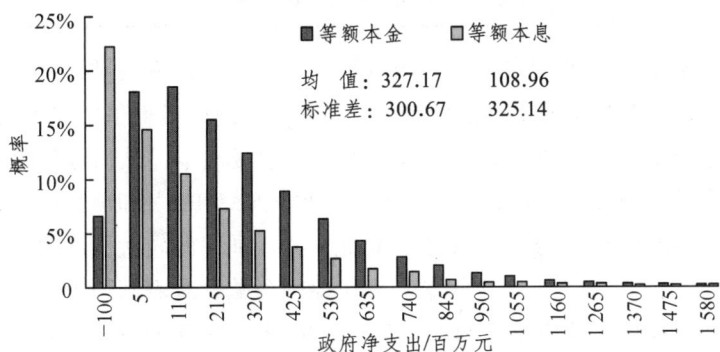

图 5-12 等额本金和等额本息下利率担保的政府净支出

5.5.3 敏感度分析

表 5-3 呈现了等额本金和等额本息两种还款方式下,利率 i 的增长率 μ_i 对各部门风险发生概率的影响。当利率 i 的增长率增大,市场利率的增长幅度增大,债务融资成本增加,项目净现值减少,损害社会福利的概率（$\Pr_4$）降低,社会资本方风险（$\Pr_1$）发生概率增加,即社会资本方亏损的风险增大,贷款方不能收回本息的风险（$\Pr_2$）也上升。此时,为了缓解利率增长的影响,政府需要提供更多的金额用于利率补偿,政府净支出增加,从而导致政府支出超预算的风险上升（$\Pr_3$）。可以看出当利率增长率变化时,无论还款方式是等额本金还是等额本息,其变化规律均相同,但等额本息还款方式下,风险发生概率对利率增长率的变化更为敏感,也就是说等额本息还款方式相对等额本金方式而言,受利率增长率变化的影响更大。

表 5-3　各部门风险发生概率对利率增长率 μ_i 变化的敏感度

利率增长率 μ_i 变化的幅度		-50%	-25%	0	+25%	+50%
社会资本方风险 $\Pr_1$	等额本金	8.07%	8.88%	8.98%	9.08%	9.89%
	等额本息	8.65%	9.20%	9.74%	10.29%	10.83%
贷款方风险 $\Pr_2$	等额本金	0.86%	1.03%	1.31%	1.59%	1.76%
	等额本息	4.78%	5.31%	5.84%	6.37%	6.90%
政府部门风险 $\Pr_3$	等额本金	0.11%	0.16%	0.18%	0.20%	0.25%
	等额本息	0.11%	0.19%	0.27%	0.35%	0.43%
$\Pr_4$	等额本金	12.46%	12.02%	11.55%	11.08%	10.64%
	等额本息	14.99%	13.43%	13.95%	13.43%	12.91%

表 5-4 是利率波动率 σ_i 变化时各部门风险发生概率的敏感度。利率波动率越大,代表利率的不确定性越大,利率取过高或过低值的概率也越大。这就使在贷款期内极易出现较高或较低债务融资成本,从而导致项目净现值过高或过低的概率增加,社会资本方亏损风险（$\Pr_1$）和项目收入过高损害社会福利的风险（$\Pr_4$）均增加；与此同时,利率的较大波动也将导致贷款方风险（$\Pr_2$）增大,为了缓解利率风险的影响,政府部门需要支出的利率担保金额增加,政府支出超财政预算的风险（$\Pr_3$）也增大。可以看出,利率波动率的增大将导致社会资本方、贷款方、政府部门三方的风险发生

概率同时增加，因此，政府在制定宏观经济政策时，尽可能地保证利率的平稳将有助于项目利率风险的降低。在等额本金和等额本息两种还款方式下，等额本息方式依然受利率波动率变化影响更大，故而在利率变化较大的阶段不适宜采用等额本息还款方式，这容易引起项目较大的不确定性。

表 5-4 各部门风险发生概率对利率波动率变化的敏感度

利率波动率 σ_i 变化幅度		-50%	-25%	0	+25%	+50%
社会资本方风险 Pr_1	等额本金	8.88%	8.90%	8.98%	9.06%	9.08%
	等额本息	9.58%	9.66%	9.74%	9.82%	9.90%
贷款方风险 Pr_2	等额本金	0.09%	0.46%	1.31%	2.16%	2.53%
	等额本息	3.33%	4.59%	5.84%	7.10%	8.35%
政府部门风险 Pr_3	等额本金	0.00%	0.01%	0.18%	0.35%	0.52%
	等额本息	0.00%	0.14%	0.27%	0.41%	0.55%
Pr_4	等额本金	10.50%	10.77%	11.55%	12.33%	12.60%
	等额本息	10.78%	12.37%	13.95%	15.54%	17.12%

5.6 本章小结

PPP 项目的建设融资主要通过股权融资和债权融资两种方式进行。高速公路项目的建设金额较大，债权融资普遍存在，且在资本结构中所占比例通常较大，由此产生的债务成本将极大地受到利率变动的影响。若市场利率过高，债务融资成本超预期增加，项目收益减少；若市场利率过低，项目债务成本明显低于预期，项目收益增加。这种市场利率超预期的波动所引发的风险被称为利率风险。为了分析利率风险对债务成本和项目收益的影响，本章将利率描述为一个遵循几何布朗运动的连续时间的随机过程。研究发现，利率超预期的波动会影响项目债务成本的高低，即支出利息的高低，从而影响项目收益。为了缓解利率风险的影响，本章提出了满足社会资本、政府部门和贷款方三方利益的政府利率担保方式，并以减小风险发生概率、均衡分配风险为目标确定利率担保的期望利率，通过对模型进行案例仿真分析确认了该方式的可行性和合理性。

研究结果表明，该方式能够有效降低项目相关各方风险发生概率和风险分配的不均衡性，使风险发生概率在相关部门承受范围内，各方均有参与该项目的动力，保障了项目的顺利运行；利率的波动率将极大地影响社会资本方、贷款方和政府部门的风险发生概率，平稳的利率有助于项目利率风险的降低。就最常见的等额本金和等额本息两种还款方式而言，等额本息还款方式能够在政府净支出相对较少的同时保障项目净现值，从而吸引投资，相较于等额本金还款方式更优。但由于等额本息方式下，项目风险发生概率受利率变动的影响更大，因此对于还款阶段利率变动较大的项目需要综合考虑政府净支出、项目净现值及风险发生概率等因素。

第 6 章
通货膨胀风险下高速公路 PPP 项目的收入调节

高速公路项目具有投资金额较大，投资回收期较长的特征，为了让社会资本方能够收回成本并获得合理收益，其特许运营期通常较长，短则十几年，长则几十年。在较长的运营期内，由于通货膨胀的影响，物价水平也会随之上升，原材料、零部件及管理费用等增加，导致高速公路的运营成本增加，项目收益降低，甚至亏损。由于通货膨胀风险不具有最具控制力的一方，需要政府部门和社会资本方共同承担，所以通货膨胀风险会对高速公路 PPP 项目造成怎样的影响，如何合理分担通货膨胀风险等问题成为 PPP 项目实施中的一大难点。本章从通货膨胀对高速公路 PPP 项目造成的影响出发，通过梳理现有对冲通货膨胀风险的调价方法及其弊端，提出了政府分担通货膨胀风险的方法——收入调节法，并在考虑社会资本方、政府部门和道路使用者三方利益的情况下，构建了 VaR-TOPSIS 多目标决策模型，用于决策收入调节比例和调价阈值的联动组合方案。该研究有利于量化 PPP 项目中的通货膨胀风险，为政府制定通货膨胀风险分担政策提供理论指导。

6.1 通货膨胀概述

通货膨胀与一般物价上涨不同，从经济学上讲，一般物价上涨是指某个或某些商品因为需求大于供给而产生的价格上涨，这种价格上涨是暂时的、局部的、可逆的。而通货膨胀则能使主要商品出现全面的、持续的、不可逆的上涨，导致货币贬值。当一国基础货币的发行量大于经济发展所需的货币量时，通货膨胀便产生了。因此，通货膨胀可定义为信用货币制度中，因市场上的货币流通量大于实际需求量，所引起的货币贬值和物价水平全面且持续上涨的现象。通货膨胀风险则是指由于通货膨胀导致物价水平升高，项目成本增加，但价格上涨幅度低于通货膨胀速度而导致收入增长率低于货币贬值率，最终出现收益损失的风险。

通货膨胀率是用于衡量通货膨胀的强弱程度的重要指标，即物价总水平上升幅度的大小。实际操作中，通常用消费价格指数（CPI）、生产者价格总指数（PPI）、国民生产总值价格折算指数3种价格指数来反映通货膨胀率。

根据通货膨胀的剧烈程度，可分为低通货膨胀、急剧通货膨胀和恶性通货膨胀。低通货膨胀的表现是价格上涨缓慢，物价较为稳定，人们对货币较为信任；当总物价水平出现以每年两位数至三位数的比率上涨时，急剧通胀便产生了，此时货币贬值迅速，物价上涨加快，为了保值，人们会大量购置房产、囤积商品；当通货膨胀率超过100%时，恶性通货膨胀发生，此时货币迅速贬值，物价疯狂上涨，人们对货币不再信任，信用货币制度崩塌，如2018年委内瑞拉的恶性通胀达到1 000 000%，刷新了人类通胀历史，出现纸比钱贵的现象，经济崩塌。

经济学家通常认为温和良善的通货膨胀能够促进社会经济的发展，在经济平稳时期会维持低速缓慢的通货膨胀。当国家财政出现较大赤字或经济进入下行周期时，国家会增加货币发行量，以在一定程度上弥补赤字或刺激经济，此时的通货膨胀程度会较之前大。因此，通货膨胀普遍存在。图6-1是我国近年来通货膨胀率的柱状图，可以看出，2011—2012年的通货膨胀相对较高，达到了6%，之后的通货膨胀基本控制在4%以内，属于温和通货膨胀阶段，但通货膨胀的变化率相对较高，不稳定性较强。

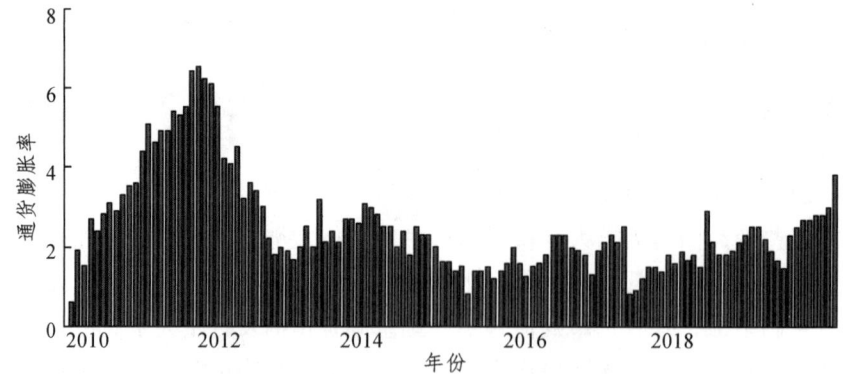

图片来源：国家统计局。

图6-1 我国2010—2019年每月通货膨胀率

6.2 通货膨胀对高速公路项目的影响

6.2.1 一般情况：无通货膨胀

在没有通货膨胀的情况下，且不考虑其他项目风险因素的影响，项目的通行费价格恒定为 P_0，项目的年运营和维护成本随着设备的耗损和车流量的增加而呈现增长趋势，增长率为 α_C，则第 j 年的运维成本 C_j^0 表示为

$$C_j^0 = C_{j-1}^0 \cdot (1+\alpha_C^j) \tag{6-1}$$

第 j 年的运营收入 OR_j^0 和项目净现值可分别表示为：

$$\mathrm{OR}_j^0 = P_0 \cdot Q_j^0 \tag{6-2}$$

$$\mathrm{NPV}_0 = \sum_{j=t_C}^{T} \frac{\mathrm{OR}_j^0 - C_j^0}{(1+r)^j} - \sum_{j=1}^{t_C} \frac{I_j}{(1+r)^j} = \sum_{j=t_C}^{T} \frac{Q_j^0 \cdot P_0 - C_j^0}{(1+r)^j} - I_G \tag{6-3}$$

式中，Q_j^0 表示无通货膨胀情况下，第 j 年的年运营交通量。

6.2.2 考虑通货膨胀的影响

通货膨胀对高速公路 PPP 项目最直接的影响即为引起物价水平上升，原材料、零部件及管理费用等增加，导致运营成本增加[74]。因此，相较于无通货膨胀的情况，通货膨胀下的项目运维成本除了考虑其自身增长因子外，还应考虑通货膨胀对其造成的影响，也就是说，通货膨胀下的运营成本 C_j 由增长率 α_C 和通货膨胀率 f 共同决定。第 j 年的通货膨胀率是第 1 到 j 年的累积。

$$C_j = C_{j-1} \cdot (1+\alpha_C^j) \cdot (1+f_j) = C_j^0 \cdot \prod_{i=1}^{j}(1+f_i) \tag{6-4}$$

在其他条件不变的情况下，没有通货膨胀和有通货膨胀时，由于货币价值的变化，两种情况下相同货币量的项目现金流具有不同的货币购买力，即通货膨胀下，由于货币价值下降，与无通货膨胀时相比，等量货币的货币购买力更低[180]。在研究中，把传统意义上不考虑通货膨胀的现金流称为

实际现金流，用 RCF 表示，把考虑通货膨胀的称为名义现金流量，用 NCF 表示，并存在如式（6-5）的关系。

$$\mathrm{RCF}_j = \frac{\mathrm{NCF}_j}{\prod_{i=1}^{j}(1+f_i)} \quad (6\text{-}5)$$

由于有通货膨胀和没有通货膨胀时，货币价值不同，不能直观地比较分析通货膨胀的影响，如图 6-2 所示，引入了一个以通货膨胀下货币价值来计量的，且与无通货膨胀时的现金流具有相同货币购买力的参照项，该参照项可看作是无通货膨胀时的项目现金流以通货膨胀下的货币价值转换得到的通货膨胀下的名义现金流。后续将以此参照项为基准来对比分析通货膨胀对项目的影响。

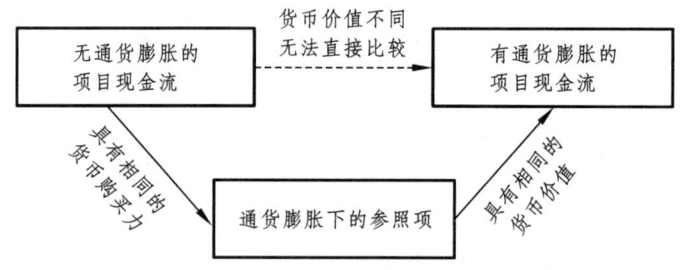

图 6-2　通货膨胀对项目影响比较方法示意图

设每年以通货膨胀率进行调价的通行费价格为 P_j^f，则有

$$P_j^f = P_{j-1}^f \cdot (1+f_j) = P_0 \cdot \prod_{i=1}^{j}(1+f_i) \quad (6\text{-}6)$$

当通货膨胀发生时，物价上升，人们购买物品与劳务的支出增加，同时通过劳务所获得的收入也增加，当收入的增长与物价水平的升高同步时，通货膨胀对人们的购买力不产生影响[181]。因此，本书假设人们的名义收入与物价上升保持一致，那么若通行费价格完全按照通货膨胀变化，则该价格与不考虑通货膨胀时的恒定价格一样，可视为对交通量不产生影响。即每年按通货膨胀率调价时的交通量 Q_j^f 有 $Q_j^f = Q_j^0$。此时，第 j 年的项目运营收入 R_j^f 可表示为

$$R_j^f = P_j^f \cdot Q_j^f = P_0 \cdot \prod_{i=1}^{j}(1+f_i) \cdot Q_j^0 = R_j^0 \cdot \prod_{i=1}^{j}(1+f_i) \quad (6\text{-}7)$$

第 6 章 通货膨胀风险下高速公路 PPP 项目的收入调节

根据式（6-5）和式（6-7），我们可以将 R_j^f 看作 R_j^0 的名义现金流，他们具有相同的货币购买力，只是货币价值不同，导致了表示它们的货币量不同。

由于货币是中性的，无论以实际现金流 RCF 还是名义现金流 NCF 计算项目净现值并贴现到基期，其净现值都相同[181]，即

$$\mathrm{NPV} = \sum_{j=t_C}^{T} \frac{\mathrm{RCF}_j}{(1+r)^j} = \sum_{j=t_C}^{T} \frac{\mathrm{RCF}_j \cdot \prod_{i=1}^{j}(1+f_j)}{(1+r)^j \cdot \prod_{i=1}^{j}(1+f_j)} = \sum_{j=t_C}^{T} \frac{\mathrm{NCF}_j}{(1+r)^j \cdot \prod_{i=1}^{j}(1+f_j)} \quad （6\text{-}8）$$

通货膨胀下，每年按通货膨胀率调价的项目，其现金流属于名义现金流，净现值表示为：

$$\begin{aligned}
\mathrm{NPV}_f &= \sum_{j=t_C}^{T} \frac{\mathrm{NCF}_j}{(1+r)^j \cdot \prod_{i=1}^{j}(1+f_j)} \\
&= \sum_{j=t_C}^{T} \frac{R_j^f - C_j}{(1+r)^j \cdot \prod_{i=1}^{j}(1+f_j)} - I_G \\
&= \sum_{j=t_C}^{T} \frac{R_j^0 \cdot \prod_{i=1}^{j}(1+f_j) - C_j^0 \cdot \prod_{i=1}^{j}(1+f_j)}{(1+r)^j \cdot \prod_{i=1}^{j}(1+f_j)} - I_G \\
&= \mathrm{NPV}_0
\end{aligned} \quad （6\text{-}9）$$

可以看出，在其他条件不变时，通货膨胀下，每年以通货膨胀率进行调价与没有通货膨胀时的项目净现值相等，且这两者每年的收入具有相同的货币购买力。因此，该方式与无通货膨胀下的项目情况具有等价关系，可以作为参照项来比较通货膨胀对项目的影响。

现在以参照项为基准，进一步来探究通货膨胀对项目产生的影响。若通货膨胀下，项目不进行调价，与无通货膨胀时相同，通行费价格恒定设置为 P_0，那么在通货膨胀下，与不使交通量发生变化的基准价格 P_j^f 相比，该恒定价格相当于降价。考虑价格变动对交通量的影响时，需要引入需求价格弹性系数 E_d，表示价格每变化 1%时所引起的需求量变化的百分比，

对于高速公路的需求价格弹性而言，该值通常为负数，则其绝对值如式（6-10）所示[123]。

$$|E_d| = -\frac{\Delta Q}{\Delta P} \cdot \frac{P}{Q} = -\frac{\Delta Q}{Q} \cdot \frac{P}{\Delta P} \tag{6-10}$$

由此可推导出，通货膨胀下考虑价格调整影响的交通量表达式。

$$Q_j = Q_j^f + \Delta Q = \left(1 + \frac{\Delta Q}{Q_j^f}\right) \cdot Q_j^f = \left(1 - |E_d| \cdot \frac{\Delta P}{P_j^f}\right) \cdot Q_j^f \tag{6-11}$$

可进一步写成

$$Q_j = \left(1 - |E_d| \cdot \frac{P_0 - P_j^f}{P_j^f}\right) \cdot Q_j^0 = \left(1 - |E_d| \cdot \frac{1 - \prod_{i=1}^{j}(1+f_j)}{\prod_{i=1}^{j}(1+f_j)}\right) \cdot Q_j^0 \tag{6-12}$$

令 $v_j = \prod_{i=1}^{j}(1+f_j)$，则

$$Q_j = \left(1 - |E_d| \cdot \frac{1 - v_j}{v_j}\right) \cdot Q_j^0 \tag{6-13}$$

那么，与参照项相比，通货膨胀下通行费价格恒为 P_0 时的交通变化量为

$$\Delta Q = Q_j - Q_j^f = Q_j^0 \cdot \left(|E_d| \cdot \frac{v_j - 1}{v_j}\right) = Q_j^0 \cdot \left[|E_d| \cdot \left(1 - \frac{1}{v_j}\right)\right] \tag{6-14}$$

由于在通货膨胀下，$f_i > 0$，则 $v_j > 1$，那么 $\Delta Q > 0$，说明在通货膨胀下，项目价格恒定为初始通行费价格 P_0 时，$P_0 < P_j^f$，就相当于降价，交通量会有所增加。此时的项目净现值计算为

$$\text{NPV} = \sum_{j=t_c}^{T} \frac{Q_j \cdot P_0 - C_j}{(1+r)^j \cdot v_j} - I_G = \sum_{j=t_c}^{T} \frac{\left(1 - |E_d| \cdot \frac{1-v_j}{v_j}\right) \cdot Q_j^0 \cdot P_0 - C_j^0 \cdot v_j}{(1+r)^j \cdot v_j} - I_G \tag{6-15}$$

与参照项/无通货膨胀时相比，净现值的差额为

$$\Delta \text{NPV} = \text{NPV} - \text{NPV}_f$$

$$= \sum_{j=t_C}^{T} \frac{\left(1-|E_d|\cdot\dfrac{1-v_j}{v_j}\right)\cdot R_j^0 - v_j \cdot R_j^0}{(1+r)^j \cdot v_j}$$

$$= \sum_{j=t_C}^{T} \frac{\left(1-|E_d|\cdot\dfrac{1-v_j}{v_j} - v_j\right)\cdot R_j^0}{(1+r)^j \cdot v_j} \quad (6\text{-}16)$$

$$= \sum_{j=t_C}^{T} \frac{(v_j-1)(|E_d|-v_j)\cdot R_j^0}{(1+r)^j \cdot v_j^2}$$

由于 $v_j > 1$，那么上式的正负由 $|E_d| - v_j$ 决定。

根据微观经济学理论，$|E_d|>1$，表示需求富有价格弹性，需求量变化的百分比大于价格变化的百分比，降价能够使收入提升；反之，$|E_d|<1$ 表示缺乏价格弹性，降价只能降低收入[123]。近年来，学者们对高速公路或收费公路的需求价格弹性进行了探究。Loo（2003）研究发现，中国香港地区的高速（收费）公路的需求价格弹性系数为 $-0.103 \sim -0.291$，而这个数值在美国、英国和澳大利亚分别是 $-0.13 \sim -0.45$，$-0.14 \sim -0.36$，$-0.09 \sim -0.52$，反映了这些地区的高速公路需求缺乏弹性[182]；唐俊忠（2013）的研究也证实了我国高速公路（港澳台除外）的需求价格弹性较小[183]。因此，从高速公路的普遍规律来说，其需求价格缺乏弹性，$|E_d|<1$。

那么，对大多数高速公路项目而言，有 $|E_d|-v_j<0$，则 $\Delta \text{NPV}<0$，说明在通货膨胀下，若项目通行费价格恒定为初始价格不变，项目净现值是减小的，且特许期越长（j 越大），v_j 越大，$|\Delta \text{NPV}|$ 的值越大，则通货膨胀导致的收益损失越严重。高速公路 PPP 项目的特许期通常长达几十年，通货膨胀对其造成的影响较大，若价格恒定为初始通行费价格，则通货膨胀风险完全由社会资本方单独承担，项目收益减少，甚至亏损，将极大地影响社会资本方的投资和运营动力。因此，实际中，为了应对通货膨胀造成的项目收益损失，通常会通过上调通行费价格的方式来缓解。从理论上说，若一个项目具有较大的需求价格弹性，使 $|E_d|-v_j \geq 0$，那么即使在通货膨

胀下，也不需要上调价格，降价反而能获得更多收益，当项目是完全弹性时，$|E_d|=+\infty$，价格越趋近于 0，收入就越趋近于 $+\infty$，但这不符合现实。

6.3 通货膨胀下的项目调价

6.3.1 通货膨胀下的项目调价方法

调价能够在一定程度上缓解通货膨胀造成的项目收益损失，因此，可以根据通货膨胀的情况适当调价。现有的针对通货膨胀的调价方法主要分为不考虑时间间隔的调价、考虑时间间隔的调价，以及在时间间隔的基础上考虑调价延误情况的调价。

6.3.1.1 不考虑时间间隔的调价方法

最早的价格调整模型同时考虑了通货膨胀所造成的成本增加和技术进步所带来的成本节省的影响[69]，将价格调整公式表示为

$$P_j = P_{j-1}(1+f_j-X_j) \tag{6-17}$$

式中，X_j 为第 j 年的效率因素。

后来的研究者认为，为了鼓励企业积极改进技术，节省成本，激发企业的主观能动性，在价格调整时不应该将技术进步所带来的成本节省考虑进去,同时为了着重分析通货膨胀的情况,在调价公式中剔除了效率因素 X。考虑到通货膨胀率每年都在波动，但通行费价格并不能随之频繁调整，从而事先约定了一个调价阈值 η_1。若年通货膨胀率低于 η_1 则不予调价，通货膨胀风险由社会资本方承担；若超过 η_1，则按超出部分进行调价。这种通过考虑通货膨胀率是否超出调价阈值的调价方法称为区间调价法[32, 71]。

$$P_j = \begin{cases} P_{j-1}, & 0 < f_j \leqslant \eta_1 \\ P_{j-1}(1+f_j-\eta_1), & f_j > \eta_1 \end{cases} \tag{6-18}$$

6.3.1.2 考虑时间间隔的调价方法

在高速公路项目中，由于考虑到项目的社会效益，避免社会资本方过度调价，通常不允许政府随意或频繁调价，需要经过公众听证、政府审批

等一系列流程，其调价周期相对较长，像香港海底隧道、广深珠高速、马来西亚南北高速公路等项目的调价均需报政府审批[32]。出于降低调价频率的目的，政府通常会约定调价间隔，设政府允许的调价时间间隔为 ξ，则第 m 次调价的时间 y_m 可表示为

$$y_m = y_{m-1} + \xi \quad (m=1,2,\cdots) \tag{6-19}$$

区间调价法在考虑时间间隔时的表达式为

$$P_j = \begin{cases} P_{m-1}, & y_{m-1} \leqslant j < y_m \\ P_{m-1}, & j = y_m \text{ 且 } 0 < \prod_{i=y_{m-1}+1}^{y_m}(1+f_j) \leqslant \eta_1 \\ P_{m-1}\left[\prod_{i=y_{m-1}+1}^{y_m}(1+f_j) - \eta_1\right], & j = y_m \text{ 且 } \prod_{i=y_{m-1}+1}^{y_m}(1+f_j) > \eta_1 \end{cases} \tag{6-20}$$

除了区间调价方式，实践中，高速公路 PPP 项目在磋商时，通常会约定调价间隔 ξ 下的调价幅度 η_2，这种方式称为定比例调价。如湖北公路大桥 PPP 项目，其价格调整公式可表示为

$$P_j = \begin{cases} P_{j-1}, & y_{m-1} \leqslant j < y_m \\ P_{j-1} \cdot (1+\eta_2), & j = y_m \end{cases} \tag{6-21}$$

与区间调价法不同，定比例调价法的调价幅度是在项目磋商时，通过预估项目特许期间的通货膨胀情况，经过政府部门和社会资本方双方协商所达成的一定比例的调价幅度，一般情况下，在项目运营期间，该调价比例不再变化。

6.3.1.3 考虑调价延误情况的调价方法

在 PPP 项目调价的过程中，可能因为审批流程和时间过长等问题导致不能按照约定时间调价，如印度尼西亚的 Bangkok 高速公路 PPP 项目[72]、福建晋江刺桐大桥项目[76]等均出现了调价延误的问题。若把调价延误的因素考虑进去，则第 m 次调价的时间应在式（6-19）的基础上加入延误时间 D_m，即

$$\tilde{y}_m = \tilde{y}_{m-1} + \xi + D_m \quad (m=1,2,\cdots) \tag{6-22}$$

这种调价延误的风险可以通过几何分布来描述，令 p_d 为项目按时调价的概率，则第 m 次调价在延误了 del_m 年时获得调价成功的概率为[72]

$$P(D_m = del_m) = p_d (1-p_d)^{del_m} \quad (del_m = 0,1,2,\cdots) \quad (6\text{-}23)$$

据此，考虑调价延误时的区间调价和定比例调价公式如下：

$$P_j = \begin{cases} P_{m-1}, & \tilde{y}_{m-1} \leqslant j < \tilde{y}_m \\ P_{m-1}, & j = \tilde{y}_m \text{ 且 } 0 < \prod_{i=\tilde{y}_{m-1}+1}^{\tilde{y}_m} (1+f_j) \leqslant \eta_1 \\ P_{m-1} \left[\prod_{i=\tilde{y}_{m-1}+1}^{\tilde{y}_m} (1+f_j) - \eta_1 \right], & j = \tilde{y}_m \text{ 且 } \prod_{i=\tilde{y}_{m-1}+1}^{\tilde{y}_m} (1+f_j) > \eta_1 \end{cases} \quad (6\text{-}24)$$

$$P_j = \begin{cases} P_{j-1}, & \tilde{y}_{m-1} \leqslant j < \tilde{y}_m \\ P_{j-1} \cdot (1+\eta_2), & j = \tilde{y}_m \end{cases} \quad (6\text{-}25)$$

6.3.2 调价在通货膨胀风险分担上的不足

1. 调价并不能完全覆盖通货膨胀风险

考虑到高速公路具有一定的公益性，因此，为了保障社会福利，调价幅度应在民众的接受程度范围内。同时由于政府调价需要价格听证、政府审批等一系列调价流程，所以调价具有一定的间隔，不能频繁调价。由于调价幅度和调价周期的限制，社会资本方难以将通货膨胀风险通过调价完全转移给道路使用者，所以仅通过调价并不能完全覆盖通货膨胀所造成的损失。

2. 政府部门并未承担通货膨胀风险

通货膨胀下，仅实行调价措施，只能将通货膨胀风险从社会资本方单独承担变为由社会资本方和道路使用者共同承担，而政府部门并未承担通货膨胀风险所造成的损失。根据 6.2 节的分析和证明，高速公路项目的需求普遍缺乏价格弹性，降价时价格减少的百分比大于需求增加的百分比，项目收入减少。显然，区间调价法下的通行费价格明显低于参照项的价格 P^f，则项目收入也会低于参照项，社会资本方仍承担了部分通货膨胀所造成的收入损失，此时的通货膨胀风险承担方为社会资本方和道路使用者。定比例调价方法无法预估通货膨胀的情况，容易出现高估或低估通货膨胀的现象，因而出现收入损失或获得超额收入的状况，通货膨胀风险被部分或全部转移给了道路使用者。

由此可见，通货膨胀下，若不进行调价，通货膨胀风险完全由社会资本方单独承担，若实施调价，则通货膨胀风险由社会资本方和道路使用者共同承担。而政府部门并未分担通货膨胀风险，根据2.1.2节可知，通货膨胀风险由于不具有最具控制力的一方，大多数研究者认为需要政府部门和社会资本方共同承担，但单一的调价并不能解决通货膨胀风险均衡分配的问题。

6.4 政府分担通货膨胀风险的方法：收入调节

在通货膨胀下，为了保障公众利益，防止社会资本方通过过度调价获得超额收入，政府通常会限制调价幅度，使社会资本方仍承受部分通货膨胀风险，而非通过调价将风险完全转嫁给使用者。通货膨胀风险需要政府部门和社会资本方共同承担，因此政府部门应与社会资本方共同分担调价未覆盖部分的通货膨胀风险。据此提出了收入调节方法，政府部门通过补贴项目实际年收入与参照项收入的差额，来分担通货膨胀风险。

6.4.1 收入调节及其期权价值

调价后的项目实际年收入 R_j 受调整后的价格以及交通量的变化量的影响，当实际年收入 R_j 低于参照项 R_j^f 时，说明调价幅度并未完全覆盖通货膨胀风险，造成了项目部分的收入损失，此时政府部门补偿一定比例的通货膨胀所造成的收入损失，称为收入调节。考虑到项目不能频繁调价，在调价间隔期内，通行费价格是不变的，因此，不同于以往的担保方式，本章将项目调价的时间设定为收入调节的实施时间，以此来简化担保流程。那么，结合调价周期，可将收入调节描述为，在调价的 y_m 年年末，若前一个调价周期内的实际收入总和 $\sum_{y_{m-1}+1}^{y_m} R_j$ 小于每年以通货膨胀率调价的收入总和 $\sum_{y_{m-1}+1}^{y_m} R_j^f$，则政府部门需补偿这部分差额的 $\delta\%$（$0 \leq \delta \leq 1$），并将第 j 年的收入调节记为 FTG_j。

$$\mathrm{FTG}_j = \begin{cases} \delta \cdot (\sum_{y_{m-1}+1}^{y_m} R_j^f - \sum_{y_{m-1}+1}^{y_m} R_j), & j = y_m \text{ 且 } \sum_{y_{m-1}+1}^{y_m} R_j < \sum_{y_{m-1}+1}^{y_m} R_j^f \\ 0, & \text{其他} \end{cases} \quad (6\text{-}26)$$

通货膨胀风险存在于整个特许期内，存在时间长，不确定性高，且具有不可逆性。据此，收入调节是在通货膨胀率不确定环境下提出的政府部门分担通货膨胀风险的方法，采用实物期权法评估收入调节的价值能够为决策者对冲通货膨胀风险和投资项目提供理论依据。

在实物期权的评估中，把项目收入作为标的物、收入调节作为衍生物，从而构成一组实物期权，可通过考虑未来通货膨胀对项目收入造成的影响来评估收入调节的期权价值。在通货膨胀下，收入调节对社会资本方而言就是执行价格为 $\sum_{y_{m-1}+1}^{y_m} R_j^f$ 的看跌期权，当实际累计年收入 $\sum_{y_{m-1}+1}^{y_m} R_j$ 低于执行价格 $\sum_{y_{m-1}+1}^{y_m} R_j^f$ 时，政府部门提供一定比例的收入调节来补偿通货膨胀造成的收入损失。根据看跌期权的表达方式，收入调节第 j 年的期权值 FTG_j 可表示为

$$\mathrm{FTG}_j = \max\{0, \delta \cdot (\sum_{y_{m-1}}^{y_m} R_j^f - \sum_{y_{m-1}}^{y_m} R_j)\} \quad j = y_m \quad (6\text{-}27)$$

整个特许期内，收入调节的总期权值 $\mathrm{FTG}_{\mathrm{total}}$ 以折现率 r 折现后如式（6-28）所示。

$$\mathrm{FTG}_{\mathrm{total}} = \sum_{j=t_C}^{T} \frac{\mathrm{FTG}_j}{v_j \cdot (1+r)^j} \quad (6\text{-}28)$$

此时，项目净现值可由项目实际收益现值和收入调节的期权价值表示。

$$\mathrm{NPV} = \sum_{j=t_C}^{T} \frac{Q_j \cdot P_j - C_j}{(1+r) \cdot v_j} + \sum_{j=t_C}^{T} \frac{\mathrm{FTG}_j}{(1+r) \cdot v_j} - I_G \quad (6\text{-}29)$$

6.4.2 收入调节对项目净现值的影响

由于每个调价周期的调价间隔相同，在其他条件不变的情况下，每个完整的调价周期内的项目净现值具有相同的规律。以一个调价周期为例（从第 $m-1$ 次调价的次年，即 $y_{m-1}+1$ 年到第 m 次调价的 y_m 年），若调价后的累

计实际年收入低于参照项 $\sum_{j=y_{m-1}+1}^{y_m} R_j < \sum_{j=y_{m-1}+1}^{y_m} R_j^f$，那么，收入调节的项目净现值为

$$\begin{aligned} \mathrm{NPV}_{y_m} &= \sum_{j=y_{m-1}+1}^{y_m} \frac{Q_j \cdot P_j - C_j + \mathrm{FTG}_j}{(1+r)^j \cdot v_j} + \mathrm{NPV}_{y_{m-1}} \\ &= \sum_{j=y_{m-1}+1}^{y_m} \frac{R_j - C_j + \delta \cdot \left(\sum_{j=y_{m-1}+1}^{y_m} R_j^f - \sum_{j=y_{m-1}+1}^{y_m} R_j \right)}{(1+r)^j \cdot v_j} + \mathrm{NPV}_{y_{m-1}} \end{aligned} \quad (6\text{-}30)$$

而没有收入调节的项目净现值为

$$\mathrm{NPV}'_{y_m} = \sum_{j=y_{m-1}+1}^{y_m} \frac{R_j - C_j}{(1+r)^j \cdot v_j} + \mathrm{NPV}'_{y_{m-1}} \quad (6\text{-}31)$$

在该调价周期内，项目的收益现值的差值为

$$\begin{aligned} \Delta &= \sum_{j=y_{m-1}+1}^{y_m} \frac{R_j - C_j + \delta \cdot \left(\sum_{j=y_{m-1}+1}^{y_m} R_j^f - \sum_{j=y_{m-1}+1}^{y_m} R_j \right)}{(1+r)^j \cdot v_j} - \sum_{j=y_{m-1}+1}^{y_m} \frac{R_j - C_j}{(1+r)^j \cdot v_j} \\ &= \sum_{j=y_{m-1}+1}^{y_m} \frac{\delta \cdot \left(\sum_{j=y_{m-1}+1}^{y_m} R_j^f - \sum_{j=y_{m-1}+1}^{y_m} R_j \right)}{(1+r)^j \cdot v_j} \end{aligned} \quad (6\text{-}32)$$

由于 $0 \leqslant \delta \leqslant 1$，且 $\sum_{j=y_{m-1}+1}^{y_m} R_j < \sum_{j=y_{m-1}+1}^{y_m} R_j^f$，则 $\Delta \geqslant 0$，说明该调价周期内有无收入调节的项目收益现值的差额不小于 0，即有收入调节的项目收益现值不低于没有收入调节的项目收益现值。说明在一个调价周期内，当调价后的项目累计实际收入低于参照项时，政府提供收入调节能够一定程度上增加项目的净现值，即政府通过收入调节分担了部分通货膨胀造成的损失。由于调价周期内 $\sum_{j=y_{m-1}+1}^{y_m} R_j^f - \sum_{j=y_{m-1}+1}^{y_m} R_j$ 的值是确定的，那么收入调节的分担程度由收入调节比例 δ 决定。

6.5 收入调节比例与调价幅度的方案决策

通货膨胀风险下的利益相关者为社会资本方、政府部门和道路使用者，收入调节比例 δ 决定了政府部门和社会资本方分担通货膨胀风险的程度，而调价阈值 η_i（$i=1, 2$）则决定了使用者的分担程度。均衡分配通货膨胀风险需要在综合考虑三方利益的基础上，联动调整收入调节比例 δ 和调价阈值 η_i，最终确定这两个参数的最优组合方案。

6.5.1 项目的利益相关者及其目标

调价阈值 η_i 与收入调节比例 δ 的取值主要涉及社会资本方、政府部门和道路使用者三方的利益。

1. 社会资本方

社会资本方投资、修建、运营项目，通过向使用者收取费用获得收益。项目收益的多少和收益的稳定性是他们最关心的问题。在研究中，通常以考虑资金时间价值的项目净现值 NPV 为依据，衡量项目的经营性。因此，从社会资本方的角度考虑，调价阈值 η_i 与收入调节比例 δ 的取值目标是项目净现值的最大化。

2. 政府部门

政府部门通常是 PPP 项目的发起人和合作者，通货膨胀风险通常被认为是需要政府部门和社会资本方共同承担的，因为该风险不具有一方有利控制者。政府部门通过提供收入调节来分担通货膨胀风险，收入调节的支出涉及政府部门的切身利益，为了减轻自身的财政负担并实现社会福利的最大化，政府部门会期望收入调节上的分担程度尽可能低，以降低自身的财政支出。收入调节的期权值反映了政府分担风险的大小，以最小化收入调节的总期权值 FTG_{total} 为目标。

3. 道路使用者

通货膨胀和调价程度将直接影响道路使用者的使用感受和出行选择，而道路使用者在评估一个项目优劣和选择出行方式时是有限理性的，其心理感知价值取决于自身在项目中的收益与损失，而这种收益与损失的大小来源于实际情况与人们的理想状态的偏差,用以描述这种偏差的值叫作前景值[184]。前景值越大,表示人们在项目中的感知价值越大,反之则感知价值越小。因此,从道路使用者的角度来说,希望决策方案能使其前景值最大化。

据此,社会资本方、政府部门和道路使用者的决策目标用数学式表达为

$$\begin{cases} \max \text{NPV} \\ \min \text{FTG}_{total} \\ \max V_u \end{cases} \qquad (6-33)$$

式中,V_u 表示道路使用者的前景值。

前景理论不同于期望效用理论,通过大量的调查研究,刻画了人们在风险决策时的状态,提出了"有限理性"下的决策行为,解释了期望效用理论所不能解释的现实中的众多行为异象,更加客观清晰地反映了人们在决策时的真实情况。该理论认为,人在选择时并非只关注财富的绝对值而是更加关注财富的变化量,其感知价值取决于内心的理想参照点,且对收益和损失具有不同的敏感性[185]。目前,国内外研究学者已将前景理论广泛应用于出行路径选择[186,187]、项目方案决策[188,189]等领域,并通过实证方法证明了前景理论在评估交通出行行为上的有效性。

前景理论认为,每个行为个体均有其理想参照点,当实际状况劣于参照点时,感知价值为负,认为自己受到了损失;当实际情况优于参照点时,感知价值为正,认为自己获得了收益。就高速公路项目的调价方案而言,假设每个道路使用者都有其理想的出行成本 tc_{ex}(即为前景理论中的参照点),该成本由出行费用和出行时间组成。在通货膨胀下,项目调价方案不仅会影响出行费用,而且还会影响项目交通量,从而影响出行时间。当调价幅度低于通货膨胀率时,相当于降价,交通量增加,导致通行时间增加;反之,当调价幅度高于通货膨胀率时,交通量减少,通行时间降低。道路使用者希望出行成本越低越好,若将当年的实际出行成本 tc_j 与理想的出行成本 tc_{ex} 进行对比,当 $tc_j > tc_{ex}$,感知价值为负,认为自己受到了损失,同理,当 $tc_j < tc_{ex}$,感知价值为正,认为自己获得收益。理想出行成本是以无通货膨胀且价格恒定情况下的出行成本为依据的,通过比较通货膨胀下不同调价方案相对无通胀时的变化情况,评估方案对使用者的影响。理想出

行成本 tc_{ex} 和实际出行成本 tc_j 表达为

$$\text{tc}_j^{ex} = \text{VOT}_0 \cdot t_j^{ex} + P_0 \qquad (6\text{-}34)$$

$$\text{tc}_j = \text{VOT} \cdot t_j + P_j \qquad (6\text{-}35)$$

式中，VOT 表示道路使用者的出行时间价值（Value of Time），出行时间 t 采用 BPR 函数计算。

$$t = t_0\left[1 + 0.15\left(\frac{Q}{Q_C}\right)^4\right] \qquad (6\text{-}36)$$

式中，t_0 为自由流的旅行时间，Q_C 为高速公路项目的实际通行能力。利用上式计算理想出行成本下的出行时间 t_j^{ex} 时，Q 采用 Q_j^0 的数值进行计算，而 t_j 则采用 Q_j。

正如前文所述，由于通货膨胀影响了货币购买力，有无通货膨胀两种情况下，相同货币所代表的价值不同，所以无通货膨胀难以直接与有通货膨胀的情况进行比较，需要借助通货膨胀下每年以通货膨胀率调价的状况作为比较媒介。由于每年以通货膨胀调价时，交通量和出行费用价值均与无通货膨胀时相等，所以该状况下具有与无通货膨胀时相同的出行成本。据此，理想出行成本又可表示为：

$$\text{tc}_j^{ex} = \text{VOT} \cdot t_j^{ex} + P_j^f \qquad (6\text{-}37)$$

如图 6-3 所示，道路使用者的价值函数呈现 S 形，面对损失时是凸函数，表现为风险偏好，面对收益时是凹函数，表现为风险厌恶，相同收益和损失下，使用者往往对损失更加敏感。根据前景理论，可将道路使用者的价值函数表达为

$$g(\text{tc}) = \begin{cases} (\text{tc}_{ex} - \text{tc}_j)^a, & \text{tc}_j \leqslant \text{tc}_{ex} \\ -\vartheta(\text{tc}_j - \text{tc}_{ex})^b, & \text{tc}_j > \text{tc}_{ex} \end{cases} \qquad (6\text{-}38)$$

式中，参数 $0 \leqslant a, b \leqslant 1$ 描述了偏移参考点的敏感程度，$\vartheta > 1$ 为损失厌恶系数，ϑ 的值越大，表示损失厌恶的程度越高。为了表达方便，我们将收益下的价值函数记为 $g^+(\text{tc})$，损失下的价值函数记为 $g^-(\text{tc})$。

由于使用者对收益和损失的感知敏感度不同，因此，这两种情况下的

决策权重需要分别计算，用 $\pi^+(p)$ 表示使用者面对收益时的决策权重，用 $\pi^-(p)$ 表示使用者面对损失时的决策权重。

$$\pi^+(p) = \frac{p^\kappa}{[p^\kappa + (1-p^\kappa)^\kappa]^{1/\kappa}} \quad (6\text{-}39)$$

$$\pi^-(p) = \frac{p^\iota}{[p^\iota + (1-p^\iota)^\iota]^{1/\iota}} \quad (6\text{-}40)$$

式中，p 为结果发生的实际概率，参数 κ, ι 体现了中高概率往往被低估，而小概率容易被高估的事实。根据经验数据，$\kappa = 0.61$，$\iota = 0.69$。

根据式（6-38）~（6-40）得出，最终的前景值 V_u 为

$$V_u = \sum_{j=tc}^{T} \pi_j^+ g_j^+(\text{tc}) + \sum_{j=t_C}^{T} \pi_j^- g_j^-(\text{tc}) \quad (6\text{-}41)$$

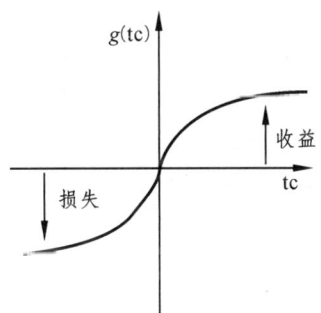

图 6-3　前景理论的价值函数

6.5.2　基于 VaR-TOPSIS 的多目标决策

由式（6-27）可知，当同时考虑社会资本方、政府部门和道路使用者三方利益来决定调价阈值 η_i 与收入调节比例 δ 的方案时，难以直接选取一个最优方案，这是因为这三方的利益相互影响，相互冲突。

TOPSIS 法常用于多指标或多目标方案的排序和选优中，但由于 TOPSIS 法在方案距离计算时的权重属于主观赋权，因而研究者通常利用熵权法对其进行改进，通过分析各指标提供信息的多寡来进行客观赋权。另外，Shapley 值法能够用于分析联盟团体中的利益分配和成本分摊的问题，因而研究者提出了 Shapley-TOPSIS 法，通过联盟成员的利益贡献程度来决

定收入分配比例，从而确定方案选择时的权重。但这些方法并不适用于本章的决策场景，无论是熵权法还是 Shapley 值法均未考虑利益相关方受风险的影响程度，也未考虑其风险承受能力，前者的赋权标准是信息的多寡程度，而后者是合作博弈下的方法。本章中的利益相关方的目标存在冲突，显然不是合作博弈的范畴，故而不符合本章的决策情况。

为了选择符合社会资本方、政府部门和道路使用者三方利益诉求的方案，本章提出了考虑利益相关方受风险影响程度和风险承受能力的 VaR-TOPSIS 模型。在险值 VaR 刻画了一定置信度下由于通货膨胀导致的利益相关方的预期最大损失量，根据承受风险越大，则期望效用越高的原则，分析利益相关方在通货膨胀风险下的最大损失量及其敏感性，对承受风险较大者赋予较高权重，并利用 TOPSIS 法选择最优方案。

6.5.2.1 通货膨胀的风险测度：VaR 法

VaR（Value at Risk）即在险值，是国际上近几年发展起来的用于量化金融或资产投资风险的一种方法[190]。与传统方法不同的是，VaR 法是一种基于统计分析上的风险度量模型。该方法考虑了不同资产间分散化效应，且能够事前计算风险，为计量风险提供了统一标准，故而在金融投资领域广泛应用于风险偏好设定、风险限额管理及绩效评估。Jorion（1997）将 VaR 定义为在一定概率水平下，某一金融资产或资产组合在未来特定的一段时间内的预期最大可能损失[191]。用数学式表示为

$$\text{Prob}(\Delta VS < -\text{VaR}) \leqslant 1-c \tag{6-42}$$

式中，ΔVS 表示资产价值或收益率的变动，c 为置信度。

后来，VaR 也被应用于项目风险控制和风险评估领域，来衡量行为主体对项目净现值、现金流等损失风险的态度，而不仅仅局限于金融系统里的资产价值或收益率。例如，2000 年 Ye 和 Tiong 通过结合 VaR 的分析原理跟基础设施投资项目的特征，提出了 NPV-at-Risk 的方法来评估项目投资中的净现值风险情况[94]。2004 年张金清进一步诠释了 VaR 的内涵，并将其拓展到了风险偏好的量化研究领域。置信度 c 是用概率表示的，因而他认为 $1-c$ 代表了利益相关方心理上能够容忍的损失发生的最大概率，而在险值 VaR 则是从损失价值的角度去描述利益相关方的承受风险的情况，置信

度 c 越大，对于损失高于 VaR 值的担心就越大，风险偏好程度也就越低[190]。

VaR 的计算方法主要有 RiskMetrics 法、历史值模拟法以及蒙特卡洛仿真法[192]。RiskMetrics 法假设风险因子服从正态分布，以此来估计样本的均值和方差，从而确定 VaR 的值，但由于正态分布的假设并非适用于所有情况，该方法的适用性较差。历史值模拟法假定风险因子的变化是不变的，用历史值来预测未来的变化，这种方法过分依赖历史信息，因而对未来极端事件（突发事件）的预测效果很差。蒙特卡洛仿真法极易实现，且可包含风险因子的各种极端情况、时间变化等，因而成为迄今为止最常用的计算 VaR 的方法。基于此，本章选用蒙特卡洛仿真法来求解项目利益相关方的 VaR 值。

为了描述社会资本方、政府部门和道路使用者在通货膨胀风险下自身利益损失情况，即通货膨胀风险的影响程度，采用 VaR 反映在一定置信度下，当这三方单独承担通货膨胀风险时与无通货膨胀时相比的预期最大利益损失。概率 $1-c$ 反映了社会资本方、政府部门和道路使用者心理上能够承受的通货膨胀造成的损失的容忍度。该值应根据各方风险承受能力确定，风险承受能力越强，置信度 c 越低，概率 $1-c$ 越高。表 6-1 是社会资本方、政府部门和道路使用者单独承担通货膨胀风险时的项目措施。

表 6-1 通货膨胀风险下利益相关方单独承担风险的项目措施

项目措施	风险承担方
通行费价格恒为 P_0，收入调节比例 $\delta=0$	社会资本方
通行费价格恒为 P_0，收入调节比例 $\delta=1$	政府部门
通行费价格每年按通货膨胀率调整，收入调节比例 $\delta=0$	道路使用者

根据 6.5.1 节的分析可知，社会资本方、政府部门和道路使用者所关注的利益不同，因此用 VaR 描述这三方因承担通货膨胀风险所导致的最大预期损失时，应分别用不同指标的损失量来刻画。就社会资本方的在险值而言，其 VaR 值表示在特许期内，项目通行费价格不上调，恒为 P_0，且政府分担风险比例 $\delta=0$，即通货膨胀风险完全由社会资本方一方承担时，与无通货膨胀时相比，项目净现值在概率 $1-c_1$ 下的预期最大损失量，被称为社会资本方的在险值，用 VaR_p 表示。VaR_p 反映了一定置信度下，通货膨胀风险对社会资本方造成的利益损失，其值越大，则通货膨胀风险对社会资

本方利益造成的损失越大。

$$\mathrm{VaR}_p = \mathrm{E(NPV_0)} - \mathrm{NPV}_{(1-c_1)} \quad (6\text{-}43)$$

式中，$\mathrm{E(NPV_0)}$ 为无通货膨胀风险时项目净现值的期望，c_1 为社会资本方的置信度，$\mathrm{NPV}_{(1-c_1)}$ 是通货膨胀风险下概率 $1-c_1$ 下项目净现值的分位数，满足

$$\mathrm{Prob}(\mathrm{NPV} \leqslant \mathrm{NPV}_{(1-c_1)}) = \int_{-\infty}^{\mathrm{NPV}_{(1-c_1)}} f(x)\mathrm{d}x = 1-c_1 \quad (6\text{-}44)$$

式中，$f(x)$ 表示通货膨胀风险下项目净现值的概率密度函数。

政府部门的在险值 VaR 用收入调节数值 FTG 来刻画。FTG 是政府为了分担通货膨胀风险而支出的金额。当项目通行费价格不上调，恒为 P_0，通货膨胀风险完全由政府部门一方承担，即 $\delta=1$ 时，与无通货膨胀时相比，在概率 $1-c_2$ 下政府增加的预期最大收入调节支出，被称为政府部门的在险值 VaR_g。其值反映了一定置信度下，政府因分担通货膨胀风险而增加的支出，其值越大，则政府部门支出越高，也就是说通货膨胀风险对政府部门利益造成的损失越大。因此，在 VaR_g 的计算中，$\mathrm{FTG}_{(1-c_2)}$ 应表示概率 $1-c_2$ 的上侧分位数。

$$\mathrm{VaR}_g = \mathrm{FTG}_{(1-c_2)} - \mathrm{E(FTG_0)} \quad (6\text{-}45)$$

$$\mathrm{Prob}(\mathrm{FTG} \geqslant \mathrm{FTG}_{(1-c_2)}) = \int_{\mathrm{FTG}_{(1-c_2)}}^{+\infty} f(x')\mathrm{d}x' = 1-c_2 \quad (6\text{-}46)$$

式中，$\mathrm{E(FTG_0)}$ 是无通货膨胀时政府的收入调节支出的期望，$f(x')$ 是通货膨胀下政府收入调节支出的概率密度函数。

当通行费价格每年按通货膨胀率调整时，虽不对交通量产生影响，但道路使用者通过支付上涨的通行费分担了通货膨胀风险。由于前景值描述的是道路使用者对调价政策的感知价值，而非真实承担通货膨胀风险而造成的损失，所以在分析道路使用者的在险值 VaR_u 时，将采用实际利益损失值，即通行费价格上调而导致的支出的增加量。据此，道路使用者的在险值 VaR_u 可解释为通货膨胀下，当通行费价格按照每年的通货膨胀率上调时，与无通货膨胀时相比，在概率 $1-c_3$ 下道路使用者增加的预期最大总通行费支出 UP。其值反映了一定置信度下，道路使用者因分担通货膨胀风险而增加的通行费支出，其值越大，道路使用者的总支出越高，也就是说通

货膨胀风险对道路使用者利益造成的损失越大。

$$\text{VaR}_u = \text{UP}_{(1-c_3)} - \text{E}(\text{UP}_0) \tag{6-47}$$

$$\text{UP} = \sum_{j=t_C}^{T} \frac{P_j \cdot Q_j}{v_j \cdot (1+r)^j} \tag{6-48}$$

$$\text{Prob}(\text{UP} \geqslant \text{UP}_{(1-c_3)}) = \int_{\text{UP}_{(1-c_3)}}^{+\infty} f(x'') \mathrm{d}x'' = 1 - c_3 \tag{6-49}$$

与式（6-45）相似，c_3 是道路使用者的置信度，式中 $\text{UP}_{(1-c_3)}$ 表示概率 $1-c_3$ 的上侧分位数，满足式（6-49）的关系式，$\text{E}(\text{UP}_0)$ 为无通货膨胀时道路使用者的总通行费支出，$f(x'')$ 是通货膨胀下道路使用者总通行费支出的概率密度函数。

6.5.2.2 最小信息鉴别原理确定权重

通货膨胀风险对利益相关方造成的损失越大，或利益损失量对通货膨胀变化越敏感，则通货膨胀风险对其影响程度越高，因而其期望效用越高，在进行多目标利益决策时应赋予相对较大的权重。本书将通货膨胀风险的影响程度用两个指标来衡量，分别是 VaR 值的大小以及通货膨胀率变化时 VaR 值的变化量 ΔVaR。VaR 值越大，则相同通货膨胀风险下，利益的损失越大；而 ΔVaR 则反映了利益损失对通货膨胀风险的敏感性。

令 $U_1 = \{u_1^1, u_2^1, u_3^1\}$，其中 U_1 为利益相关方 VaR 值的集合，u_j^1（$j=1,2,3$）分别表示社会资本方、政府部门和道路使用者的 VaR 值；令 $U_2 = \{u_1^2, u_2^2, u_3^2\}$，类似的，其中 U_2 为通货膨胀率变化 Δf 时利益相关方 ΔVaR 值的集合，u_j^2（$j=1,2,3$）分别表示社会资本方、政府部门和道路使用者的 ΔVaR 值。

首先，对这两个集合的指标进行归一化处理，求得依据 VaR 值和 ΔVaR 值的权重 w_j^1 和 w_j^2，W_1 和 W_2 为权重集合。

$$W_1 = \{w_1^1, w_2^1, w_3^1\} = \frac{1}{\sum_{j=1}^{3} u_j^1}(u_1^1, u_2^1, u_3^1) \tag{6-50}$$

$$W_2 = \{w_1^2, w_2^2, w_3^2\} = \frac{1}{\sum_{j=1}^{3} u_j^2}(u_1^2, u_2^2, u_3^2) \tag{6-51}$$

为了使组合权重 w' 与权重 w_j^1 和 w_j^2 的距离最小，根据最小鉴别信息原理[193]，引入拉格朗日乘子，构建最小值函数。

$$\min F = \sum_{j=1}^{3} w_j' \left(\ln \frac{w_j'}{w_j^1} \right) + \sum_{j=1}^{3} w_j' \left(\ln \frac{w_j'}{w_j^2} \right) \qquad (6\text{-}52)$$

$$\text{s.t.} \sum_{j=1}^{3} w_j' = 1, \quad w_j' \geq 0 \qquad (6\text{-}53)$$

最后，求得考虑通货膨胀风险影响程度的权重。

$$w_j' = \frac{\sqrt{w_j^1 w_j^2}}{\sum_{j=1}^{3} \sqrt{w_j^1 w_j^2}} \qquad (6\text{-}54)$$

式中，$j=1,2,3$，分别表示社会资本方、政府部门和道路使用者。

6.5.2.3 方案排序

TOPSIS 法是一种基于理想点的多目标决策方法，通过计算方案到正负理想点的距离来对方案进行排序，从而选出最优方案。最早由 Hwang 和 Yoon 于 1981 年提出[194]，其原理是检测有限个方案到最优和最裂解的距离来排序，若方案最靠近最优解同时又最远离最裂解，则视为最优方案。该方法对数据分布及样本量没有严格限制，计算简单明了，因而广泛应用于各领域的多目标决策中。

根据式（6-50）~（6-54），确定了社会资本方、政府部门和道路使用者的决策目标权重后，利用 TOPSIS 法确定最优方案，其步骤如下：

1. 构建决策矩阵

假设调价阈值 η 和收入调节分担比例 δ 的方案集 A 由 m 个可行方案构成，$A_1, A_2, \cdots, A_m$ 表示第 1 到第 m 项可选方案。$x_1, x_2, \cdots, x_n$ 表示方案的评价指标，此处 $n=3$，分别为社会资本方、政府部门和道路使用者的评价指标，即 NPV、FTG 和 V_u，则方案 A_i 的第 j 个评价指标值为 $x_{ij} = A_i(x_j)$（$i=1,2,\cdots,m$，$j=1,2,\cdots,n$）。设 x_j 为 m 个方案第 j 个评价指标值所组成的向量，即 $x_j = x_j(A_i) = [x_j(A_1), x_j(A_2), \cdots, x_j(A_m)]^\text{T}$，第 i 个方案的 n 个评价指标值用向量 $\boldsymbol{x}_i$ 表示为 $x_i = [A_i(x_1), A_i(x_2), \cdots, A_i(x_n)]$。评价矩阵 $\boldsymbol{X}$ 可表达为：

$$X = (x_{ij})_{m \times n} = \begin{array}{c} \\ A_1 \\ A_2 \\ \vdots \\ A_m \end{array} \begin{bmatrix} x_1 & x_2 & \cdots & x_n \\ x_{11} & x_{12} & \cdots & x_{1n} \\ x_{21} & x_{22} & \cdots & x_{2n} \\ \vdots & \vdots & & \vdots \\ x_{m1} & x_{m2} & \cdots & x_{mn} \end{bmatrix} \quad (6\text{-}55)$$

2. 指标属性同向化处理

由于政府的评价指标 FTG 是越小越好，而其余两个指标是越大越好，其评价标准不一致，所以为了后文计算正负理想点时方向一致，现进行指标属性同向化处理，将评价指标 FTG 同向化。

$$x'_{ij} = \max(x_{ij}) - x_{ij}, \quad j = 2 \quad (6\text{-}56)$$

3. 归一化处理

每一行元素除以列向量的范数，称为向量规范化，通过式（6-57）计算。

$$z_{ij} = \frac{x_{ij}}{\sqrt{\sum_{i=1}^{m} x_{ij}^2}} \quad (6\text{-}57)$$

归一化后的标准矩阵为

$$Z = (z_{ij})_{m \times n} = \begin{bmatrix} z_{11} & z_{12} & \cdots & z_{1n} \\ z_{21} & z_{22} & \cdots & z_{2n} \\ \vdots & \vdots & & \vdots \\ z_{m1} & z_{m2} & \cdots & z_{mn} \end{bmatrix} \quad (6\text{-}58)$$

4. 确定最优方案和最劣方案

最优方案 Z^+ 和最劣方案 Z^- 分别由每列元素的最大和最小值构成。

$$Z^+ = \{Z_1^+, Z_2^+, \cdots, Z_n^+\} = \{\max_i(z_{ij}) \mid i \in [1,m]; j \in [1,n]\} \quad (6\text{-}59)$$

$$Z^- = \{Z_1^-, Z_2^-, \cdots, Z_n^-\} = \{\min_i(z_{ij}) \mid i \in [1,m]; j \in [1,n]\} \quad (6\text{-}60)$$

5. 计算各方案与正负理想解的距离

$$D_i^+ = \sqrt{\sum_{j=1}^{n} w'_j (z_{ij} - Z_i^+)^2} \quad (6\text{-}61)$$

$$D_i^- = \sqrt{\sum_{j=1}^{n} w_j'(z_{ij} - Z_i^-)^2} \qquad (6\text{-}62)$$

6. 计算各方案与正负理想解的贴近程度

$$C_i = \frac{D_i^-}{D_i^+ + D_i^-} \qquad (6\text{-}63)$$

式中，$0 \leqslant C_i \leqslant 1$，其值越接近于 1，说明方案越优。

6.5.2.4 收入调节比例与调价幅度的决策流程

根据前文所述，将通货膨胀下高速公路 PPP 项目收入调节比例与调价幅度的决策流程总结如下：

（1）首先确定社会资本方、政府部门和道路使用者的决策目标。本书将其目标设定为净现值最大、收入调节支出最小以及前景值最大。

（2）利用蒙特卡洛仿真计算社会资本方、政府部门和道路使用者的在险值 VaR，并在此基础上依据最小信息鉴别原理确定各利益相关方的权重。

（3）构建收入调节比例和调价幅度的联合调整方案，并计算各方案下的项目净现值、收入调节支出以及道路使用者的前景值，形成初步的决策方案备选集合。

（4）利用基于最小信息鉴别原理的 VaR-TOPSIS 法对上述备选方案进行排序，选择最符合项目多目标决策的方案。

（5）所选出的最优决策方案可在项目实施过程中，通过结合新出现的情况进行调整和方案重排。

6.6 案例分析与方法应用

为了分析通货膨胀对项目的影响，仍以第 3 章所描述的案例为背景，结合本章所需的变量情况进行分析计算。假设每年的通货膨胀率服从正态分布，均值为 3%，标准差为 0.6%[32]，项目的价格需求弹性系数 E_d 为 -0.52[182]。

6.6.1 通货膨胀对项目的影响

无通货膨胀时的项目净现值均值为 205.69 百万元，当受到通货膨胀影响，通行费价格仍为 P_0 时的净现值均值为-764.87 百万元，其净现值的概率分布如图 6-4 所示。从图中可以看出，通货膨胀下，若项目的通行费价格恒定为 P_0 时，其净现值明显低于无通货膨胀的情况，说明通货膨胀对项目收益造成了影响。调整特许期的长度后发现（见表 6-2），特许期越长，与无通货膨胀时相比，受通货膨胀影响的项目净现值差值越大，即项目的收益损失越严重。案例仿真所得出的结论与 6.2 节中数学推导所得结论相同，印证了前文所得出的通货膨胀对项目影响的结论。

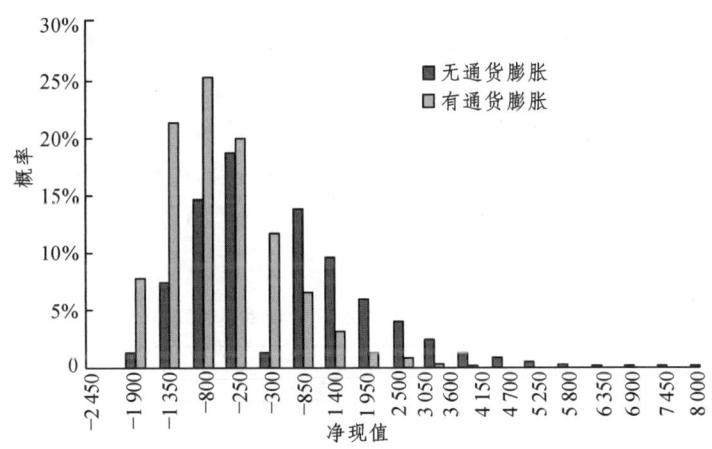

图 6-4 有无通货膨胀时的净现值概率分布

表 6-2 通货膨胀下特许期长短对项目收益损失的影响

特许期	18	23	28	33	38	43
无通胀的 NPV	-1 728.30	-965.99	-337.44	205.69	647.98	1 006.04
有通胀的 NPV	-2 012.48	-1 470.14	-1 071.67	-764.88	-544.73	-390.01
净现值差值	284.18	504.14	734.23	970.57	1 192.71	1 396.05

6.6.2 收入调节比例与调价的方案决策

本书采用蒙特卡洛仿真法确定在险值 VaR，仿真次数为 20 000 次，得到社会资本方、政府部门和道路使用者单独承担通货膨胀风险时的项目净

现值 $\{NPV_1, NPV_2, NPV_3, \cdots, NPV_{19\,998}, NPV_{19\,999}, NPV_{20\,000}\}$、政府收入调节支出 $\{FTG_1, FTG_2, FTG_3, \cdots, FTG_{19\,998}, FTG_{19\,999}, FTG_{20\,000}\}$ 和使用者通行费总支出 $\{UP_1, UP_2, UP_3, \cdots, UP_{19\,998}, UP_{19\,999}, UP_{20\,000}\}$，并对仿真得到的 20 000 个 NPV、FTG 和 UP 进行从小到大排序。根据利益相关方承受风险的能力，将置信度设置为 $c_1=95\%$、$c_2=90\%$，$c_3=97\%$，分别找到其分位数 $NPV_{(1-c_1)}$、$FTG_{(1-c_2)}$ 以及 $UP_{(1-c_3)}$。根据式（6-37）~（6-48）计算得到社会资本方、政府部门和道路使用者的权重分别为 $w_1'=0.23$，$w_2'=0.33$，$w_3'=0.44$。

VOT 的初始值为 2 元/min[195]，其值根据通货膨胀率上涨。由可研报告可知，该高速公路的自由流旅行时间为 102 min，道路通行能力为 130 656 辆/d，项目的调价周期为 5 年。根据研究数据，$a=b=0.88$，$\vartheta=2.25$[188]。政府的收入调节比例 δ 的取值考虑为 $\{10\%, 30\%, 50\%, 70\%, 90\%\}$，调价方式分别考虑式（6-20）的区间调价法和式（6-21）的定比例调价法。因为这两种方法有调价间隔，更符合实际情况。根据这两种调价的特征，将调价阈值取值分别设定为 $\eta_1 \in \{5\%, 10\%, 15\%, 20\%\}$，$\eta_2 \in \{11\%, 13\%, 15\%, 17\%\}$，将政府收入调节比例与调价阈值进行组合，分别得到 20 个决策方案，如表 6-3 和表 6-4 所示。

表 6-3 区间调价下的不同方案对应的目标值

序号	方案（η_1/δ）	NPV	FTG	V_u
1	5%/10%	−147.50	36.99	334.64
2	10%/10%	−389.05	63.95	502.83
3	15%/10%	−625.59	91.68	643.19
4	20%/10%	−864.72	119.07	761.76
5	5%/30%	−62.14	111.44	334.75
6	10%/30%	−248.64	192.46	502.71
7	15%/30%	−443.02	275.03	642.86
8	20%/30%	−629.51	356.61	761.83
9	5%/50%	−7.49	184.52	334.66
10	10%/50%	−113.80	321.24	502.80
11	15%/50%	−248.29	460.05	642.97
12	20%/50%	−401.73	591.83	761.84

续表

序号	方案(η_1/δ)	NPV	FTG	V_u
13	5%/70%	88.59	260.08	334.78
14	10%/70%	−8.12	446.63	502.72
15	15%/70%	−80.40	640.67	642.94
16	20%/70%	−165.15	828.35	761.70
17	**5%/90%**	**156.24**	**333.60**	**334.78**
18	10%/90%	131.00	576.27	502.63
19	15%/90%	119.16	828.35	643.10
20	20%/90%	77.34	1 067.25	761.76

表 6-4　定比例调价下不同方案对应的目标值

序号	方案(η_2/δ)	NPV	FTG	V_u
1	11%/10%	−117.01	36.85	331.40
2	13%/10%	−44.19	26.33	253.22
3	15%/10%	59.61	16.62	160.12
4	17%/10%	125.41	7.67	68.87
5	11%/30%	−59.69	109.98	331.56
6	13%/30%	9.62	78.94	253.10
7	15%/30%	75.55	49.70	160.18
8	17%/30%	149.25	23.06	68.54
9	11%/50%	22.65	183.94	331.78
10	13%/50%	62.44	131.92	253.31
11	15%/50%	124.89	82.86	160.45
12	17%/50%	160.14	38.29	68.96
13	11%/70%	98.71	257.60	331.63
14	**13%/70%**	**124.95**	**184.96**	**253.03**
15	15%/70%	140.74	116.06	160.28

续表

序号	方案（η_2/δ）	NPV	FTG	V_u
16	17%/70%	165.34	53.66	68.27
17	11%/90%	166.82	330.83	331.84
18	13%/90%	170.51	237.39	253.09
19	15%/90%	170.39	148.92	160.88
20	17%/90%	186.06	68.70	68.06

根据式（6-55）~（6-63）计算得到区间调价下最优决策方案为方案17，即调价阈值 $\eta_1=5\%$，$\delta=90\%$，其贴近度 $C_{17}=0.742$。该决策方案下的项目净现值与价格恒为 P_0 时的净现值概率分布如图 6-5 所示，可以看出，与不调价时相比，项目净现值明显增加，社会资本方的亏损概率降低。图 6-6 和图 6-7 分别是政府收入调节和使用者前景值的概率分布情况，政府收入调节的均值为 333.60 百万元，是政府分担通货膨胀风险的支出。该方案下，道路使用者的前景值始终为正，且概率分布较为集中，说明道路使用者的感知价值为正，认为自己在该方案下获得了收益，由于标准差较低，说明这种获得收益的感知价值较为稳定。

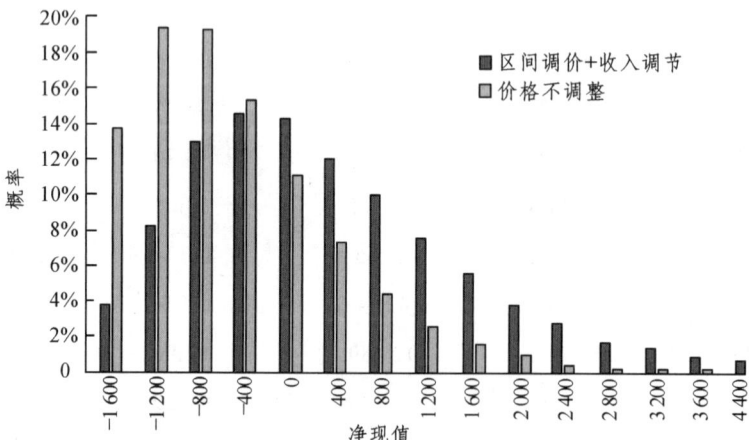

图 6-5　区间调价决策方案与不采取任何措施时的净现值概率分布

第6章 通货膨胀风险下高速公路PPP项目的收入调节

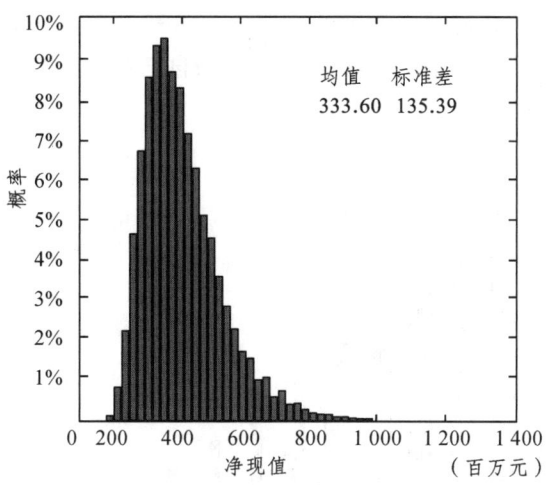

图 6-6 政府收入调节支出的概率分布

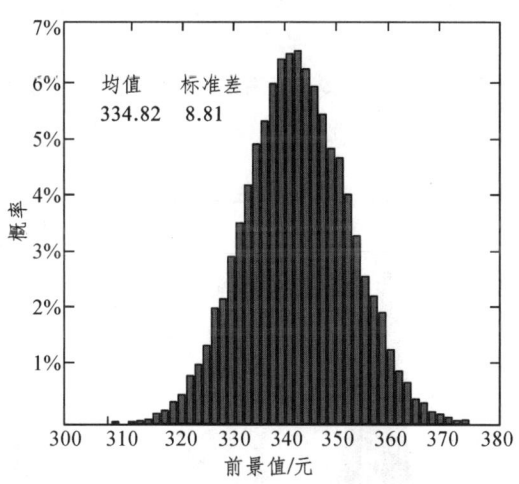

图 6-7 使用者前景值概率分布

根据式（6-55）~式（6-63）计算得到定比例调价下最优决策方案为方案 14，即调价阈值（比例）$\eta_2 = 13\%$，$\delta = 70\%$，其贴近度 $C_{14} = 0.678$。该决策方案下的项目净现值与价格恒为 P_0 时的净现值概率分布如图 6-8 所示，与不调价时相比，项目净现值均值增加到 124.95 百万元，有效降低了社会资本方的亏损概率。图 6-9 和图 6-10 分别是政府收入调节和使用者前景值的概率分布情况，政府收入调节的均值为 184.96 百万元，道路使用者的感知价值为正，前景值均值为 253.63 元，认为自己在该方案下获得了收益。

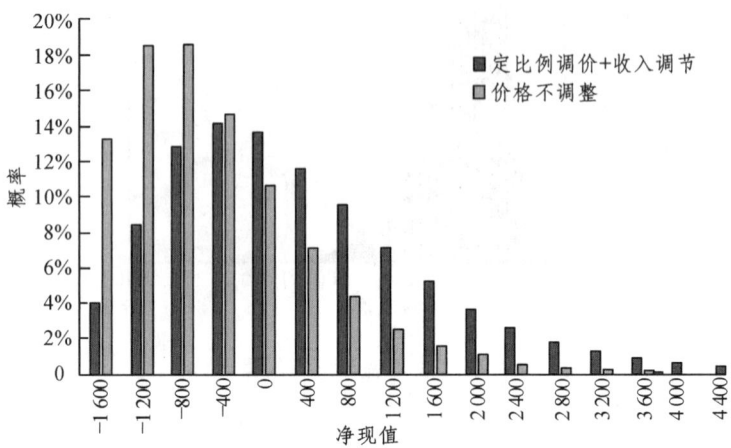

图 6-8　定比例调价决策方案与不采取任何措施时的净现值概率分布

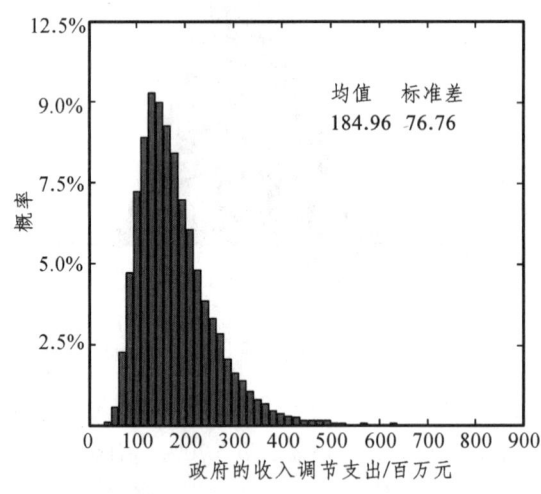

图 6-9　政府收入调节支出的概率分布

第 6 章 通货膨胀风险下高速公路 PPP 项目的收入调节

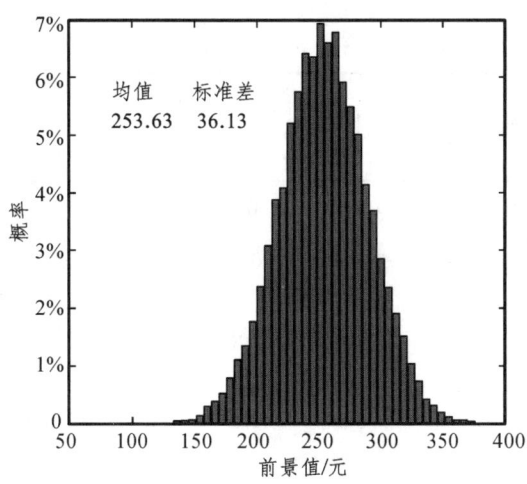

图 6-10 道路使用者前景值概率分布

6.6.3 仿真结果讨论

表 6-5 展示了通货膨胀下不同措施对项目的影响情况,没有通货膨胀风险时项目净现值均值为 205.69 百万元,通货膨胀下,若不调价也没有收入调节,则通货膨胀所造成的损失由社会资本方单独承担,此时净现值为 -764.88 百万元,与无通货膨胀时相比减少了 970.57 百万元,社会资本方严重亏损;同时由于通货膨胀下,货币贬值,物价普遍上涨,项目不调价相当于降价,道路使用者的感知价值较高,达到 666.41 元。若项目实施调价,一方面,将一部分通货膨胀风险转移给道路使用者,无论是区间调价法还是定比例调价法,项目净现值与不调价时相比都有所增加;另一方面,调价一定程度上增加了道路使用者的通行费支出,因而前景值与不调价时相比有所降低,但由于调价幅度低于通货膨胀率,所以道路使用者的感知价值仍然为正。当在调价的基础上加上收入调节时,政府通过收入调节分担了部分通货膨胀风险,使项目净现值明显增加,两种调价方式下的净现值均值大于 0,社会资本方的亏损状况得到有效缓解。由于收入调节并不会影响通行费价格,所以道路使用者的前景值不变。也就是说,收入调节仅是政府分担了部分原本由社会资本方分担的风险,而不影响道路使用者分担风险的程度。

表 6-5　通货膨胀下不同措施对项目的影响

考虑的条件	净现值	与无通胀相比净现值减少量	收入调节支出	前景值	风险承担方
没有通货膨胀风险	205.69	0	0	0	无
不调价，没有收入调节	-764.88	970.57	0	666.41	社会资本方
区间调价法调价	-182.96	388.65	0	334.74	社会资本方、使用者
定比例调价法调价	-76.34	282.03	0	253.03	社会资本方、使用者
区间调价法调价+收入调节	156.24	49.45	333.6	334.74	社会资本方、政府、使用者
定比例调价法调价+收入调节	124.95	80.74	184.96	253.03	社会资本方、政府、使用者

表 6-6 是调价间隔分别为 4、5 和 6 年时项目净现值、政府收入调节支出以及使用者前景值的变化情况。区间调价下，随着调价间隔的增大，项目净现值增加，政府收入调节支出减少，使用者前景值增大。这是因为区间调价法的原则是只有在约定的调价时间内，累积通货膨胀率超过调价阈值时才进行调价，调价间隔的增大使调价周期内的累积通货膨胀率增加，超过调价阈值的概率增大；同时由于其调价幅度是由累积通货膨胀率决定的，保障了随累积通货膨胀率增加而增加的调价幅度，调价间隔的增大对利益相关者的影响较小。定比例调价下，调价间隔增大项目净现值明显减小，政府收入调节支出以及使用者前景值增加。这是由于定比例调价法中，调价幅度是一定的，当调价间隔越大，累积的通货膨胀率越大，恒定的调价幅度能够覆盖的通货膨胀造成的损失减少，项目净现值降低。那么政府需要通过收入调节支付更多金额去分担通货膨胀风险，在调价幅度一定时，随着调价间隔的增大，通行费价格降低，道路使用者分担的通货膨胀风险减少，前景值增加。此外，由于调价幅度恒定，难以随调价间隔的变化灵活调整调价幅度，所以定比例调价下相关者的利益受调价幅度的变化较大。

表 6-6 调价间隔对利益相关者的影响

调价间隔	区间调价			定比例调价		
	NPV	FTG	V_u	NPV	FTG	V_u
4	145.00	346.55	372.96	270.57	24.73	−65.91
5	156.24	333.60	334.74	124.95	184.96	253.03
6	167.48	312.13	315.07	60.59	585.23	571.97

调价延迟可看作是随机延长调价间隔，因此当调价延迟的概率增加，其变化规律与调价间隔的变化规律相同，且由于区间调价能够根据累积通货膨胀率调节价格，其受调价延迟的影响相对定比例调价小，即区间调价法对冲调价延迟风险的效果较好。（见表 6-7）

表 6-7 调价延迟对利益相关者的影响

调价延迟的概率	区间调价			定比例调价		
	NPV	FTG	V_u	NPV	FTG	V_u
10%	157.53	331.84	333.13	115.09	219.98	290.57
20%	158.87	329.24	330.51	97.71	267.47	331.59
30%	160.53	325.84	327.10	93.86	323.93	383.51
40%	161.80	323.07	324.32	84.84	389.19	436.71

表 6-8 是不同通货膨胀率均值下社会资本方、政府部门和道路使用者利益的变化情况。随着通货膨胀率的增大，项目成本的增长幅度增大，项目净现值减小，此时政府通过收入调节分担通货膨胀风险的支出增加。由于调价幅度不及通货膨胀的增长速度，道路使用者的感知价值为正，感觉到收益，其前景值增大。从区间调价和定比例调价下相关方利益的变化幅度可知，区间调价受通货膨胀率变化的影响较小，而定比例调价所受的影响较大。这是因为区间调价能够根据实际的通货膨胀情况调整调价幅度，而定比例调价不能，因而前者受通货膨胀变化的影响较小。

表 6-8　通货膨胀率对利益相关者的影响

通货膨胀率均值	区间调价			定比例调价		
	NPV	FTG	V_u	NPV	FTG	V_u
2%	162.41	305.85	265.86	290.61	22.81	−210.14
3%	156.24	333.60	334.74	124.95	184.96	253.03
4%	140.34	363.76	418.00	17.99	936.69	1 005.74
5%	116.19	389.39	518.88	−125.28	1 707.98	1 825.40

调价对交通量的影响程度与需求价格弹性系数 E_d 有关，表 6-9 是 E_d 的变化对相关者利益的影响情况。由于在决策方案下，道路使用者前景值为正，说明项目的通行费价格上调幅度低于通货膨胀引起的货币贬值力度，使用者对通行费价格的感知为价格下降。当 $|E_d|<1$，需求缺乏弹性，交通量增加的百分比低于价格减少的百分比，项目收益减少，净现值降低，且 E_d 的绝对值越小，交通量增加的百分比越小，净现值越低，政府收入调节支出越高；当 $|E_d|>1$，需求富有弹性，交通量增加的百分比高于价格降低的百分比，净现值增加，且 E_d 的绝对值越大，降价带来的交通量增长量越大，净现值越大，政府收入调节支出越少。对道路使用者而言，E_d 的绝对值越大，则说明相同价格变化下，交通量的增长量越大，道路的出行时间越长，广义出行成本越大，道路使用者的前景值越小。

表 6-9　需求价格弹性对利益相关者的影响

$|E_d|$	区间调价			定比例调价		
	NPV	FTG	V_u	NPV	FTG	V_u
0.32	122.24	428.63	334.92	118.70	250.21	259.41
0.52	156.24	333.60	334.74	124.95	184.96	253.03
0.72	231.53	239.45	334.35	131.87	123.00	248.91
0.92	279.87	144.61	334.18	137.10	59.83	244.28
1.12	329.19	51.18	333.98	143.45	7.36	241.98

通过上述分析可以看出，与定比例调价相比，区间调价法由于能够根据累积通货膨胀率调整调价幅度，因而在通货膨胀率变化、调价延迟或调价间隔变化时，该种调价方式下，社会资本方、政府部门和道路使用者的

利益受影响的程度相对较小，有利于维持项目稳定和利益相关方风险的分担程度。

6.7 本章小结

首先，本章在其他条件不变时通过对比没有通货膨胀和有通货膨胀情况下的项目运营成本、交通量、实际现金流、名义现金流以及净现值的变化，分析了通货膨胀对高速公路项目的影响，认为通货膨胀会使物价水平上升，原材料、零部件及管理费用等增加，从而导致运营成本增加。若项目通行费价格恒定为初始价格不变，项目净现值是减小的，且特许期越长，累积通货膨胀率越大，此时与无通货膨胀时的净现值差额也越大，则通货膨胀导致的项目收益损失越严重。

其次，梳理了现有用于对冲通货膨胀风险的调价方法，并指出了单靠项目调价缓解通货膨胀风险的弊端。基于此，提出了政府分担通货膨胀风险的方法——收入调节法，且构建了基于 VaR-TOPSIS 多目标决策模型的收入调节比例-调价阈值的方案决策方法，在考虑社会资本方、政府部门以及道路使用者的利益下，根据承受风险越大，则期望效用越高的原则，通过分析利益相关方在通货膨胀风险下的最大损失量及风险承受能力，结合最小信息鉴别原理确定了决策权重。

最后，将前文的推导和提出的方法应用于实际案例中，通过仿真分析发现，通货膨胀下，当其他条件不变时，若不进行调价，项目净现值明显低于无通货膨胀的情况，且特许期越长，通货膨胀对项目净现值的影响越大，印证了推导得出的通货膨胀对高速公路项目影响的结论。政府通过收入调节分担了部分通货膨胀风险，使项目净现值明显增加，社会资本方的亏损状况得到有效缓解。VaR-TOPSIS 多目标决策模型能够决策出收入调节比例与调价阈值的联动组合方案，验证了模型的可行性。通货膨胀风险在社会资本方、政府部门及道路使用者间的均衡分配需要调价和收入调节的共同作用，调价方式的选择也会一定程度上影响缓解通货膨胀风险的效果。通过分析区间调价和定比例调价下利益相关方的目标值对调价间隔、调价延误概率以及通货膨胀率的敏感性发现，区间调价下项目利益相关方的目标值较为稳定，受这些因素变化的影响较小，而定比例调价下，利益相关方的目标值波动较大，受这些外界因素的影响较大。这是因为区间调价下的调价幅度是由调价周期内累积通货膨胀率决定的，保障了随调价区间长短和累积通货膨胀率变化的调价幅度，因而调价间隔、调价延误概率和通货膨胀率的变化对利益相关者的影响较小。而定比例调价法下，调价幅度是一定的，当调价间隔、调价延误概率和通货膨胀率发生变化时，恒定的调价幅度难以对外界变化做出反应，因而受影响较大。高速公路 PPP 项目的特许期较长，通货膨胀的不确定性较强，且存在调价延误的可能，区间调价更为稳定，受外界影响相对较小，因而在调价方式选择时，区间调价相对更优。

第 7 章
财务评价不可行项目的政府担保

第 3 章到第 6 章政府担保研究的对象都是财务评价可行的高速公路 PPP 项目,通过分析其交通需求风险、利率风险和通货膨胀风险对项目财务情况的影响,提出针对这些风险的政府担保方法。然而,在高速公路 PPP 项目中,除了财务评价可行的项目,财务评价不可行的项目也十分常见。由于这些项目的社会效益显著,即使财务评价不可行也会对其进行修建。显然,对于财务评价不可行的项目而言,前文所述的方法已不适用,故而探寻财务评价不可行项目的政府担保方法是本章的研究重点。

2012 年国务院颁布了《国务院关于鼓励和引导民间投资健康发展的若干意见》(国发〔2010〕13 号),PPP(Public-Private Partnership)作为有效引入社会资本的投资方式而备受关注,由社会资本方投资建设,特许期内向使用者收取费用,期满后将设施无偿移交给政府。但是,一些社会效益较为显著的项目技术难度大、造价高、运营成本高而交通量低,采用 PPP 模式运营,社会资本方投资得不到合理的回报,为了激励社会资本方投资建设和运营,政府需要对这种财务评价不可行的项目进行担保。这里所说的担保是指在不考虑风险影响的情况下,保障社会资本方能够获得合理收益的方法,在实践中,通常表现为政府补偿(贴)。

近年来,国内外学者在财务评价不可行项目的补贴机制的研究上有了很大进展,叶苏东[196]定性地讨论了城市轨道交通项目由谁补偿、补偿多少等问题;吴孝灵[197]通过建立和求解公私部门的博弈模型,得到了最优的政府补偿机制;田振清[198]提出了基于价格上限的菜单式补贴方法;Mouraviev et al.[199]研究了补偿的多少对社会资本方投资行为的影响。关于补偿数量的研究有,吕俊娜[200]利用净现值法建立了政府资本补偿比例模型;Liou et al.[201]研究了初始建设资金补偿问题,建立了政府资本补偿数量决策模型;胡振[202]

用代数的方式建立了传统开发和PPP模式下的补偿区间模型。另外，Zheng和Tiong[203]通过案例分析得到了BOT项目正常运营的关键因素；黄智星[204]通过Bayesian博弈研究了PPP模式下的投资策略问题；Shi et al.[205]讨论了公路BOT项目的能力选择、过路费、政府补偿数量的优化组合问题。

上述研究在补偿问题上有了一定的进展，但仍存在许多不足，如只考虑了社会资本方一方的情况，而未考虑政府部门；投资基准条件没有考虑相关参数不确定性的影响；模型的实践性较差。基于此，本章综合考虑了社会资本方和政府部门双方的净现值情况，结合参数的不确定性，设计了以期望概率为决策值的双方投资项目的基准条件。据此构建了蒙特卡洛仿真模型，并以某高速公路PPP项目为算例得到了政府部门最佳的补偿数量，该方法能用于政府确定财务评价不可行项目的补偿数量决策。

7.1 补偿模型原理分析

社会资本方投资高速公路项目的运营净现值为

$$\mathrm{NPV}_p = \sum_{t=1}^{T} \mathrm{NPV}_t - I = \sum_{t=0}^{T} \frac{R_t - C_t}{(1+r)^t} - I \tag{7-1}$$

式中，NPV_p为社会资本方净现值，T为特许经营期，I为社会资本方投资额，R_t和C_t分别为第t年的收入和支出，r为基准折现率。

研究者常常将社会资本方净现值（NPV_p）不小于投资总额（I）与期望投资回报率（e）的乘积作为投资的基准条件（$\mathrm{NPV}_p \geqslant I \cdot e$）[206][207]，而高速公路项目的净现值往往受到交通量、运营成本等外部因素的影响，具有一定的不确定性[208]。那么之前的基准投资条件$\mathrm{NPV}_p \geqslant I \cdot e$就是一个概率函数。此时社会资本方有一个概率期望值$\theta_p$，只有满足式（7-2）社会资本方才会选择投资。

$$P(\mathrm{NPV}_p \geqslant I \cdot e) \geqslant \theta_p \tag{7-2}$$

若不满足，政府则需要提供补偿。

就政府而言，投资高速公路项目除了考虑收益，还应考虑项目的社会效益。根据"谁受益，谁承担"的原则，政府应支付的社会效益部分的补偿费用主要为高速公路项目带来的旅客时间节约效益和加速货物周转形成

的资金节约效益。据此，政府的项目净现值为

$$\mathrm{NPV}_g = \sum_{t=1}^{T} \frac{M - S_g}{(1+r)^t} + \sum_{t=1}^{T} \frac{G_t}{(1+r)^t} \tag{7-3}$$

$$G_t = \sum_{i=1,2} G_t^P + G_t^C \tag{7-4}$$

$$G_t^P = V_K \times (T_0 - T_1) \times (Q_{K1} + \Delta Q_{Kz}) \tag{7-5}$$

$$G_t^C = V_c \times (N_2 - N_1) \times \left(\frac{Q_{c1} + \Delta Q_{cz}}{N_1} - \frac{Q_{c1} + \Delta Q_{cz}}{N_2} \right) \tag{7-6}$$

式中，NPV_g 为政府的净现值，M 为社会资本方上交的年租金，S_g 为政府提供的年资金补偿数量；G_t 为第 t 年项目产生的社会效益；G_t^P 为旅客时间节约效益/元；V_K 为旅客时间价值；T_0 为"无项目"时旅客运输时间/小时；T_1 为"有项目"时旅客运输时间/小时；Q_{K1} 为"无项目"时已实现的客运量/人；ΔQ_{Kz} 为自然增长的客运量；G_t^C 为减少货物周转时间产生的效益/元；V_c 为资金时间价值；N_1 为"无项目"时存货年周转次数/（次/年）；N_2 为"有项目"时存货年周转次数/（次/年）；Q_{c1} 为"无此项目"时已购入存货量；ΔQ_{cz} 为自然增长的存货量。

考虑到政府是不以营利为目的的，所以投资的基准条件为：

$$P(\mathrm{NPV}_g \geqslant 0) \geqslant \theta_g \tag{7-7}$$

式中，θ_g 为政府的概率期望值。

该方法下的补偿情况如图 7-1 所示，$S1$、$S2$、$S3$ 是社会资本方净现值满足 $\mathrm{NPV}_p \geqslant I \cdot e$ 的概率，$S4$ 是政府部门净现值满足 $\mathrm{NPV}_g \geqslant 0$ 的概率。假设社会资本方和政府部门的概率期望值均为 A，政府部门愿意提供的最大资金补偿数量为 F，若社会资本方的曲线为 $S1$，社会资本方能够接受的最低补偿数量为 E（$E<F$），那么满足双方投资条件的补偿区间为[E, F]；若社会资本方的曲线为 $S2$，对应的最低补偿数量恰好与政府部门愿意提供的最大补偿数量相等为 F，则补偿数量只能选取 F；若曲线变为 $S3$，最低补偿数量为 G（$G>F$），没有同时满足双方条件的补偿数量，双方需要重新协商概率期望值和项目参数，若协商不通过可能终止 BOT 项目。

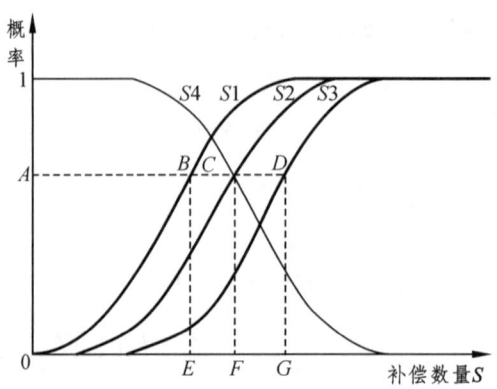

图 7-1　财务评价不可行项目补偿决策示意图

7.2　模型构建

根据高速公路项目的运营特性将模型的参数分为确定性参数（Deterministic Parameters）和不确定性参数（Uncertain Parameters）。

7.2.1　模型参数

7.2.1.1　确定性参数

1. 特许运营期

特许运营期是政府和中标的社会资本方在签订特许期合同时就已经协商通过，并达成协议的，当运营期满后，社会资本方需向政府无条件转让运营资产，仿真时该值采用特许期合同签署的特许运营期限。

2. 折现率

根据项目的资金成本、项目性质、经营风险等不同，折现率的取值也不同。在高速公路项目评估中，通常根据同类项目的建设运营情况，选取折现率。

3. 通行费

高速公路属于交通基础设施，为了保证社会福利，政府通常将通行费控制在一定范围内，不会出现较大的波动。该因素的确定可以根据同类项目的历史数据、政府预期定价和微观经济预测得到。

7.2.1.2 不确定性参数

1. 交通量

交通量是决定高速公路项目净现值的关键因素，而它又具有较大的波动性，受通行费、便利性等因素的影响。根据高速公路交通量的历史数据可知年交通量的概率分布。

2. 运营成本

高速公路运营成本由固定成本和可变成本组成，主要受到多种风险因素的影响而具有不确定性，通常认为固定成本具有正态分布特征，而可变成本呈现均匀分布。

3. 运营收入

我国高速公路的运营收入主要来源于通行费收入，其取决于通行费率和交通量。由于高速公路的公益性，通行费率具有一定程度的稳定性，所以运营收入的不确定性主要源于交通量。

7.2.2 补偿模型的构建

根据前文所述模型原理，构建了如式（7-8）所示的补偿决策模型。

$$\min S$$

$$\text{s.t.} \begin{cases} \text{NPV}_p' = \sum_{t=1}^{T} \text{NPV}_t - I = \sum_{t=0}^{T} \frac{R_t + S_p - C_t}{(1+i)^t} - I \\ P(\text{NPV}_p' \geq I \cdot R_e) \geq \theta_p \\ P(\text{NPV}_g \geq 0) \geq \theta_g \\ \text{NPV}_g = \sum_{t=1}^{T} \frac{M - S_g}{(1+r)^t} + \sum_{t=1}^{T} \frac{G_t}{(1+r)^t} \\ G_t = \sum_{i=1,2} G_t^P + G_t^C \\ S_{\min} = S_p, \quad S_{\max} = S_g, \quad S_p \leq S \leq S_g \end{cases} \quad (7\text{-}8)$$

式中，S 为政府提供的补偿数量，S_p 为社会资本方得到的年补偿数量，NPV_p' 是补偿量为 S_p 时的项目净现值，其他符号同前。在决策模型中以资金补偿数量最小为目标函数，来达到财政资金使用效果最大的目的，即以最小的财政资金提供更好的公共服务。

根据式（6）构建的蒙特卡洛仿真流程及政府补偿决策的思路如图 7-2 所示。

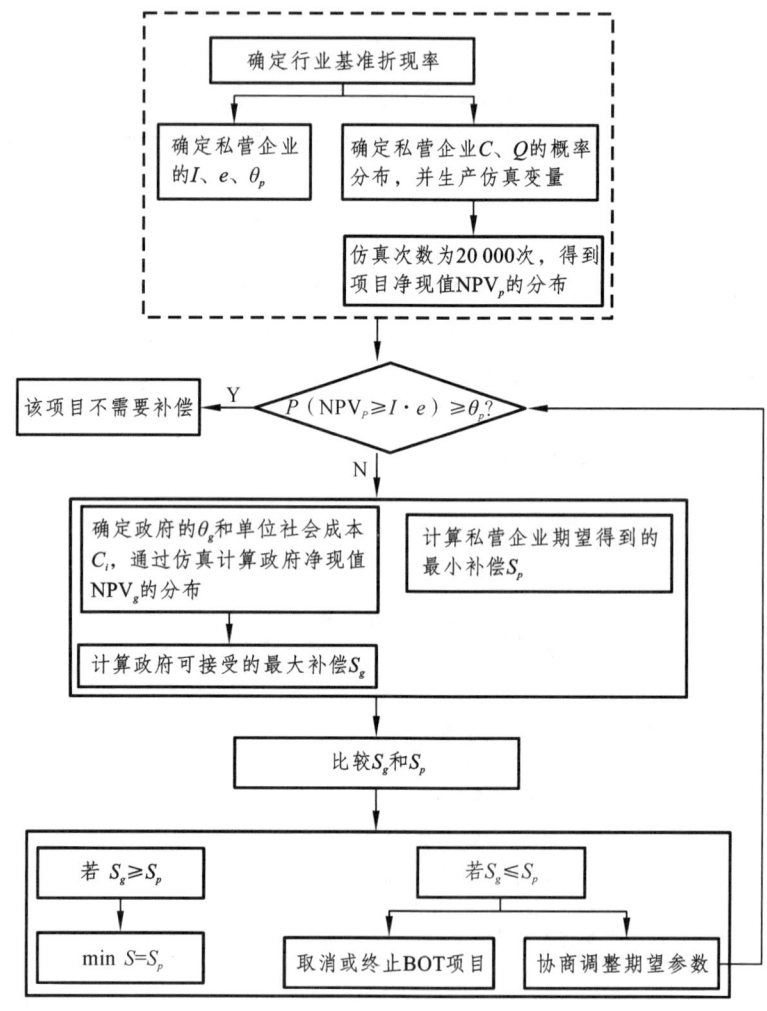

图 7-2　政府补偿决策思路和仿真流程

第 7 章 财务评价不可行项目的政府担保

7.3 算例分析

7.3.1 算例背景

某高速公路项目的投资建设采用 PPP 模式，项目建设投资 46 亿元，由社会资本方投资建设并运营。特许运营期从 2009 年到 2039 年共计 30 年，其间社会资本方自主运营，通过通行费和其他业务收入获得报酬，特许运营期满后无偿交由政府运营。

7.3.2 仿真参数的确定

7.3.2.1 确定性参数的确定

运营期 $t=30$ 年，参考同行业的折现率计算标准 $r=10\%$，初始投资额 $I=460\,000$ 万元，设社会资本方的概率期望值 $\theta_p=80\%$。

7.3.2.2 不确定性参数的确定

初始交通量为 23 360 万车次/年，年增长率为 5%[209]，数据分析得到交通量 Q_t 服从正态分布，运营收入分为通行费收入和其他业务收入，其中其他业务收入占通行费收入的 14%。运营成本由固定运营成本 C_1 和可变成本 C_2 两部分组成，其分布如表 7-1 所示。

表 7-1 不确定性参数概率分布

变量名称	概率分布	单位
年交通量 Q_t	正态分布，年增长率 5%，标准差为 280	万车次
固定运营成本 C_1	正态分布，均值为 35 897，标准差为 401	万元
单位运营可变成本 C_2	均匀分布，最小值为 0.8，最大值为 0.9	元/车次

7.3.3 NPV_p 的仿真

运用 Matlab 软件对项目的净现值进行仿真，仿真次数设定为 20 000 次。仿真结果如表 7-2 所示。

表 7-2　NPV_p 仿真结果

单位：万元

年份	均值	标准差	最大值	最小值	均值的标准差
$t=1$	−333 005.09	1287	−332 760.89	−335 580.76	6.88
$t=2$	−327 915.9	1006	−324 980.71	−329 021.40	9.34
$t=3$	−321 696.31	1118	−319 564.31	−323 726.71	11.07
$t=4$	−314 539.19	1227	−312 237.09	−316 659.69	12.36
$t=5$	−306 591.99	898	−304 593.59	−308 595.09	13.39
$t=6$	−297 987.99	1276	−295 777.29	−300 088.39	14.23
$t=7$	−288 855.57	1415	−286 753.17	−291 066.97	14.92
$t=8$	−279 309.2	1328	−277 206.80	−281 520.60	15.44
$t=9$	−269 429.28	1115	−267 326.88	−271 640.68	15.85
$t=10$	−259 305.83	1169	−257 203.43	−261 517.23	16.22
$t=11$	−249 015.97	1282	−246 913.57	−251 227.37	16.54
$t=12$	−238 618.61	882	−236 516.21	−240 830.01	16.81
$t=13$	−228 180.46	1364	−226 078.06	−230 391.86	17.08
$t=14$	−217 742.99	1261	−215 640.59	−219 954.39	17.28
$t=15$	−207 346.75	1067	−205 244.35	−209 558.15	17.46
$t=16$	−197 030.91	1015	−194 928.51	−199 242.31	17.63
$t=17$	−186 829.76	911	−184 727.36	−189 041.16	17.77
$t=18$	−176 774.48	1078	−174 672.08	−178 985.88	17.90
$t=19$	−166 875.44	1029	−164 773.04	−169 086.84	18.03
$t=20$	−157 161.16	1284	−155 058.76	−159 372.56	18.15
$t=21$	−147 645.62	1451	−145 543.22	−149 857.02	18.27
$t=22$	−138 344.46	1230	−136 242.06	−140 555.86	18.35
$t=23$	−129 265.53	1134	−127 163.13	−131 476.93	18.45
$t=24$	−120 414.24	1397	−118 311.84	−122 625.64	18.51
$t=25$	−111 803.7	1119	−109 701.30	−114 015.10	18.57
$t=26$	−103 432.21	1426	−101 329.81	−105 643.61	18.63
$t=27$	−95 304.5	1161	−93 202.10	−97 515.90	18.67

续表

年份	均值	标准差	最大值	最小值	均值的标准差
$t=28$	-87 421.3	1 084	-85 318.90	-89 632.70	18.72
$t=29$	-79 785.82	1 204	-77 683.42	-81 997.22	18.75
$t=30$	-72 394.27	924	-70 291.87	-74 605.67	18.78

运营期结束时（$t=30$）净现值的均值和最大值均小于 0，$P(NPV_p \geq I \cdot R_e) = 0$，不满足式（7-2）的投资条件，需要政府补偿以吸引社会资本方投资。

7.3.4 补偿模型的仿真

模拟得到不同资金补偿数量下，社会资本方净现值 NPV_p' 满足 $P(NPV_p' \geq I \cdot R_e) \geq \theta_p$ 的累积概率。仿真结果如表 7-3 所示。

表 7-3 补偿数量对社会资本方影响的仿真结果

单位：万元

累积概率	S_p	净现值均值	标准差	最大值	最小值
10%	8 991.00	12 378.37	1 087.00	14 977.83	10 026.48
20%	9 031.70	12 778.90	1 016.00	15 462.47	10 350.91
30%	9 065.00	13 070.71	1 001.00	15 815.56	10 587.28
40%	9 090.90	13 325.76	1 040.00	16 124.18	10 793.87
50%	9 120.50	13 610.61	1 031.00	16 468.84	11 024.59
60%	9 146.40	13 844.29	995.00	16 751.60	11 213.88
70%	9 179.70	14 158.58	1 088.00	17 131.89	11 468.45
80%	9 209.30	14 449.37	1 036.00	17 483.73	11 703.99
90%	9 257.40	14 891.46	1 001.00	18 018.67	12 062.09
100%	9 520.10	17 369.00	1 029.00	21 016.49	14 068.89

当 $S_p = 9 209.3$ 万元时，满足社会资本方的基础投资条件，概率大于 80%。高速公路项目带来了旅客出行时间的节省和货物周转时间的节省效益。假设政府的期望概率 $\theta_g \geq 90\%$。仿真结果如表 7-4 所示。

表 7-4　政府部门补偿数量仿真结果

单位：万元

累积概率	S_g	净现值均值	标准差	最大值	最小值
10%	10 560.54	−186.19	146.46	−225.29	−150.81
20%	10 553.88	−122.84	147.21	−148.63	−99.50
30%	10 548.70	−75.38	147.40	−91.21	−61.06
40%	10 545.00	−38.94	147.48	−47.12	−31.54
50%	10 540.56	2.36	148.39	2.86	1.92
60%	10 536.86	41.38	147.96	50.08	33.52
70%	10 532.42	77.72	146.71	94.04	62.95
80%	10 527.98	123.61	147.57	149.57	100.13
90%	10 520.58	191.78	146.22	232.05	155.34
100%	10 484.32	531.64	147.84	643.29	430.63

政府能够接受的最大补偿数量 $S_g = 1\,052.58$ 万元。由于 $S_p < S_g$，根据式（7-8），求得最终资金补偿数量 $S = 9\,209.3$ 万元。

7.3.5　仿真结果分析

补偿数量取 $S = 9\,209.3$ 万元时对社会资本方和政府部门投资影响的仿真结果如表 7-5 所示。在该补偿数量下社会资本方达到了设定的概率期望 $[P(NPV_p \geq I \cdot e) \geq \theta_p]$，会选择投资；高速公路项目所带来的社会效益远远大于政府提供给社会资本方的补偿（使得 $NPV_g \gg 0$），因此政府部门愿意提供补偿。

表 7-5　最优补偿数量下公私双方净现值仿真结果

净现值	均值	标准差	最大值	最小值	概率
NPV_p	14 433.14	986.49	18 177.24	10 389.35	80%
NPV_g	12 552.53	146.55	13 148.00	11 962.36	100%

图 7-3 是 $S = 9\,209.3$ 万元时，不确定参数对净现值的敏感性分析结果：图中 Q_1 表示交通量对社会资本方净现值的敏感度，Q_2 为交通量对政府净现

值的敏感度，可见交通量对社会资本方净现值的影响明显大于政府的净现值。因此为了确保项目的顺利运行，政府在与社会资本方谈判前应做好交通量预测，同等情况下政府承担交通量风险更为有利。

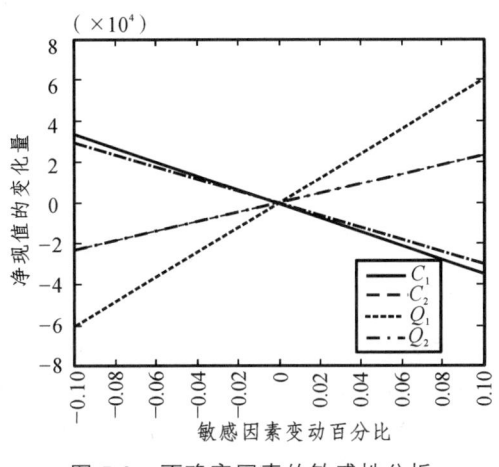

图 7-3　不确定因素的敏感性分析

7.4　本章小结

由于部分高速公路成本高、收益低的特征，该类项目属于财务评价不可行的项目，政府需要对此进行补偿。本章考虑了项目的社会经济效益，通过建立社会资本方和政府部门双方投资项目的基准条件、区分确定性参数和不确定性参数，构建了蒙特卡洛仿真模型。据此计算分析了财务评价不可行的高速公路项目的补偿数量。分析结果发现算例的高速公路项目为财务评价不可行项目，双方可接受的补偿区间为[9 209.3，1 052.58]（万元），最优补偿数量为 9 209.3 万元。该最优补偿数量达到了社会资本方的投资基准条件，他们有投资动力，同时该项目的社会效益远大于提供的补偿数量，政府部门有较大的投资热情。对社会资本方而言，交通量的影响最大，且其影响程度明显大于对政府净现值的影响，因此良好的交通量预测和政府对交通量风险的有效承担机制是保证项目顺利运营的必要条件。本章的补偿仿真模型还可拓展到市政设施等基础设施领域，为政府部门的补偿数量决策提供依据。

第 8 章 结　论

8.1　主要研究结论

PPP 模式是公共部门与私营部门之间的一种合作方式，可以通过吸引私人投资来减轻政府的财政压力，同时提高建设和运营效率。高速公路项目较为完备的使用者付费体系，使 PPP 模式在该类项目中得到广泛应用。高速公路 PPP 项目的特许期较长，其间存在的风险因素众多，对项目造成的影响较大，甚至会导致项目失败。为了吸引投资并保障项目顺利运行，政府通过提供担保来分担项目风险。然而在实践中，政府如何提供担保，担保多少等问题仍是目前亟待解决的问题。本书以交通需求风险、利率风险和通货膨胀风险 3 种需要政府和社会资本方共同承担，且发生概率高，影响较大的风险为政府担保的研究侧重点，以实物期权理论为基础，通过分析交通需求风险、利率风险和通货膨胀风险对项目造成的影响，提出相应的政府担保方法，对政府分担项目风险、制定相应政策提供了理论依据。本书的主要研究结论如下：

（1）将改进的二叉树模型和蒙特卡洛相结合，利用风险中性估值思想，构建了能够分担交通需求风险的 5 种担保方式的价值评估模型，以分析不同担保方式的特征。在此基础上，从担保方式产生的财务影响和对抗交通需求风险的效率两个方面考虑建立了比选框架。财务影响包括项目净现值均值和政府净支出均值两个指标，对抗交通需求风险的效率包含交通需求敏感度和政府支出资金效率。通过案例仿真分析，验证了方法的可行性，并揭示了这些担保方式的特征：一方面，由于运营初期，交通量增长率相对较高，年运营收入更容易达到预期收入。随着时间的推移，交通量的增长率有所下降，使达到预期收入变得困难，因而提供 MRG 的概率先减小后增大。另一方面，随着交通量增长率的放缓和运维成本的增加，每年提供收入担保的均值呈逐年上升趋势。就 MTG 而言，由于每年交通量都极大地受到前一年交通量的影响，如果前一年交通量未达到预期，则下一年交通量达到预期的概率将会减小，同时交通量担保的支出将会上升，因此，政府提供 MTG 的概率和均值会逐年增加。通过进一步对这 5 种担保方式进行比较发现，MRG&RC 和 MTG&TC 相较于 MRG 和 MTG 更优。因为前者限制了社会资本方获得过高收入，政府的净支出降低，政府能以更低的净支出将净现值为负的风险降低到与没有上限时相似的程度，其缓解交通需求风险的效率更高，因此 MRG 和 MTG 一般情况下不建议单独采用。MRG & RC 虽然对抗交通需求风险的效率较好，项目净现值较高，但这种方式下，政府用于担保的财政支出较高，财政压力较大，仅适合于政府财政充盈，且需要吸引投资的项目。ACP 的优势在于政府净支出最少，但适用范围较为狭窄，且受交通量波动的影响较大。MTG&TC 相对较优，能满足政府部门和社会资本方的财务预期，且对抗交通需求风险的效率较好，因而适用范围更广，适用于大多数高速公路项目，尤其是交通量波动大的项目。

（2）提出了一个考虑交通需求不确定性、建设成本不确定性、政府部门和社会资本方利益及其风险承受能力的最小交通量担保上下限阈值决策模型。该模型主要由 3 部分组成：描述建设成本和交通需求的不确定性，MTG 和 TC 期权定价，以及通过调整阈值优化风险分配。通过分析发现，政府担保可以有效降低项目破产概率，提高项目净现值。然而，不合理的 MTG 阈值，会使风险不合理地分配到政府部门和社会资本方身上，如案例中根据经验得到的商定阈值，导致政府超财政预算风险增加，政府部门过多地承担了项目风险。而使用优化阈值后，不仅能有效控制项目破产风险和项目净现值的不确定性，增加项目净现值均值，而且也使政府部门的超预算风险保持在较低范围内。交通需求的变化对政府净支出和项目净现值都有较大影响，其中年运营交通量增长率的影响最大，而建设成本只对项目净现值产生影响。这是因为在 MTG 担保方式中，建设成本的风险只由社会资本方一方承担。政府部门和社会资本方的风险权重根据双方的风险承受能力利用讨价还价博弈模型来分配，并将社会资本方划分为风险承受能力较弱的 L 型社会资本方和风险承受能力较强的 H 型社会资本方。L 型社会资本方的风险承受能力相对 H 型的较弱，因而其风险重要度相对较高，自称 L 型社会资本方的破产风险在总风险中更为重要，需要政府部门提供更多担保来降低社会资本方的破产概率。这也就使面对 L 型社会资本方时，担保的上下限阈值设置得高于 H 型社会资本方，使 L 型社会资本方有更多的机会要求政府部门进行 MTG 担保，从而减小 L 型社会资本方的破产概率。与此同时，面对 L 型社会资本方时，由于政府净支出增加，政府超财政预算的概率将高于面对 H 型社会资本方的概率。

（3）通过分析利率风险对债务成本和项目收益的影响，提出了满足社会资本方、政府部门和贷款方三方利益的政府利率担保方式，并以减小风险发生概率、均衡分配风险为目标确定利率担保的期望利率（即利率担保阈值）。研究结果表明，利率超预期的波动影响了项目债务成本高低，即支出利息的高低，从而影响项目收益。政府的利率担保能够有效降低项目相关各方风险发生概率和风险分配的不均衡性，使风险发生概率在相关部门承受范围内，各方均有参与该项目的动力，保障了项目的顺利运行；利率的波动率将极大影响社会资本方、贷款方和政府部门的风险发生概率，平稳的利率有助于项目利率风险的降低。就最常见的等额本金和等额本息两种还款方式而言，等额本息还款方式下政府净支出更少，且保证了合理的项目净现值，相较于等额本金还款方式更优。但由于等额本息方式下，项目风险发生概率受利率变动的影响更大，对于还款阶段利率变动较大的项目需要综合考虑政府净支出、项目净现值及风险发生概率等因素。

（4）通过数学分析推导的方式对比了在其他条件不变时没有通货膨胀和有通货膨胀情况下的项目运营成本、交通量、实际现金流、名义现金流以及净现值的变化，分析了通货膨胀对高速公路项目的影响。认为通货膨胀会使物价水平上升，原材料、零部件及管理费用等增加，从而导致运营成本增加，若项目通行费价格恒定为初始价格不变，项目净现值是减小的，且特许期越长，累积通货膨胀率越大，此时与无通货膨胀时相比，其净现值的差额也越大，则通货膨胀导致的项目收益损失越严重，随后通过案例仿真也验证了该结论；通过梳理现有用于对冲通货膨胀风险的调价方法及其不足，提出了政府分担通货膨胀风险的方法——收入调节法，且构建了基于 VaR-TOPSIS 多目标决策模型的收入调节比例-调价阈值的方案决策方法。通过仿真分析发现，政府通过收入调节能够分担部分通货膨胀风险，使项目净现值明显增加，社会资本方的亏损状况得到有效缓解。VaR-TOPSIS 多目标决策模型能够决策出收入调节比例与调价阈值的联动组合方案，验证了模型的可行性。通货膨胀风险在社会资本方、政府部门及道路使用者间的均衡分配需要调价和收入调节的共同作用，调价方式的选择也会一定程度上影响缓解通货膨胀风险的效果。通过分析区间调价和定比例调价下利益相关方的目标值对调价间隔、调价延误概率以及通货膨胀率的敏感性发现，区间调价下项目利益相关方的目标值较为稳定，受上述因素变化的影响较小，而定比例调价下，利益相关方的目标值波动较大，受这些外界因素的影响较大。这是因为区间调价下，其调价幅度是由调价周期内累积通货膨胀率决定的，保障了随调价区间长短和累积通货膨胀率变化的调价幅度，因而调价间隔、调价延误概率和通货膨胀率的变化对利益相关者的影响较小。而定比例调价法下，调价幅度是一定的，当调价间隔、调价延误概率和通货膨胀率发生变化时，恒定的调价幅度难以对外界变化做出反应，因而影响较大。由于高速公路 PPP 项目的特许期较长，通货膨胀的不确定性较强，且存在调价延误的可能，区间调价更为稳定，受外界影响相对较小，所以在调价方式选择时，区间调价相对更优。

（5）高速公路的正外部性特征，使部分项目存在着公益性属性强而经营属性弱的情况，该类项目通常为财务评价不可行的项目，政府需要对此进行补偿。考虑了项目的社会经济效益，建立社会资本方和政府部门双方投资项目的基准条件、区分确定性参数和不确定性参数，构建了蒙特卡洛仿真模型，据此计算分析了财务评价不可行的高速公路项目的补偿数量，验证了模型的可行性和合理性。所计算得到的最优补偿数量达到了社会资本方的投资基准条件，他们有投资动力，同时该项目的社会效益远大于提供的补偿数量，政府部门有较大的投资热情。对社会资本方而言，交通量的影响最大，且其影响程度明显大于对政府净现值的影响，因此良好的交通量预测和政府对交通量风险的有效承担机制是保证项目顺利运营的必要条件。

本书所提出的模型能帮助政府部门更为合理有效地选定担保方法和担保程度，社会资本方能够借助该模型分析项目财务风险。本书是以一个实际案例为例，通过仿真计算验证了模型的可操作性和合理性，在实际磋商阶段，政府部门和社会资本方可通过将拟参与的高速公路 PPP 项目的相关参数代入模型中,即可知晓项目的财务风险情况,并据此决策出满足双方需求的担保阈值,以达到风险合理分担的目的。

8.2 主要创新点

本书针对高速公路 PPP 项目中政府担保所存在的问题,结合已有研究存在的不足,分析了交通需求风险、利率风险和通货膨胀风险对项目造成的影响,并提出了相应的政府担保方法来均衡分担风险。其研究的创新点主要体现在以下方面:

(1)提出了针对交通需求风险的政府担保方式的评估与比选模型,不仅量化了担保方式的财务影响,还定量分析了担保方式的特征及其缓解风险的效率(详见 3.3~3.4 节);添加了对社会资本方和政府部门的风险承受能力的考量(详见 4.3 节),并据此提出了能够联动决策最小交通量担保上下限阈值的模型(详见 4.2~4.4 节)。

(2)在利率风险的政府担保研究中,增加了贷款方的研究视角,考虑了利率的增减趋势,构建了应对利率过高和过低情况下的政府利率担保方式及期望利率决策的模型,实现了利率风险在政府部门、社会资本方和贷款方之间的合理分担(详见 5.3~5.5 节)。

(3)在通货膨胀风险的政府担保研究中,论证并量化了与无通货膨胀时相比,通货膨胀对交通量、项目收入、运维成本以及净现值的影响(详见 6.2 节);设计了政府分担通货膨胀风险的担保方法——收入调节法(详见 6.4 节);增添了道路使用者的研究视角,提出了能够同时联动决策调价幅度和政府收入调节阈值的 VaR-TOPSIS 模型(详见 6.5 节)。

(4)在财务评价不可行项目的政府担保研究中,通过考虑项目的社会效益,提出了考虑社会资本方和政府部门期望的政府补偿模型(详见第 7 章)。

8.3 研究展望

高速公路 PPP 项目的政府担保是一个复杂的工程,是一个系统性的研究问题,本书在这方面的研究仍存在一些局限,下一步的研究可以从以下几个方面展开:

（1）为了分析交通需求风险、利率风险和通货膨胀风险的影响，本书采用控制变量的方法，只考虑了其中一种风险发生而其他风险不发生时的影响。后续可结合经济学理论，建立系统动力学模型，梳理这些风险间的相互关系，利用风险耦合理论研究两个风险或多风险发生时对项目的影响，并据此提出政府的应对策略，以延展政府担保方法的适用性。

（2）本书的研究对象限定于高速公路 PPP 项目，实际上，交通需求风险、利率风险和通货膨胀风险仍然存在于大多数交通类 PPP 项目中。下一步的研究可结合其他交通类 PPP 项目的特征，分析本书所提出的担保方式在其他交通类 PPP 项目上的适用性，并进一步分析和完善符合不同交通类型 PPP 项目的政府担保方式。

（3）本书所提出的模型是基于仿真的，这就要求项目的交通量、现金流等变量和参数具有一定的可预测性，对于那些现金流预测性较差的项目的适用性欠佳，后续可着重研究高速公路 PPP 项目重要参数和变量的预测及评估方法，提高预测的准确性，从而提高仿真类模型的效率。

附 录

表 1 正文变量符号及其释义

符号	释义	符号	释义
S	股票的初始价格（持有时的价格）	Δ	股票多投持有数
F	衍生物的价格	u	标的物上升幅度
d	标的物下降幅度	F_u	上升后的期权价格
F_d	下降后的期权价格	r_f	无风险利率
K	执行价格	l	标的物的变化次数
p	标的物上升概率	σ	标的物波动率
θ	公式推导中的假设变量	dz	一个维纳过程
λ	项目的风险溢价	Q_j	第 j 年运营交通量
Q_{tc}	初始交通量	T	特许期
t_C	建设期	α	标的物增长率
n	运营期	prof	利润率
k	标的物上升次数	NPV_p	有政府补偿的项目的净现值
NPV_0	无补偿的项目净现值	R_{pj}	第 j 年的预期年收入
C	年运营成本	I	总建设成本
MRG_j	第 j 年最小收入担保的期权值	RC_j	第 j 年收入上限的期权值
R_{aj}	第 j 年的实际年运营收入	Q_{aj}	第 j 年的年运营交通量
Q_{pj}	第 j 年的年预期交通量	MTG_j	第 j 年最小交通量担保的期权值
P	项目通行费价格	TC_j	第 j 年交通量上限的期权值
OR	运营收入	NPV_e	预期净现值
L	特许期限定延长年限	Y	特许期延长后的时长
ACP	特许期调整的期权值	θ_{min}	交通量担保的下限阈值

续表

符号	释义	符号	释义
$\theta_{\max}$	交通量担保的上限阈值	u_Q	初始交通量上升幅度
d_Q	初始交通量下降幅度	u_I	初始建设成本上升幅度
d_I	初始建设成本下降幅度	α_Q	初始交通量增长率
σ_Q	初始交通量波动率	α_I	建设成本增长率
σ_I	建设成本波动率	ρ_{QI}	Q 和 I 的相关度系数
Q'_j	受价格调整影响的年运营交通量	u'	运营期交通量上升幅度
d'	运营期交通量下降幅度	α'_Q	运营期交通量的增长率
σ'_Q	运营期交通量波动率	β	股权参数
r_M	期望的市场投资回报率	α_Q^*	参数修正后初始交通量增长率
α'^*_Q	参数修正后年运营交通量增长率	λ_Q	初始交通量风险溢价
λ'_Q	年运营交通量风险溢价	V	项目净运营现金流
D	总债务	I_G	总建设成本的现值
τ	资产负债率	γ	政府财政预算
NGP	政府净支出	φ_g	政府的风险重要度
φ_p	社会资本的风险重要度	π_g	政府部门能容忍和承受的最大风险发生概率
π_p	社会资本能容忍和承受的最大风险发生概率	q_1	政府部门不认为该社会资本为投机者的概率
ω_p	社会资本博弈中的贴现因子	ω_g	政府部门博弈中的贴现因子
φ_{pl}^*	自称 L 型的社会资本的风险重要度均衡解	φ_{gl}^*	政府部门的风险重要度均衡解
Int_j	未偿还贷款所产生的利息	B_j	第 j 年所偿还贷款的本金
DS_j	第 j 年偿还的本息	OL	未偿还贷款的金额
m	开始还贷的年份	M	结束还贷的年份
μ_i	利率 i 的增长率	i_j	第 j 年的市场利率
i_{ex}	期望利率/利率担保的阈值	σ_i	利率 i 的波动率

续表

符号	释义	符号	释义
IFP_j	第 j 年债务成本节省共享	IC_j	第 j 年的利率补偿
ψ	允许的最大投资回报额	E_j	建设期股权融资金额
IFP_{total}	债务成本节省共享的总期权值	IC_{total}	利率补偿的总期权值
e_{max}	最大投资回报率	π	能够接受的最大风险发生概率
Pr_1	社会资本的风险发生概率	Pr_2	贷款方的风险发生概率
Pr_3	政府部门的风险发生概率	Pr_4	社会福利损害的风险发生概率
P_0	初始通行费价格	$\overline{Pr}(i_{ex})$	风险发生概率的均值
C_j^0	第 j 年的运维成本	α_C	运营成本的增长率
f	通货膨胀率	P_j^f	每年随通货膨胀率变化的通行费价格
NCF	名义现金流	RCF	实际现金流
R_j^f	每年以通货膨胀率调价的收入	R_j^0	无通货膨胀时的项目收入
E_d	需求价格弹性系数	X_j	第 j 年的效率因素
η	调价阈值	y_m	第 m 次调价的约定时间
ξ	调价间隔	D_m	调价延误时间
del_m	第 m 次调价的延误时长	p_d	按时调价的概率
FTG_j	第 j 年的收入补偿记为	SER_j	社会资本方需共享的超额收入
V_u	道路使用者的前景值	tc_{ex}	理想的出行成本
tc_j	实际出行成本	t_0	自由流的旅行时间
Q_C	高速公路项目的实际通行能力	ϑ	损失厌恶系数
VOT	道路使用者的出行时间价值	ΔVS	资产价值或收益率的变动
c	置信度	$E(NPV_0)$	无通货膨胀风险时项目净现值的期望
UP	道路使用者增加的预期最大总通行费支出	w_j'	参与方考虑通货膨胀影响程度的权重

表 2　正文英文缩写全称及释义

缩写	英文全称	中文释义
PPP	Public-Private Patnership	公私合营
BOT	Build-Operate-Transfer	建设—运营—移交
MRG	Minimum Revenue Guarantee	最小收入担保
RC	Revenue Cap	收入上限收益共享
MTG	Minimum Traffic Guarantee	最小交通量担保
TC	Traffic Cap	交通量上限收益共享
NPV	Net Present Value	净现值
ACP	Adjustment of Concession Period	延长特许期
NGP	Net Government Payment	政府净支出
LLCR	Loan Life Coverage Ratio	债务期内的债务偿付比率
RCF	Real Cash Flow	实际现金流
NCF	Nominal Cash Flow	名义现金流
VOT	Value of Time	时间价值
VaR	Value at Risk	在险值

参考文献

[1] 中共中央，国务院. 交通强国建设纲要[EB/OL]. http://www.gov.cn/zhengce/2019-09/19/content_5431432.htm，2019-09-19.

[2] 财政部PPP中心. 全国PPP综合信息平台项目库第5期季报[EB/OL]. https://www.cpppc.org/PPPyd.jhtml, 2020.

[3] 财政部. 关于推广运用政府和社会资本合作模式有关问题的通知[EB/OL]. http://www.gov.cn/zhengce/2016-05/25/content_5076557.htm，2014-09-23.

[4] 财政部. 关于坚决遏制地方以地方购买服务名义违法违规融资的通知[EB/OL]. http://news.fengpintech.com/zixun/29422.html, 2017-12-25.

[5] 戴大双，于英慧，韩明杰. BOT项目风险量化方法与应用[J]. 科技管理研究，2005，25（2）.

[6] BAIN R. Error and optimism bias in toll road traffic forecasts[J]. Transportation, 2009, 36(5).

[7] FLYVBJERG B, SKAMRIS HOLM M K, BUHL S L. How (in) accurate are demand forecasts in public works projects? the case of transportation [J]. Journal of the American Planning Association, 2005, 71(2).

[8] 靳璐璐. 交通PPP项目超额收益分配及收益不足的补贴决策[D]. 大连：大连理工大学，2019.

[9] 王颖林. 基于风险与社会偏好理论的PPP项目风险分摊及激励机制研究[D]. 成都：西南交通大学，2017.

[10] 刘婷. PPP项目收入风险分担机制研究[D]. 北京：清华大学，2017.

[11] HUANG Y, CHOU S. Valuation of the minimum revenue guarantee and the option to abandon in BOT infrastructure projects[J]. Construction Management and Economics, 2006, 24(4).

[12] CHIARA N, GARVIN M J, VECER J. Valuing simple multiple-exercise real options in infrastructure projects[J]. Journal of infrastructure systems,

2007, 13(2).

[13] CHEAH C Y, LIU J. Valuing governmental support in infrastructure projects as real options using Monte Carlo simulation[J]. Construction management and economics, 2006, 24(5).

[14] 王乐, 郭菊娥, 孙艳. 基于实物期权的基础设施项目融资中政府担保价值研究[J]. 运筹与管理, 2008（4）.

[15] JUN J. Appraisal of combined agreements in BOT project finance: focused on minimum revenue guarantee and revenue cap agreements[J]. International Journal of Strategic Property Management, 2010, 14(2).

[16] CHIARA N, KOKKAEW N. Alternative to government revenue guarantees: dynamic revenue insurance contracts[J]. Journal of Infrastructure Systems, 2013, 19(3).

[17] 高峰, 郭菊娥, 龚利. 基础设施项目政府担保的双障碍期权价值研究[J]. 管理工程学报, 2008（3）.

[18] 马光红, 刘蕾蕾, 刘亮, 等. PPP 高速公路项目政府担保价值研究[J]. 上海大学学报（自然科学版）, 2018, 24（4）.

[19] ASHURI B, KASHANI H, MOLENAAR K R, et al. Risk-neutral pricing approach for evaluating BOT highway projects with government minimum revenue guarantee options[J]. Journal of construction engineering and management, 2012, 138(4).

[20] 范小军, 钟根元, 陆萍. 基础项目融资中政府担保的定价[J]. 哈尔滨工业大学学报, 2009, 41（4）.

[21] SHI S, YIN Y, GUO X. Optimal choice of capacity, toll and government guarantee for build-operate-transfer roads under asymmetric cost information[J]. Transportation Research Part B: Methodological, 2016, 85.

[22] BRANDAO L E T, SARAIVA E. The option value of government guarantees in infrastructure projects[J]. Construction management and economics, 2008, 26(11).

[23] GALERA A L L, SOLIÑO A S. A real options approach for the valuation of highway concessions[J]. Transportation Science, 2010, 44(3).

[24] IYER K C, SAGHEER M. A real options based traffic risk mitigation model for build-operate-transfer highway projects in India[J]. Construction Management and Economics, 2011, 29(8).

[25] 吴贞瑶, 帅斌, 胡鹏. 高速公路 PPP 项目中的政府保障研究[J]. 系统工程理论与实践, 2018, 38（10）.

[26] 秦敏. 考虑政府担保期权的高速公路 PPP 项目投资价值研究[D]. 杭州：浙江大学, 2018.

[27] 郭健. 公路基础设施PPP项目交通量风险分担策略研究[J]. 管理评论, 2013, 25（7）.

[28] 闵锐. 基于实物期权的高速公路最小收益保障研究[D]. 大连：大连理工大学, 2015.

[29] MAN Q, SUN C, FEI Y, et al. Government motivation-embedded return guarantee for urban infrastructure projects based on real options[J]. Journal of Civil Engineering and Management, 2016, 22(7).

[30] 王东波. 不确定条件下 BOT 项目特许期决策模型研究[D]. 大连：大连理工大学, 2010.

[31] SHARMA D, CUI Q. Design of concession and annual payments for availability payment public private partnership (PPP) projects[C]// Construction Research Congress. United States: ASCE, 2012.

[32] 何涛. 基于 PPP 模式的交通基础设施项目风险分担合理化研究[D]. 天津：天津大学, 2011.

[33] 赵立力, 谭德庆. 基于社会效益的 BOT 项目特许权期决策分析[J]. 管理工程学报, 2009, 23（2）.

[34] 宋金波, 王东波, 宋丹荣. 基于蒙特卡罗模拟的污水处理 BOT 项目特许期决策模型[J]. 管理工程学报, 2010, 24（4）.

[35] 宋金波, 宋丹荣, 富怡雯, 等. 基于风险分担的基础设施 BOT 项目特许期调整模型[J]. 系统工程理论与实践, 2012, 32（6）.

[36] 宋金波, 靳璐璐, 付亚楠. 公路 BOT 项目收费价格和特许期的联动调整决策[J]. 系统工程理论与实践, 2014, 34（8）.

[37] WANG S Q, KE Y. Financing of Concessional Projects(BOT, PFI and PPP)[M]. Beijing: TsingHua University press, 2008.

[38] YIN L. The government guarantees in BOT project[J]. The Merchandise and Quality, 2011, 6.

[39] LIU J, YU X, CHEAH C Y J. Evaluation of restrictive competition in PPP projects using real option approach[J]. International Journal of Project Management, 2014, 32(3).

[40] 田振清. 城市轨道交通运营补贴模式及参数研究[J]. 交通运输系统工程与信息，2010，10（1）.

[41] 叶苏东. BOT 模式开发城市轨道交通项目的补偿机制研究[J]. 北京交通大学学报（社会科学版），2012，11（4）.

[42] CHEN B, LIOU F, HUANG C. Optimal financing mix of financially non-viable private-participation investment project with initial subsidy[J]. Engineering Economics, 2013, 23(5).

[43] LIOU F, HUANG C, CHEN B. Modeling government subsidies and project risk for financially non-viable build-operate-transfer (BOT) projects[J]. Engineering Management Journal, 2012, 24(1).

[44] 吕俊娜. 不确定收益下交通 BOT 项目特许期决策模型研究[D]. 重庆：重庆大学，2014.

[45] 吴贞瑶, 帅斌, 胡鹏. 城市轨道交通 BOT 项目补偿数量仿真模型[J]. 交通运输系统工程与信息，2017，17（4）.

[46] 吴孝灵，周晶，彭以忱，等. 基于公私博弈的 PPP 项目政府补偿机制研究[J]. 中国管理科学，2013，21（S1）.

[47] 吴汉美. 高速公路 PPP 项目收益风险形成机理与补偿机制研究[D]. 重庆：重庆交通大学，2016.

[48] 高颖，张水波，冯卓. PPP 项目运营期间需求量下降情形下的补偿机制研究[J]. 管理工程学报，2015，29（2）.

[49] 吴孝灵，黄丹丹，刘小峰. 考虑私人不同风险投资行为的 PPP 项目补偿契约研究[J]. 运筹与管理，2016，25（4）.

[50] FISHER G, BABBAR S. Private financing of toll roads[M]. World Bank Washington, DC: World Bank Washington, DC, 1996.

[51] IRWIN T. Public money for private infrastructure: deciding when to offer guarantees, output-based subsidies, and other fiscal support[M]. [S.l.]:

World Bank Publications, 2003.

[52] SIEMIATYCKI M, FRIEDMAN J. The trade-offs of transferring demand risk on urban transit public-private partnerships[J]. Public Works Management & Policy, 2012, 17(3).

[53] WIBOWO A. Valuing guarantees in a BOT infrastructure project[J]. Engineering, construction and architectural management, 2004, 11(6).

[54] VASSALLO J M, SOLIÑO A S. Minimum income guarantee in transportation infrastructure concessions in Chile[J]. Transportation research record, 2006, 1960(1).

[55] KOKKAEW N, CHIARA N. A modeling government revenue guarantees in privately built transportation projects: a risk-adjusted approach[J]. Transport, 2013, 28(2).

[56] SUN Y, ZHANG L. Balancing public and private stakeholder interests in BOT concessions: minimum revenue guarantee and royalty scheme applied to a water treatment project in China[J]. Journal of construction engineering and management, 2014, 141(2).

[57] 刘婷, 王守清, 冯珂. 收费公路 PPP 项目最低收入担保机制设计[J]. 清华大学学报（自然科学版），2017，57（6）.

[58] SHAN L, GARVIN M J, KUMAR R. Collar options to manage revenue risks in real toll public-private partnership transportation projects[J]. Construction Management and Economics, 2010, 28(10).

[59] BUYUKYORAN F, GUNDES S. Optimized real options-based approach for government guarantees in PPP toll road projects[J]. Construction management and economics, 2018, 36(4).

[60] CARBONARA N, COSTANTINO N, PELLEGRINO R. Revenue guarantee in public-private partnerships: a fair risk allocation model[J]. Construction Management and Economics, 2014, 32(4).

[61] CARBONARA N, PELLEGRINO R. Revenue guarantee in public-private partnerships: a win-win model[J]. Construction Management and Economics, 2018, 36(10).

[62] CHENG L, TIONG R L K. Minimum feasible tariff model for BOT water

supply projects in Malaysia[J]. Construction Management and Economics, 2005, 23(3).

[63] 张维然，林慧军，王绥娟. 延安东路隧道复线 BOT 模式之评价[J]. 中国市政工程，1996（3）.

[64] 李静华，李启明. PPP 模式在我国城市轨道交通中的经济风险因素分析——以北京地铁四号线为例[J]. 建筑经济，2007（10）.

[65] 唐聪. PPP 项目资本结构选择与优化研究[D]. 北京：中国财政科学研究院，2019.

[66] HO S P, LIU L Y. An option pricing-based model for evaluating the financial viability of privatized infrastructure projects[J]. Construction Management & Economics, 2002, 20(2).

[67] PELLEGRINO R, CARBONARA N, COSTANTINO N. Public guarantees for mitigating interest rate risk in PPP projects[J]. Built Environment Project and Asset Management, 2019.

[68] CHAN A P C, LAM P T L, WEN Y. Cross-sectional analysis of critical risk factors for PPP water projects in China[J]. Journal of Infrastructure Systems, 2015, 21(1).

[69] YE S, TIONG R L K. Tariff adjustment frameworks for privately financed infrastructure projects[J]. Construction Management and Economics, 2003, 21(4).

[70] YE S, TIONG R L K. Effects of tariff design in risk management of privately financed infrastructure projects[J]. Journal of Construction Engineering and Management, 2003, 129(6).

[71] 孟惊雷. PPP 项目风险分担博弈策略研究[D]. 哈尔滨：哈尔滨理工大学，2019.

[72] WIBOWO A, PERMANA A, KOCHENDÖRFER B, et al. Modeling contingent liabilities arising from government guarantees in indonesian BOT/PPP toll roads[J]. Journal of Construction Engineering and Management, 2012, 138(12).

[73] XU Y, YEUNG J F Y, CHAN A P C, et al. Developing a risk assessment model for PPP projects in China—a fuzzy synthetic evaluation

approach[J]. Automation in Construction, 2010, 19(7).

[74] MIRZADEH I, BIRGISSON B. Evaluation of highway projects under government support mechanisms based on an option-pricing framework[J]. Journal of construction engineering and management, 2015, 142(4).

[75] 蔡晓琰, 周国光. 收费公路PPP项目运营期收益调节的期权价值分析[J]. 交通运输系统工程与信息, 2017, 17（3）.

[76] 胡云鹏. 基于满意度均衡的城市轨道交通PPP项目利益动态仿真及调整方法研究[D]. 徐州：中国矿业大学, 2019.

[77] OSEI-KYEI R, CHAN A P C. Review of studies on the critical success factors for public–private partnership (PPP) projects from 1990 to 2013[J]. International Journal of project management, 2015, 33(6).

[78] 交通运输部. 收费公路政府和社会资本合作操作指南[EB/OL]. http://xxgk.mot.gov.cn/jigou/cwsjs/201711/t20171129_2977104.html, 2017-11-29.

[79] BING L, TIONG L K, FAN W W, et al. Risk Management in international construction joint ventures[J]. Journal of Construction Engineering & Management, 1999, 125(4).

[80] GRIMSEY D, LEWIS M. Evaluating the risks of public private partnerships for infrastructure projects[J]. International Journal of Project Management, 2002, 20(2).

[81] SHEN L, PLATTEN A, DENG X P. Role of public private partnerships to manage risks in public sector projects in Hong Kong[J]. International Journal of Project Management, 2006, 24(7).

[82] MEDDA F. A game theory approach for the allocation of risks in transport public private partnerships[J]. International Journal of Project Management, 2007, 25(3).

[83] NG A, LOOSEMORE M. Risk allocation in the private provision of public infrastructure[J]. International journal of project management, 2007, 25(1).

[84] LI B, AKINTOYE A, EDWARDS P J, et al. The allocation of risk in PPP/PFI construction projects in the UK[J]. International Journal of

Project Management, 2005, 23(1).

[85] HERAVI GHOLAMREZA, HAJIHOSSEINI ZEINAB. Risk allocation in public-private partnership infrastructure projects in developing countries: case study of the tehran–chalus toll road[J]. Journal of Infrastructure Systems, 2012, 18(3).

[86] HWANG B, ZHAO X, GAY M J S. Public private partnership projects in Singapore: factors, critical risks and preferred risk allocation from the perspective of contractors[J]. International Journal of Project Management, 2013, 31(3).

[87] ALIREZA, V, MOHAMMADREZA, Y, ZIN, R. An enhanced multi-objective optimization approach for risk allocation in public-private partnership projects: a case study of Malaysia[J]. Canadian Journal of Civil Engineering, 2014(2).

[88] 邓小鹏,李启明,熊伟,等. 城市基础设施建设 PPP 项目的关键风险研究[J]. 现代管理科学, 2009（12）.

[89] KE Y, WANG S, CHAN A P C, et al. Preferred risk allocation in China's public–private partnership(PPP)projects[J]. International Journal of Project Management, 2010, 28(5).

[90] 柯永建. 中国 PPP 项目风险公平分担[D]. 北京：清华大学， 2010.

[91] 张亚静,李启明,程立,等. PPP 项目残值风险系统性影响因素识别及分析[J]. 工程管理学报, 2014（4）.

[92] 李妍. 基于博弈论的基础设施 PPP 模式风险分担研究[D]. 徐州：中国矿业大学，2017.

[93] 娄燕妮,孙洁,李秀婷,等. 基于 SNA 的交通领域 PPP 项目利益相关者风险传染研究——以刺桐大桥为例[J]. 财政研究，2018，12（2）.

[94] YE S, TIONG R K L. Government support and risk-return trade-off in China's BOT power projects[J]. Engineering Construction & Architectural Management, 2000, 7(4).

[95] SCHAUFELBERGER J E, WIPADAPISUT I. Alternate financing strategies for build-operate-transfer projects[J]. Journal of Construction Engineering and Management, 2003, 129(2).

[96] SONG J, SONG D, ZHANG X, et al. Risk identification for PPP waste-to-energy incineration projects in China[J]. Energy Policy, 2013, 61.

[97] 蔡晓琰. 收费公路 PPP 项目投资回报机制研究[D]. 西安：长安大学，2017.

[98] LAM K C, WANG D, LEE P T K, et al. Modeling risk allocation decision in construction contracts[J]. International Journal of Project Management, 2007, 25(5).

[99] ARNDT R H. Risk allocation in the melbourne city link project[J]. Journal of Project Finance, 1998, 4(3).

[100] WANG S Q, TIONG R L K, TING S K, et al. Evaluation and management of political risks in China's BOT projects[J]. Journal of Construction Engineering and Management, 2000, 126(3).

[101] NATIONAL TREASURY OF SOUTH AFRICA. Public–private partnership manual–module 4: PPP Feasibility Study[R]. South Africa, 2004.

[102] 中华人民共和国商务部. 对外贸易经济合作部关于以 BOT 方式吸收外商投资有关问题的通知 [EB/OL]. http://www.mofcom.gov.cn/aarticle/b/f/200207/20020700031064.html, 1995-01-16.

[103] 国务院. 关于促进和引导民间投资的若干意见 [EB/OL]. http://www.gov.cn/gongbao/content/2002/content_61718.htm, 2001-12-11.

[104] 住房和城乡建设部. 关于加快市政公用行业市场化进程的意见 [EB/OL]. http://www.mohurd.gov.cn/wjfb/200611/t20061101_157067.html, 2002-12-27.

[105] 国务院. 关于鼓励支持和引导个体私营等非公有制经济发展的若干意见 [EB/OL]. http://www.gov.cn/zhengce/content/2008-03/28/content_1647.htm, 2005-02-19.

[106] 国务院. 关于鼓励和引导民间投资健康发展的若干意见 [EB/OL]. http://www.gov.cn/zwgk/2010-05/13/content_1605218.htm, 2010-05-13.

[107] 国务院办公厅. 关于鼓励和引导民间投资健康发展重点工作分工的通知 [EB/OL]. http://www.gov.cn/zwgk/2010-07/26/content_1663933.htm, 2010-07-26.

[108] 国务院. 关于加强城市基础设施建设的意见[EB/OL]. http://www.gov.cn/zhengce/content/2013-09/13/content_5045.htm,2013-09-13.

[109] 财政部. 政府和社会资本合作模式操作指南（试行）[EB/OL]. http://www.gov.cn/zhengce/2016-05/25/content_5076561.htm, 2014-11-29.

[110] 财政部. 政府和社会资本合作项目财政承受能力论证指引[EB/OL]. http://www.gov.cn/zhengce/2016-05/25/content_5076571.htm,2015-04-07.

[111] 国家发展和改革委员会，财政部，住房和城乡建设部，等. 基础设施和公用事业特许经营管理办法[EB/OL]. http://www.jingbian.gov.cn/gk/fgwj/24650.htm, 2015-04-25.

[112] 商务部财务司. 关于进一步共同做好政府和社会资本合作（PPP）有关工作的通知[EB/OL]. http://www.mofcom.gov.cn/article/cwgongzuo/huiybz/201606/20160601348989.shtml, 2016-04-25.

[113] 固定资产投资司. 关于印发传统基础设施领域实施政府和社会资本合作项目工作导则的通知[EB/OL]. https://www.ndrc.gov.cn/xwdt/ztzl/pppzl/zcfg/201610/t20161027_1033206.html, 2016-10-27.

[114] 财政部. 关于在公共服务领域深入推进政府和社会资本合作工作的通知[EB/OL]. http://www.gov.cn/xinwen/2016-10/12/content_5118211.htm, 2016-10-12.

[115] 财政部. 关于规范政府和社会资本（PPP）综合信息平台项目库管理的通知[EB/OL]. http://www.ccgp.gov.cn/zcfg/mof/201711/t20171117_9177285.htm, 2017-11-17.

[116] 国资委. 关于加强中央企业PPP业务风险管控的通知[EB/OL]. http://www.shjx.org.cn/article-10792.aspx, 2017-11-17.

[117] 财政部. 关于坚决制止地方政府违法违规举债遏制隐性债务增量情况的通知[EB/OL]. http://news.fengpintech.com/zixun/29422.html, 2017-12-25.

[118] 中国保监会，财政部. 关于加强保险资金运用管理支持防范化解地方政府债务风险的指导意见[EB/OL]. http://www.gov.cn/xinwen/2018-01/19/content_5258427.htm, 2018-01-19.

[119] 财政部. 关于进一步增强企业债务服务实体经济能力严格防范地方债务风险的通知[EB/OL]. http://www.gov.cn/xinwen/2018-02/13/content_

5266516.htm，2018-02-13.

[120] 财政部. 关于进一步规范地方政府举债融资行为的通知[EB/OL]. http://www.gov.cn/xinwen/2017-05/03/content_5190675.htm,2017-05-03.

[121] 交通部办公厅. 收费公路政府和社会资本合作操作指南[EB/OL]. http://xxgk.mot.gov.cn/jigou/cwsjs/201711/t20171129_2977104.html, 2017-11-29.

[122] 中华人民共和国交通运输部公路局. 公路工程技术标准[S]. 2014.

[123] 罗伯特 S 平狄克, 丹尼尔 L 鲁宾费尔德. 微观经济学[M]. 8 版. 北京：中国人民大学出版社，2013.

[124] 王殿吉. 同三高速公路上海段 BOT 项目可行性分析[D]. 上海：复旦大学，2005.

[125] PATRICK T I L. A sectoral review of risks associated with major infrastructure projects[J]. International Journal of Project Management, 1999, 17(2).

[126] DE LEMOS T, EATON D, BETTS M. Risk management in the lusoponte concession-a case study of the two bridges in Lisbon, Portugal[J]. International Journal of Project Management, 2004, 23.

[127] 孙艳, 郭菊娥, 高峰. 基础设施项目融资中政府担保的影响因素[J]. 统计与决策，2007，20.

[128] MYERS S C. Determinants of corporate borrowing[J]. Journal of financial economics, 1977, 5(2).

[129] MASON S P, MERTON R. The Role of Contingent Claims Analysis in Corporate Finance[J]. 1984.

[130] BLACK F, SCHOLES M. The pricing of options and corporate liabilities[J]. Journal of political economy, 1973, 81(3).

[131] COX J C, ROSS S A, RUBINSTEIN M. Option pricing: a simplified approach[J]. Journal of financial Economics, 1979, 7(3).

[132] TRIGEORGIS L. Anticipated competitive entry and early preemptive investment in deferrable projects[J]. Journal of Economics and Business, 1991, 43(2).

[133] SMIT H T, ANKUM L A. A real options and game-theoretic approach to corporate investment strategy under competition[J]. Financial Management, 1993.

[134] 曹博洋. 基于实物期权的 R&D 项目竞争与合作投资决策研究[D]. 哈尔滨：哈尔滨工业大学，2016.

[135] HSIEH S, CHEN A H, FERRIS K R. The valuation of PBGC insurance premiums using an option pricing model[J]. Journal of Financial and Quantitative Analysis, 1994, 29(1).

[136] PRIES F, ASTEBRO T, OBEIDI A. Economic Analysis of R&D projects: real option versus NPV valuation revisited[J]. 2001.

[137] YEO K T, QIU F. The value of management flexibility—a real option approach to investment evaluation[J]. International Journal of Project Management, 2003, 21(4).

[138] HWEE N G, TIONG R L. Model on cash flow forecasting and risk analysis for contracting firms[J]. International Journal of Project Management, 2002, 20(5).

[139] BRANDAO L E T, DYER J S, HAHN W J. Using binomial decision trees to solve real-option valuation problems.[J]. Decision Analysis, 2005, 2(2).

[140] 曾卫兵. 内资 BOT 公路建设项目投资决策评价模型研究[D]. 天津：天津大学，2004.

[141] 唐文彬，张飞涟，马超群. 基于模糊实物期权的城市轨道交通项目投资价值[J]. 系统工程，2011（12）.

[142] 黎精明，邱英. 基于实物期权的 NPV 资本预算方法改进：以地产项目为例[J]. 财会月刊，2013，4（4）.

[143] KUMAR L, JINDAL A, VELAGA N R. Financial risk assessment and modelling of PPP based Indian highway infrastructure projects[J]. Transport Policy, 2018, 62.

[144] 白继霞，郭少杰，郭少英. 采用模糊实物期权方法求解 PPP 项目特许期[J]. 工程管理学报，2019.

[145] 王献东，杨万中. 多阶段研发投资项目价值评估的复合实物期权模型

研究[J]. 中国资产评估，2019（6）.

[146] 宋叶微，郭志广，何林霖. 基于模糊理论下的互联网初创企业价值评估研究[J]. 中国资产评估，2019（9）.

[147] 杨蓬勃，王学勤，王雪萍. 基于期权定价模型的P2P利率定价[J]. 统计与决策，2019，35（2）.

[148] 彭迪，郭化林. 基于复合实物期权模型的PPP项目价值评估[J]. 中国资产评估，2019（10）.

[149] WANG B, ZHANG S, WANG X, et al. The influence of quality benefit and marginal contribution on the optimal equity structure of the PPP projects: balancing public and private benefits[J]. Construction Management and Economics, 2018, 36(11).

[150] 黄学军，吴冲锋. 不确定环境下研发投资决策的期权博弈模型[J]. 中国管理科学，2006（5）.

[151] CARLSSON C, FULLÉR R. A fuzzy approach to real option valuation[J]. Fuzzy Sets and Systems, 2003, 139(2).

[152] DÉCAMPS J P, MARIOTTI T. Investment timing and learning externalities[J]. Journal of Economic Theory, 2004, 118.

[153] 高咏玲，杨浩，孙强. 城市轨道交通项目建设时机选择的实物期权随机变量模型[J]. 铁道学报，2008，30（6）.

[154] BALIKCIOGLU M, FACKLER P L, PINDYCK R S. Solving optimal timing problems in environmental economics[J]. Journal of Econimic Dynamics & Control, 2002, 26.

[155] VAHDATMANESH M, FIROUZI A. Price risk management in BOT railroad construction projects using financial derivatives[J]. Journal of Financial Management of Property and Construction, 2018, 23(3).

[156] 周远祺，杨金强，刘洋. 高能耗企业绿色转型技术的实物期权选择路线[J]. 系统工程理论与实践，2019，39（1）.

[157] WIESEMANN W, KUHN D, RUSTEM B. Maximizing the net present value of a project under uncertainty[J]. European Journal of Operational Research, 2010, 202(2).

[158] ELLINGHAM I, FAWCETT W. New generation whole-life costing: property and construction decision-making under uncertainty[M]. London: Routledge, 2007.

[159] HULL J C. Options futures and other derivatives[M]. Pearson Education India, 2003.

[160] CHANG Z. Public–private partnerships in China: a case of the Beijing No.4 metro line[J]. Transport Policy, 2013, 30.

[161] 中国政府采购网. 台州市提炼打造高速公路项目引入 ppp 模式的"台州经验"[EB/OL]. http://www.ccgp.gov.cn/ppp/jyal/201612/t20161226_7788735.htm, 2016-12-26.

[162] 北京市发展和改革委员会. 兴延高速公路项目[EB/OL]. http://fgw.beijing.gov.cn/fzggzl/ppp/jdal/201912/t20191219_1336829.htm, 2017-10-09.

[163] 湖北省政府采购中心. 湖北香溪长江公路大桥 PPP 合作人竞争性磋商文件[Z]. 2015.

[164] ZHANG X, KUMARASWAMY M M. Procurement protocols for public-private partnered projects[J]. Journal of Construction Engneering and Management, 2001, 127(5).

[165] ORGANIZATION FOR ECONOMIC CO-OPERATION DEVELOPMENT. OECD principles for private sector participation in infrastructure[S]. 2007.

[166] 杨屹，扈文秀，杨乃定. 实物期权定价理论综述及未来研究领域展望[J]. 数量经济技术经济研究，2004，21（12）.

[167] DIXIT A K, DIXIT R K, PINDYCK R S, et al. Investment under uncertainty[M]. Princeton university press, 1994.

[168] COPELAND T, ANTIKAROV V. Real options[M]. New York: Texere New York, 2001.

[169] WORLD BANK GROUP. PPP Reference Guide 3.0[S]. 2017.

[170] UNITED NATIONS INDUSTRIAL DEVELOPMENT ORGANIZATION. Guidelines for infrastructure development through Build-Operate-

Transfer(BOT)project[S]. 1996.

[171] ALEXANDER I, ESTACHE A, OLIVERI A. A few things transport regulators should know about risk and the cost of capital[J]. Utilities Policy, 1999, 9(1).

[172] 李林, 刘志华, 章昆昌. 参与方地位非对称条件下PPP项目风险分配的博弈模型[J]. 系统工程理论与实践, 2013, 33（8）.

[173] 王颖林, 刘继才, 赖芨宇. 基于风险偏好的PPP项目期权博弈研究[J]. 工程管理学报, 2013, 27（2）.

[174] JIN M H, LIU M S, SUN J, et al. Determining concession periods and minimum revenue guarantees in public-private-partnership agreements [J]. European Journal of Operational Research, 2019, 2(291).

[175] XU Y, YEUNG J F, JIANG S. Determining appropriate government guarantees for concession contract: lessons learned from 10 PPP projects in China[J]. International Journal of Strategic Property Management, 2014, 18(4).

[176] 曾晓, 雷定猷, 张英贵, 等. 高速公路PPP项目贷款融资决策研究[J]. 高速公路PPP项目贷款融资决策研究, 2019, 16（2）.

[177] DE M A, MANGANO G, ZOU X. Factors influencing the equity share of build-operate-transfer projects[J]. Built Environment Project and Asset Management, 2012, 2(1).

[178] 曹启龙, 周晶, 盛昭瀚. PPP项目中政府补偿与社会资本投资运营决策研究[J]. 运筹与管理, 2017, 26（12）.

[179] 谢赤, 吴雄伟. 基于Vasicek和CIR模型中的中国货币市场利率行为实证分析[J]. 中国管理科学, 2002, 10（3）.

[180] 傅家骥, 仝允桓. 工业技术经济学[M]. 北京: 清华大学出版社, 1996.

[181] 曼昆. 经济学基础[M]. 5版. 北京: 北京大学出版社, 2010.

[182] LOO B P Y. Tunnel traffic and toll elasticities in Hong Kong: some recent evidence for international comparisons[J]. Environment and Planning A, 2003, 35.

[183] 唐俊忠. 高速公路通行负担分析理论与方法[D]. 西安: 长安大学,

2013.

[184] 莫国莉. 基于四参照点前景理论的股市投资应急决策方法[J]. 控制与决策, 2018, 33 (10).

[185] TVERSKY A, KAHNEMAN D. Advances in prospect theory cumulative representation of uncertainty[J]. Journal of Risk and Uncertainty, 1992, 5.

[186] ZADEH L A. 模糊集合、语言变量及模糊逻辑[M]. 北京: 科学出版社, 1982.

[187] 夏金娇, 隽志才, 高晶鑫. 基于前景理论的出行路径选择行为[J]. 公路交通科技, 2012, 4 (29).

[188] 宋丹荣. BOT 项目特许期与特许价格的调整模型研究[D]. 大连: 大连理工大学, 2014.

[189] 朱江洪, 李延来, 王睿. 基于前景理论与 PROMETHEE 的 FMEA 风险评估[J]. 运筹与管理, 2018, 27 (12).

[190] 张金清. 非理性条件下的风险偏好与投资选择研究[J]. 管理评论, 2004, 16 (12).

[191] JORION P. Value at risk: the new benchmark for controlling derivatives [M]. New York: The McGraw-Hill Companies, 1997.

[192] 李亚静. 基于 VaR 的风险分析理论与计算方法[J]. 预测, 2000 (5).

[193] LIU Y, WANG B. Variable fuzzy model based on combined weights and its application to risk assessment for flood control engineering[J]. Journal of Dalian University of Technology, 2009, 49(2).

[194] HWANG C L, YOON K. Multiple attribute decision making[M]. Berlin: Springer Berlin Heidelberg, 1981.

[195] CHEN Q, SHEN G, XUE F, et al. Real options model of toll-adjustment mechanism in concession contracts of toll road projects[J]. Journal of Management in Engineering, 2018, 34(1).

[196] 叶苏东. BOT 模式开发城市轨道交通项目的补偿机制研究[J]. 北京交通大学学报（社会科学版）, 2012, 4 (11).

[197] 吴孝灵, 周晶, 彭以忱, 等. 基于公私博弈的 PPP 项目政府补偿机制

研究[J]. 中国管理科学，2013（21）.

[198] 田振清. 城市轨道交通运营补贴模式及参数研究[J]. 交通运输系统工程与信息，2010，1（30）.

[199] MOURAVIEV N, KAKABADSE N, ROBINSON I. Concessionary nature of public-private partnerships in Russia and Kazakhstan: a critical review[J]. International Journal of Public Administration, 2012(35).

[200] 吕俊娜. 不确定收益下交通 BOT 项目特许期决策模型研究[D]. 重庆：重庆大学，2014.

[201] FENMAY LIOU, CHIHPIN HUANG, BORLIANG CHEN. Model government subsidies and project risk for finacially non-viable build-operate-transfer (BOT) project [J]. Engineering Management Journal, 2012,1(24).

[202] 胡振，王秀婧，刘华. 购买型公司合作（PPP）项目财政补偿的有效区间研究[J]. 建筑经济，2013，3.

[203] SHA ZHENG, ROBERT L K TIONG. First public-partnership application in Taiwan's Wastewater Treatment Sector: case study of nanzih BOT wastewater treatment projet[J]. Journal of Construction Engineering and Management, 2010,136(8).

[204] 黄智星，申金升，王传涛. PPP 模式下的城市轨道交通项目投资策略研究[J]. 交通运输系统工程与信息，2016，2（16）.

[205] SHASHA SHI,YAFENG YIN, XIAOLEI GUO. Optimal choice of capacity, toll and government guarantee for build-operate-transfer roads under asymmetric cost information[J]. Transportation Research Part B,2016(86).

[206] HANAOKA S, PALAPUS H P. Reasonable concession period for build-operate-transfer road projects in the Philippines[J]. International Journal of Project Management, 2012, 30(8).

[207] WU M, CHAU K W, SHEN Q P, et al. Net asset value-based concession duration model for BOT contracts[J]. Journal of Construction Engineering and Management, 2012, 138(2).

[208] S THOMAS NG, JINGZHU XIE, YAU KAI CHEUNG, et al. A simulation model for optimizing the concession period of public-private partnerships schemes[J]. International Journal of Project Management, 2007, 25.

[209] 张庆娟. 城市轨道交通成本构成分析——以北京地铁 4 号线为例[D]. 北京：北京交通大学，2010.